UNDOING GENDER

消 解 性 别

Judith Butler

[美]朱迪斯·巴特勒 著

郭劼 译

岳麓书社

献给温迪，
一如既往

目 录

前言：协同表演　001

第一章　在自身之旁：性自主权的限度　023

第二章　性别制约　055

第三章　予人以公正：变性手术及变性寓言　080

第四章　对性别的反诊断　105

第五章　亲缘关系总是以异性恋关系为基础的吗？　142

第六章　渴望获得承认　184

第七章　乱伦禁忌的窘境　214

第八章　身体的告白　225

第九章　性别差异的结束？　243

第十章　社会转化问题　284

第十一章　哲学的"他者"能否发言？　322

参考文献　345

前言：协同表演

在我有关性与性别的近作中，本书可谓是代表。关于性与性别生活，存在一些极具约束力的规范性概念，而本书所收的文章关注的是消解（undoing）这些概念意味着什么。同时，这些文章也关注**被消解**（becoming undone）的好处与坏处。有时候，一种有规范力的性别概念可能会消解一个人的人格，损害他／她好好活下去的能力。也有的时候，规范带来的约束会消解，而这种经历继而会消解我们对"何为人"的构想；同时，关于"何为人"，会出现新构想，而这个新构想的目标是让人更好地活着。

即使性别是一种制造（doing），一个不间断的述行（performed）活动，且在一定意义上不为本人所知、不由本人做主，它也并不因此就变成了一种自动或机械的东西。相反，它是限制性场景中的一种即兴实践。此外，一个人不会独自"制造"他／她的性别。一个人总是与别人一起或是为了别人而"制造"性别的，即使这个"别人"只存在于想象中。我把性别称为"自己的"，这或许有时会让性别看起来像是我自己创造或拥有的东西。但是，构成一个人性别的条件从一开始就来源于自身之外，存在于超越自身的某种社会性（sociality）里。在这样的社会性中，不存在创造性别的单一"作者"（这一点在根本上挑战了"作者"这个概念）。

一个人有某种性别，并不意味着这个人一定会以特定的方式来欲求，但是，有一种欲望，它的确可以参与制造性别。因此，不存在能把性别生活和欲望生活分开的快捷方式。性别渴望得到什么呢？以这样的方式来谈问题，可能显得很奇怪。但是，如果我们意识到，社会规范（它们构成了我们的存在）所承载的欲望并不来源于我们个人的人格，那么，这种提问方式就不那么古怪了。如果我们意识到这些社会规范决定了个人人格的存在，这个问题就更复杂了。

黑格尔哲学传统将欲望（desire）与承认（recognition）相联系，认为欲望的目的是获得承认，而且认为，只有通过承认，我们才能成为社会生活的成员。这个观点很诱人，也有一定道理，但它也漏了几个重要方面。把人当作人来承认要依据一定的标准，而这些标准是社会地表达的，而且是可变的。而且，有时候，那些赋予某些人"为人资格"的标准正好剥夺了其他人取得这种资格的可能，这就制造了一种所谓"真正的人"和"不那么像人的人"之间的差异。这些规范深深影响了我们对以下问题的理解：给人赋予权利、让人参与政治商讨，要依照什么模式？我们用多种方式对人进行区分理解：其种族、该种族的识别度；其在生物形态学上的特点，这些形态学特点是否会获得承认；其性别，该性别是否可以通过感知来证实；其族群，对该族群在类别上的理解。有些人被认为不那么像人，且这种资格确认的形式让人没法好好活下去。某些人完全不被承认为人，而这是让人的日子过不下去的另一种方式。如果欲望的目的是获得承认，那么，只要性别（gender）是由欲望激活的，那它也会希望获得承认。但是，如果我们手头的承认机制是通过赋予或收回承认来"消解"这个人的话，那么，承认就变成了权力运作的场域，在这里，人被有差别地制造出来。这意味着，只要欲望被牵扯进社会规范中，它就和诸多问题纠缠在了一起，包括权力问题，以及究竟谁有资格被承认为人、谁没有资格被承认为人的问题。

如果我是某种性别，我还会被认为是人类的一部分吗？"人类"会延展它的涵盖面，把我包括进去吗？如果我以某些方式来欲求，我活得下去吗？我会有地方生活吗？他人会承认这个地方吗？要知道，我的社会存在取决于这些人。

如果只有遵循主流社会规范并获得承认才会具有可理解性（intelligibility），那么，一定程度上的不被理解并不是一件坏事。的确，如果我的所有选项都很糟，如果我不希望对我的承认受某些规范局限，那么，很自然地，我就会觉得，我能不能活下去，取决于逃离这些规范的掌控。选择这种逃离很可能会削弱我的社会归属感。但是，如果遵从规范才能使我获得理解，而这些规范会从别的方向于我不利的话，那我宁可被疏远。的确，要与那些规范形成一种批判的关系，就必须与它们保持一定的距离，要有能力中断或延迟对它们的需要，尽管我们可能也想要获得那些能让我们活下去的规范。这种批判的关系依赖的是一种集体力量，这种力量表达了一种包容弱势的另类的可持续规范，而正是这种规范让人具有行动力。如果我不**行动**（doing）就无法**存在**（be），那么，制约我的行动的条件在一定程度上也会制约我的存在。如果我的行动取决于施于我的行动（或者说，取决于规范对我的作用），那么，我之所以成其为"我"，就取决于我能对施于我的行动做些什么。这并不是说，我可以作为塑造者去重造世界。这种自认身负神力的想法只是幻想，实际上，我们总是从一开始就由我们之前、之外的一切所构造的。肯定自身具有能动性（agency），并不需要否认"我是由之前、之外的一切所构造的"这一情况。实际上，如果说我具有能动性，开启这种能动性的正是以下这一事实：我是由非我能选择的社会世界构造而成的。这一悖论撕扯着我的能动性，但这并不意味着我没有能动性。这只说明，悖论是这一能动性的前提条件。

因此，这个作为我的"我"不仅为规范所构造，并依赖于规范，同时这个"我"在生活中也力图与这些规范保持一种批判的、转化性的（transformative）关系。这并不容易，因为当这个"我"不再通过遵循规范来获得完全承认时，它在一定程度上就让人看不懂了，它的生存会受到威胁，甚至可能被完全消灭。为了重新塑造人这个概念，我与这个概念之间出现了某种距离。我可能会觉得，如果没有一定程度的承认，我就活不下去。但我也可能觉得，让日子过不下去的，正是那些为了获得承认而必须遵循的规矩。这正是批评的聚焦之处——在这里，批评的意义在于对束缚生活的规矩提出质疑，好让生活方式具有更多的可能性。也就是说，我们不是要宣扬不一样，而是要确立更加宽容的条件，保护和维系生命/生活（life），抵制各种同化模式。

本书所收的文章，致力于将有关性别（gender）和性

（sexuality）的问题与持续（persistence）和生存（survival）的任务相联系。我的想法受到了近年来出现的"新性别政治"（New Gender Politics）的影响。"新性别政治"是几个运动的综合，这些运动关注跨性别（transgender）、变性（transsexaulity）、间性（intersex）等问题，以及它们与女性主义和酷儿理论之间的复杂关系。[1] 有些人认为历史是不断前进的，认为在这个进程中不同的理论框架互相继承、彼此替代。在我看来，这种历史观是错误的。关于一个人如何从女性主义走到酷儿理论，再到跨性别研究，并没有一种说法。原因就在于，没有哪一种说法已经确立，而有多种讲述正以同时、叠加的方式展开。不同的运动和理论实践对它们有着复杂的处理方式，在一定程度上，它们正是通过这些复杂的方式而出现的。

我们来看看这个例子：人们打着让身体正常化的旗帜，为性征不明确或具有双性器官的婴儿和儿童广泛实施强制手术，这受到了间性者运动的反对。这个运动提供了一个批评视角，反对"人"必须具备理想形态、必须遵从约束性的身体规范的说法。而且，在抵制强制手术的同时，间性者社群还倡导，我们应将具有双性性征的婴儿当成人类形态谱的一部分。他们认为，这样的婴儿不仅可以生活，而且可以活得很好。他们批评定义了理想化

---

[1] 在美国，设于华盛顿特区的人权运动组织（The Human Rights Campaign）是为男女同性恋权利发声的主要组织。这个组织坚持认为，同性婚姻是美国男女同性恋政治的头号要务。参见该组织网站 www.hrc.org 以及北美间性组织（The Intersex Society of North America）的网站 www.isna.org。——原注

人体的规范——这样的规范起到了界定作用，区分了什么是人、什么不是人，什么生活可行、什么不可行。这些区分把身心障碍（disabilities）的范围划得很大（同时，另有规范定义了那些看不见的障碍）。

我们可以通过第四版《精神疾病诊断与统计手册》（Diagnostic and Statistical Manual of Mental Disorders, DSM IV）中关于性别认同障碍的诊断标准，来了解当前性别规范如何运作。这个诊断标准大体担当了监控儿童同性恋初期征兆的角色，它认为，"性别不安"（gender dysphoria）[1]之所以是一种心理障碍，是因为某种性别的人显示出了另一种性别的特征，或是想要以另一种性别生活。实际上，这是把一种强调性别生活一致性的模式强加于人，并贬抑了性别生活的复杂性。然而，对很多寻求变性手术或治疗保险支持的个人，或是要求在法律上改变身份的人来说，这种诊断方式十分重要。这种诊断手段一方面把变性的欲望当成疾病看待，而同时，这种病理化过程也正是满足变性欲望的重要途径之一。于是，关键的问题变成了：这个世界应该如何重组，来缓和这一矛盾？

近年来敦促同性婚姻合法化的努力，实际上也宣扬了这样一种规范：它贬低那些不遵循婚姻规范（不论这些规范采用的是现有还是修正形式）的性关系，或认定它们非法。同时，通过文化，恐同（homophobia）对同性婚姻的反对也得以扩散，影响了

---

1 这个概念目前已被"性别不一致"（gender incongruence）取代。——译注

所有的酷儿生活。因而,一个关键问题是,在反对恐同的同时,我们如何不将婚姻规范当作酷儿性存在唯一或最有价值的社会关系形式?类似的,当婚姻为亲缘关系制定了条件,而亲缘关系本身溃退为"家庭"关系时,那些不以婚姻纽带为基础的亲缘关系就变得几不可识,且无法实现。只要婚姻关系依然是建立性关系、建立亲缘关系的唯一形式,那么,性少数社群中建立起来的持久可行的亲缘关系,就会难以获得承认、难以存活。与这一规范相关的关键点在于,要把当前与婚姻拴在一起的权利和义务剥离出来,让婚姻对那些选择它的人保持其象征意义,但同时,允许亲缘关系的权利和义务采取其他形式。有些人在婚姻之外或在与婚姻有关的亲缘关系中形成了性关系或情感关系。要让这些关系的持久性和重要性在法律和文化上都得到认可,要让这些关系不必争取获得承认,我们需要怎样来重新组织性规范(sexual norms)?

如果说十几、二十年前大家默认性别歧视的对象是妇女,那么,现在这已不再是理解这一概念的唯一框架了。对妇女的歧视仍然存在。在美国乃至全球,人们的贫困程度不同、文化程度不同。考虑到这一点,我们会发现,贫困女性和非白人女性承受着更严重的性别歧视。因此,承认性别歧视的存在仍然很重要。但在今天,性别也指性别身份,这在有关跨性别(transgenderism)和变性(transsexuality)的政治抗争和理论中已成为特别突出的问题。跨性别人士(transgender)指的是那些跨性别认同或以另外一种性别生活的人,他们可能接受也可能不接受激素治疗或变性手术。在变性和跨性别人群中，有些人可能认同男性（如果是女变男），有些则认同女性（如果是男变女），但还有人，不论做没做过手术，有没有接受过激素治疗，只把自己视为跨性别者（trans），视为跨性别男性（transmen）或跨性别女性（transwomen）。这些社会实践的每一种，都承载了各自不同的社会包袱和希望。

在口语中，"跨性别"适用于所有这些情况。跨性别或变性人士常常被视为病人，并会遭受暴力袭击，这在有色人种的跨性别和变性人士中尤为常见。那些被看成或被发现是跨性别者的人所受的侵扰远超估计。正是这样的性别暴力夺走了布兰登·提纳（Brandon Teena）、马修·谢泼德（Matthew Shephard）以及格温·阿劳荷（Gwen Araujo）的生命。[1] 我们应该把这些谋杀与给间性婴儿和儿童施行的强制性"纠正"手术放在一起来理解：这些纠正措施往往给他们的身体带来终身创伤和伤害，并让性功能和性快感在生理上受限。

间性者权益运动和变性者权益运动有时看似不一致：前者反对非自愿手术，而后者有时提倡择期手术。但很重要的一点是，这两种运动都质疑不顾一切代价建立或维持自然二态性的那种

---

[1] 布兰登·提纳于 1993 年 12 月 30 日被害于内布拉斯加州的福尔斯城；在被害前一周，他因自己是跨性别人士而遭到性侵和袭击。马修·谢泼德于 1998 年 10 月 12 日被害于怀俄明州的拉莱米。他遭到殴打，并被绑在电线杆上。他被害的原因是，他是一名"女性化"的同性恋者。格温·阿劳荷是一位跨性别女性。2002 年 10 月 2 日，在加利福尼亚州纽瓦克一个聚会上被袭击后，她被发现死于希尔拉山山脚。——原注

原则。有的假设认为，每个身体都具有性别"真理"，它能被医学工作者洞察、揭示，且与生俱来。这种假设是错误的，而间性运动的支持者致力于纠正这种假设。间性权益运动认为，性别不应该通过强制指定或选择获得，在这方面，它与跨性别和变性运动的看法一致。后者反对不想要的强制性别指定，且要求更大的自主权，这就和间性运动的主张有相似之处。然而，对两个运动而言，自主权的具体意义很复杂，因为选择什么样的身体就意味着游走于预先定下的规范，而这些规范要么是在作出这些选择前就定下了，要么是与其他少数群体的诉求息息相通。确实，个人依赖社会支持体系来决定要拥有、维持什么样的身体和性别，因此，只有在支持人们行使能动性并使之成为可能的社会环境中，自我决定才会是合理的概念。反过来（同时作为结果来看），要行使自决权，先决条件就是改变那些保障并维系人的生活质量的制度。从这个意义上说，个人能动性与社会批判和社会变化都密不可分。一个人在多大程度上可以决定"自己"对性别的看法，取决于有什么社会规范来支持自己的性别认同，并使之成为可能。一个人得依赖这种"外在"（outside）来确认自己的一切。因此，自我只有在社会性中被剥夺一切之后才能拥有自己。

酷儿理论与间性阵营之间，以及与变性阵营之间，都有一个矛盾，其焦点包括性别指定（sex assignment）问题，以及身份类别孰好孰坏。如果我们从定义上认定酷儿理论反对所有的身份主张（包括稳定的性别指定），那么，这个矛盾的确很尖锐。但我要指出，酷儿理论更关心的是反对在法规上把身份强加于人，而不是强调身份的可变性，或担心其地位倒退。毕竟，酷儿理论、酷儿运动之所以取得政治成功，是因为它坚持认为，不论性取向如何，人人都可以投身反恐同运动，且身份标志不是政治参与的必要条件。酷儿理论反对对身份进行管制，也反对让自认某些身份的人确立认识优先权。同样，它不仅努力扩大反恐同运动的群众基础，还坚持认为性（sexuality）不可能用分类来轻易地概括或整合在一起。因此，我们不能说酷儿理论反对一切性别指定或质疑一切寻求指定的愿望。比如，有些人为了让间性儿童能够参与社会活动，即使知道这些儿童日后有改变这种指定的可能，也会有给他们指定一个性别的想法，即便知道这样做有风险。一个十分合理的假设是，儿童在同意之前，无须在一个运动中充当主角。从这个意义上讲，分类也有其作用，而不能被简单地视为解剖学本质论的一种形式。

类似的，我们不能把变性人士想要变成男人或女人的欲望视为仅仅为了遵从已有的身份类别。正如凯特·伯恩斯坦（Kate Bornstein）指出的，这可能是对转变本身的欲望，将身份追求当成对转化的实施——在这个例子中，欲望本身就是一项转化活动。[1] 但即便在这些情形下，也存在对稳定身份的渴求，我们似乎很有必要认识到，要活得下去，确实需要不同程度的稳定。同样，如果一种生命/生活不被纳入"承认"的范畴，人就活不下去。同样的道理，如果这些范畴制造了桎梏，让日子过不下去，

---

[1] 参见凯特·伯恩斯坦，《性别歹徒》（Gender Outlaw）。——原注

这种生活也不可接受。

在我看来，这些运动的任务似乎是要区别两种规范习俗：那些允许人呼吸、渴望、爱和生活的规范习俗，以及那些限制或破坏生活条件的规范习俗。有时，规范朝两个方向同时发生作用，有时则对一个群体这样，对另一个群体那样。最重要的是，要停止把只对某些人可行的东西通过立法强加给所有人；同样地，也要避免把那些对某些人不可行的东西强加给所有人。地位和欲望上的不同，决定了我们不能把普遍性作为道德指标。我们必须把对性别规范的批判放到具体的生活实践中来考量。指引我们进行批判的，必须是以下问题：什么能尽量让日子过得下去？什么能尽量避免让日子过不下去？什么能尽量减少社会死亡和实际死亡？

在我看来，这些运动中没有一个是后女性主义的（postfeminist）。它们都在女性主义中找到了重要的概念资源和政治资源，而女性主义继续给这些运动提出挑战，且是它们的重要同盟。正如我们不能再把"性别歧视"等同于对妇女的歧视，同样，我们不能在考虑性别歧视时不考虑造成女性痛苦遭遇的以下因素：贫困、失学、雇佣歧视、全球框架下劳动力的性别分工、性暴力及其他暴力。女性主义框架以"对女性的结构性统治"为出发点，来展开其他所有的性别分析。作为政治问题，性别以多种方式呈现；女性主义框架如果拒绝承认这一点，就会危害自身，面临社会和身体上的特定风险。在全球语境和跨国结构中考量性别议题十分重要。我们不仅要看到"性别"这一术语面对着什么问题，也要与普世主义（universalism）的虚假形式作斗争，因为，无论在台面上还是台面下，这些形式都是为文化帝国主义服务的。女性主义一直反对针对妇女的暴力（不论是性暴力还是非性暴力）。这应该作为与其他运动结盟的基础，因为针对身体的因恐暴力（phobic violence）正是将反恐同、反种族歧视、女性主义、跨性和间性权益运动联系起来的因素之一。

一些女性主义者公开发言，担心跨性别运动会试图抹去并取代性别差异。但我认为，这只是女性主义的一种，和这种看法并存、竞争的还有其他观点，它们认为性别是一种历史性范畴，认为理解性别议题的框架是多样性的，且随时间、空间而变化。一种观点认为，变性人士试图逃脱女性特质（femininity）这一社会条件，因为这一条件被认为是低下的或缺乏男性拥有的特权。这种观点的预设是，通过有关女性特质和男性特质的单一框架，我们就可以在定义上解释女变男的变性。这就忽略了那些公开以跨性别身份生活的人所经受的歧视、失业、公开骚扰和暴力。有观点认为，如果一个人想变成男人或是跨性别男性，或过上跨性别生活，那么，这种欲望就是源自对女性特质的否定。这种观点的预设是，出生时生理结构为女性的人，就一定拥有适当的女性特质（不论是天生的、象征性地设定的，还是社会赋予的），且这种观点认为，这种女性特质既可以被拥有，也可以被否认，既可以被占有，也可以被剥夺。的确，对男变女的变性的批判一直集中在对女性特质的"占有"上，好像它应该只属于一个特定的生理性别（sex），好像生理性别不连续，可以单独界定，好像性别身份可以且应该从假定的生理解剖构造中明确地获得。然而，要把性别理解为一个历史范畴，就要把性别——在这里理解为文化地形塑身体的一种方式——看成是一种持续的再塑造，而"解剖"和"生理性别"并非没有文化构造（正如间性权益运动已经清楚揭示的那样）。把女性特质赋予女性身体，就好像它是一种天然或必要的特点一样，在这样的框架内，把女性特质赋予女性的做法，就成了一种制造性别的机制。"男性特质""女性特质"之类的术语是可变的。每个术语都有自己的社会史。随着地缘政治界线的改变，随着文化制约（这些制约决定"谁想象谁""出于什么目的来想象"）的改变，这些术语的意义也发生剧烈变化。这些术语的重现本身就很有意思，但重现并不意味着相同，而是显示了，术语的社会表达如何取决于它的重复，而这种重复正是性别的述行性[1]结构的一个组成方面。因此，指代性别的术语从来不是一次就定下来的，而是一直处于被重新制造的过程中。

然而，如果我们把性别当作一个历史性、述行性的概念，它和有关性别差异的某些说法就出现了矛盾；在本书的一些文章

---

[1] performative 一词有时会被译为"操演"，而本书采用另一个常见译法"述行"，这是因为巴特勒的用法根植于语言哲学家奥斯丁（J. L. Austin）的言语行为（speech act）理论。该理论关注"述"（speech）在什么情况下成其为"行"（act），它让我们得以探究语言如何影响事物，如何构成、催生新事物。巴特勒的《性别麻烦》一书以 gender performativity 的概念著称，但在书中没有系统阐述言语行为理论对她的性别理论的影响。她在 1997 年出版的专著《煽动性言语：述行的政治》（Excitable Speech: A Politics of the Performative）中，详述了奥斯丁理论对我们思考身份问题（包括性别身份）的有用之处；有兴趣的读者可以阅读。——译注

中，我试着在女性主义框架内讨论这种分歧。认为性别差异是一种根本差异的观点，受到了来自若干方面的批评。有些人正确地指出，性别差异并不比种族或民族差异更根本，我们不能把性别差异放到表达它的种族及民族框架之外来理解。有些人认为，经父母孕育而出生是一件对全人类极为重要的事，这样的观点有它的道理。但是，在社会意义上，精子捐献者、一夜情伴侣，甚至强奸犯，是真正的"父亲"吗？即使在某种意义上或在某些情况下他们算是的话，对于那些认为没有确认生父的儿童易患精神病的人来说，这是否会让父亲这一范畴出现危机？如果精子和卵子是生殖的必要条件（现在依然如此）——且从这个意义上说，性别差异是一个人叙述他／她的来源的重要依据——那么，是否可以说，性别差异对个人发展产生的影响，高于其他社会力量，比如，影响人成长的经济环境或种族环境、一个人的领养环境、一个人在孤儿院的经历？作为起源的性别差异，会带来重大后果吗？

关于生殖技术，女性主义论著已经激发了很多伦理、政治观点，这些观点不仅刺激了女性主义研究，还清楚地揭示出，将性别拿来与生物技术、全球政治、人类地位和生命本身放在一起考虑，会让人看到什么隐含意义。有些女性主义者批评说，技术使得父权的设备有效地取代了母体。然而，她们也应该看到，这些技术提高了女性的自主权。有些女性主义者赞扬说，这些技术带来了更多的选择，但是，她们也不能忽视这些技术的某些用途，比如对人类完美性的计算、性别选择以及种族选择。有些女性主义者担心技术革新会消除性别差异的根本地位,因此抗拒技术;这样的做法有将异性生殖自然化的嫌疑。在这一情况下,性别差异的准则与反恐同斗争之间就有了矛盾,同时,这一准则与间性和跨性别权益运动的利益(这两种运动都希望保障人们有权利用技术来实现性别的重新指定)也是抵触的。

在这些斗争中,我们看到,技术是一个权力场,在那里,和人有关的一切被制造和复制——不仅儿童的人类特质(humanness)是这样制造和复制的,生出及抚养孩子的人(不论是不是亲生父母)的人类特质也是这样制造和复制出来的。类似的,性别成了一种前提,而让人看得懂的人性(humanity)就是在这个前提下制造出来并被维系的。上面提到的各种权益运动构成了新性别政治。如果有一种思考能把这些权益运动联系起来的话,它无疑与以下议题有关:身体二态性、技术的使用和滥用,以及人与生命本身(二者的意义饱受争议)。如果技术以男权为目的,而性别差异因为受到了技术的威胁而应受到保护,那么,我们应该怎么把性别差异与二态性的规范化形式区别开(间性及跨性别运动支持者每天都在与这些二态性的规范化形式做斗争)?技术是一些人想要的资源,但它也是另外一些人渴望逃离的强制性事物。技术究竟是强制性还是自愿选择的?对间性权益运动的支持者而言,这是一个重要问题。一些变性者认为,他们的人格感(sense of personhood)的基础是保障了某些身体改变的技术;而一些女性主义者则认为,技术有取代造人方式的危险,如果这样的话,人类就会成为一种技术结果,除此之外就什么都不是了。

类似的，身心障碍权益运动（disability movements）和间性者权益运动呼吁要给身体差异更大程度的认可；这种号召也呼吁要更新生命价值观。当然，右翼运动也以"生命"的名义来限制妇女的生殖自由权，因此，要求尊重生命、创造让人活得下去的环境，并因此创立更具包容性的条件的诉求，可能与保守派要求限制妇女堕胎自主选择权的做法是相呼应的。然而，很重要的一点是，我们不能把"生命"这一词汇拱手让给右翼势力，因为这些论战涉及的问题是，生命何时开始、生命由什么构成。重要的是，不能把"生命权"交给那些试图代表不能说话的胎儿的人，而应该理解女性的生命/生活的"可行性"取决于能否实施身体自主权、取决于有什么社会条件来保障这种自主权。作为诊断，性别认同障碍会让被诊断者"病理化"，而从那些试图克服这种病理化影响的人身上，可以了解到，我们所指的自主权有什么特点：这种自主权要求社会（以及法律）提供支持和保护，而且这种自主权会改变一种关键的规范——这种规范决定了如何把能动性有区别地分配给不同的性别。因此，在有些情况下，"妇女的选择权"是一种错误的说法。

对人类中心论（anthropocentrism）的批评很清楚地指出，当我们论及人类生命（human life）时，我们所说的生灵（being）指的是人，而且是活着的；同时，活着的生灵不仅仅包括人。从某方面说，"人类生命"这个词是一个尴尬的组合，因为"人类"在此限定了"生命"一词，但"生命"却将人类和非人类的生灵联系在一起，并把人放到了这一联系中来。人想要成为人，就必须和非人（nonhuman）发生联系，要和自身以外的一切发生联系（要知道，这一切虽然在自身之外，却因生命的相互牵连而与自身相联）。这种与"非己"产生的联系在人的生活（livingness）中塑造了人，因此，人越过了自己的界限去建立这样的联系。"我是动物"这个宣言是用人类的语言来承认人并没有什么独特的地方。这个悖论让我们必须把"活得下去的生命"与"人类生命的地位"这两个问题分开，因为生命是否有意义不仅与人有关，也与其他生灵有关。此外，那种认为生命完全有可能不依赖技术的想法十分愚蠢，因为它暗示说，具有动物性的人是依赖技术活着的。从这个意义上说，当我们质疑人的地位、质疑"活得下去的生命"的意义时，我们是在赛博格（cyborg）的框架中思考的。

以这样的方式重新思考"什么是人"并不需要回到人本主义。当弗郎茨·法农（Frantz Fanon）宣称"黑人不是（男）人"时，他是在批判人本主义，目的是揭示在当代表述中人被完全种族化了，这让黑人不可能具有人的资格。[1] 在法农那里，这种说法也批评了男性特质，因为它暗示黑人男性被女性化了。这种说法暗含的意思是，谁不是"（男）人"，谁就不是人，表明男性特质和种族特权共同支撑着人这一概念。他的这种说法，已经被包括文学批评家西尔维亚·温特（Sylvia Wynter）在内的当代学者延伸到对有色人种妇女地位的思考上，并据此反思表述"人"这

---

[1] 弗郎茨·法农，《黑皮肤，白面具》（*Black Skin, White Masks*），第 8 页。——原注

一范畴的种族主义框架。[1] 这些表述显示，对"人"这一范畴的建构中隐含了权力差别，同时，这些表述也揭示了这个词的历史性，揭示了"人"的含义会随时间推移而被制造、被巩固。

"人"这个范畴自身保留了种族的权力差别，以此作为自己历史性的一部分。但这个范畴的历史还没有结束，关于什么是"人"远未做出断论。这个范畴在时间中被塑造，且在这个过程中，多种少数群体被排除在这个范畴之外，这就意味着，只有当那些被排除在外的群体对"人"这个范畴进行讲述，且可以从"人"的立场进行讲述时，我们才能对"人"重新表述。当法农写下"黑人不是（男）人"这句话时，谁也在书写？我们可以追问这个"谁"，意味着"人"已经超越了它的范畴定义，而且，通过这样的问题，这个范畴已经开创了一个不一样的未来。如果存在着某些规范，用来规定谁可以获得承认，并由此建构起"人"的范畴，且这些规范决定了权力如何运作，那么，围绕"人"的未来出现的斗争就是围绕着支撑这些规范的权力展开的。权力以限制性的方式在语言中出现，而在其他表述方式中，它一方面试图阻碍该表述，一方面又向前进。在展现了对规范的抗争的种种表达、意象和行为中，我们都可以看到这种双重运动。难以辨认、难以被认可或不可能的东西，终究是以"人"的方式来

---

[1] 西尔维亚·温特，《错觉破灭的话语："少数"文艺批评及其他》("Disenchanting Discourse: 'Minority' Literary Criticism and Beyond")，该文收于阿卜杜尔·扬·穆罕默德和戴维·罗伊德编辑的《少数人群的天性和环境》(Abdul Jan Mohammed and David Lloyd, *The Nature and Context of Minority Discourse*)。——原注

发言的，这就为"人"这个范畴打开了可能，让它在未来不一定受限于现有的、权力造成的差别。

这些问题为未来部分地定下了一个议程。我们希望，未来能有不少学者和活动家共同创制范围广阔的框架，着手对付这些紧迫、复杂的问题。显然，这些问题和很多其他问题都有关联——例如，亲缘结构中的变化、有关同性婚姻的论争、领养条件，以及生殖技术的应用范围。人是如何、在哪里形成的？对这个问题的再思考，部分牵涉到重新思考婴儿诞生时伴随着怎样的社会图景和心理图景。亲缘关系中的变化，同样要求我们重新思考人出生、抚养的社会条件，这就为社会分析和精神分析以及它们的交叉领域打开了新的天地。

有观点认为，根本的性别差异确实存在，是形成个人精神生活核心的东西，而精神分析有时被拿来支持这种观点。但这似乎是说，性别差异要获得重要性，就必须假定精子和卵子的存在意味着异性双亲交媾，此外还必须假定若干其他心理存在，比如初始场景和恋母情结。但如果卵子或精子来自别处，与被称为"父亲"或"母亲"的人无关，或是说，如果做爱的双亲不是异性恋或不具生殖能力，那么，我们似乎就需要一种新的精神地形学（psychic topography）。当然，就像许多法国精神分析师那样，我们可以假设，一般而言，生殖是异性双亲交媾的结果，而这个事实为作为主体的人提供了一个心理条件。这个观点诟病非异性恋的结合形式、生殖技术以及在核心异性恋婚姻外扮演父母角色，认为这些形式对孩子有害、对文化有威胁、对人的一切具有毁灭性。但这种用精神分析词汇来保障抚育权、国家文化传承以及异性婚姻的方法，只是对精神分析诸多运用中的一种，而且不是特别有成效或必需的一种。

重要的是，要认识到，精神分析也能用来批判文化适应（cultural adaptation），并作为理论来理解性（sexuality）如何不遵从调控它的社会规范。而且，要理解幻想——这种幻想不是一系列在内在心幕上的投射，而是人类关联性的一部分——的运作机制，没有什么理论比精神分析更合适了。正是基于这个观点，我们才能理解幻想对每个人自身的身体经历的重要性——而这个身体是有性别差异的。最后，精神分析能帮助我们理解，人为什么对他人、对自己怀有不可逆转的谦卑。在我们自己身上，在我们和他人的关系中，总有一些方面为我们所不知。而这种"不知"作为存在（existence）甚至是存活力（survivability）的一个条件一直伴随着我们。在某种程度上，我们被我们不知道、无法知道的东西所驱动。这种驱动（Trieb, drive）既不是纯生物的，也不是纯文化的，而总是两者的密集汇合。[1] 如果我总是由规范建构而成的，而这些规范不是我制定的，那么，我就得弄清这种建构是怎样发生的。很清楚，情感和欲望的展示和构成是让规范变成感觉上属于自己的东西的一种方式。在我以为我就是我的地方，我其实是自己的他者。出现这一情况的缘由是，规范的社会性超越

---

[1] 参见西格蒙德·弗洛伊德，《本能及其变化》（"Instincts and Their Vicissitudes"）。——原注

了"我"的开始和终结，维系着一个运作的时空场，而这个场域超越了我的自我理解。规范所施行的控制并不是最终的，也不能决定一切，至少不总是这样的。欲望不一定完全由外力决定，这一点和精神分析认为性永远不能完全受控于某一规则的事实相符合。性不断地转换，它总能超越规则，或根据规则相应地采用新的形式，甚至反过来使规则变得"性感"（sexy）。从这个意义上看，性永不能被完全简化，被说成是这个或那个管理权力运作的"结果"。这和说性在本质上是自由狂野的是不一样的。相反，性恰恰是作为一种即兴而生的可能性在一个充满束缚的空间中出现的。然而，性决不像某种可以放在一个容器"里面"的东西一样出现在那些束缚"里面"：它会被束缚消灭，但也会被束缚调动、激发，有时它甚至要求束缚一再出现。

如果是这样的话，那么，在一定程度上，性将我们置于自身以外；我们被一种"别处"所推动，而我们无法确定这个"别处"的意义和目的。[1] 这只是因为性是文化意义的一种传载方式，这种传载通过两种方式进行：第一，通过规范的运作；第二，通过外围模式将规范消解。性和性别之间没有一种简单的关系，并不是说你"是"什么样的性别，就决定了你"有"什么样的性向（sexuality）。我们会用日常表达来谈论这些问题，陈述我们的性别，坦白我们的性向，但是不经意间，我们被搅进了本体论和

---

[1] 参见莫里斯·梅洛-庞蒂（Maurice Merleau-Ponty）《知觉现象学》(*The Phenomenology of Perception*) 中的"身体的性存在"（"The Body in Its Sexual Being"）一章，第154—173页。——原注

认识论的迷雾中。我"是"某种性别的人吗?我"拥有"某种性向吗?

还是说,这个应该承载性别的"我"被身为这种性别所消解,而性别总是来自别处,总是指向一个我之外的东西,建构于一种并非完全由我创造的社会性中?如果是这样的话,那么,性别就消解了这个理应作为或承载其性别的"我",而这种消解,正是那个"我"的意义,是"我"的可理解性的一部分。如果我自称"拥有"一种性向,那么,这似乎是说,存在一种可以称之为我自己的、可以作为特征拥有的性向。但是,如果性向会使我丧失一切,怎么办?即便性向是我自己的,但如果它是在别处被赋予活力的,怎么办?如果是这样的话,是不是说那个"拥有"性向的"我"就是被其号称拥有的性向所消解的,而且它再不能以自己的名义来宣称拥有这种性向了?如果我在这样宣布时被他人宣布拥有,如果性别在被我拥有之前属于他人,如果性取向决定了对"我"的某种剥夺,这并不意味着我的政治诉求就此打住。这只说明,当一个人做出这些诉求时,他/她不仅仅在为自己诉求。

第一章　在自身之旁[1]：性自主权的限度

什么样的世界让人活得下去？这个问题一点都不无聊。这不仅仅是哲学家该考虑的问题。一直以来，各个阶层的人们用不同方式提出这个问题。如果因为提出这个问题人们就成了哲学家，这倒是我乐于接受的。什么样的问题成其为伦理问题？我认为，"什么东西让我自己的生活可以忍受？"这样的个人问题是伦理问题，但同时，以下问题也是伦理问题：从权力的立场、正义分配的角度看，什么东西可以（或者说应该）让他人的生活可以忍受？我们的回答不仅显示出我们对何谓生活、它应该是什么样的等问题有何看法，也反映出我们对什么是人、什么是人区别于其他物种的生活等问题有何看法。如果我们认为，区别于其他物种的人类的生活是有价值的、是最有价值的，或是说，是思考价值问题的唯一方式，那么，我们就有犯人类中心论的错误的危险。或许，想要抵制这种倾向，我们必须既思考关于生命／生活的问

1　本章主标题原文为 Beside Oneself。这个短语一般用来表示一个人在经历强烈情感时难以自控的状态，在字面上有"在自己身边""在自身之旁"之意。在本章的用法中，除了原意，巴特勒还借用了这个短语的字面意义，强调个人不是孤立的个体，不生活在真空中；相反，个人具有社会性，正是这种社会性让自我从自身抽离，总是处于与他者的联系之中。用巴特勒的话说，自我总是处于自身之外、自身之旁。详见本章的讨论。——译注

题，也思考关于人的问题，而不只从一个方面来考量。

我想用关于人的问题来展开和结束我的讨论：什么是人？什么样的人算人？相应的，什么样的生命算生命？此外，还有一个多年来困扰我们许多人的问题：什么样的生命值得哀悼？我相信，不论国际男女同性恋社群之间存在怎样的差异（这些差异并不小），我们对他人的去世都会有看法。如果我们失去过身边的人，这说明我们曾经拥有过、渴望过、爱过，并曾为我们的渴求努力争取过。过去几十年，我们都因艾滋病肆虐而失去过某人，但还有其他原因造成的亲朋离世，包括除艾滋病外的其他疾病。而且，作为一个社群，我们常遭受暴力，尽管并不是每个个体都遭受过袭击。而这意味着，我们身体的社会脆弱性是我们的政治构成的一部分；我们由欲望和肉体的脆弱性构成，在公共场域，我们既自信又脆弱。

我不知道何为成功的哀悼，也不清楚一个人什么时候算是完成了对另一个人的哀悼。但我清楚，哀悼不是说我们忘掉了逝者，或者说，某样事物占据了他或她的位置。我认为事情不是这样的。相反，我认为，一个人在接受下列事实时才是在哀悼：你所经历的失去会改变你，甚至会永远改变你；哀悼意味着同意经受某种改变，且你事先无法知道改变会带来什么结果。也就是说，你会经历失去，失去必会引起改变，而这种改变是无法预先盘算计划的。比如说，就失去而言，我认为诉诸新教的道德规范没有用。你不能说："噢，我要用这种方法来经受亲朋离世，并且得到这样的结果，我要把这当成任务来做，我将努力获取克服眼前悲痛的方法。"我认为，打击来临的时候如巨浪般排山倒海：一天开始的时候，一个人心怀一个目标、一个方案、一个计划，最终却发现一切化为泡影。他发现自己失败了。他筋疲力尽，但不知道为什么。他面对的是某种无法计划、无法谋算的东西，它大过他的所知。某种东西控制了一切，而这种东西来自自我，来自外界，还是来自无法区别二者的某个地方呢？是什么在这样的时刻控制了我们，警告我们自己并不是自己的主人？是什么和我们绑在了一起？是什么把我们牢牢抓住？

我们可能只是在经历某种暂时的东西，但或许，就是在这样的经历中，关于"我们是谁"的某种东西被揭示了出来。这种东西描述了我们和他人之间具有怎样的纽带，它告诉我们这些纽带构成了一定意义上的自我，决定了我们是谁，而当失去这些纽带时，我们也在某种根本意义上失去了让我们沉静下来的东西：我们会无所适从，会不知道我们是谁、要做什么。许多人认为悲痛（grief）是私人化的过程，它让我们回到孤独的境况；但我认为，它恰好揭示了自我构成是社会性的过程，是我们思考政治社群（这些社群有着复杂的秩序）的基础。

我们可以说我"拥有"这些纽带，或者认为我可以停下来，隔着距离观察这些纽带，将它们一一列举，解释这个友谊意味着什么，那个爱人在过去或现在对我意味着什么。但事情不仅仅是这样的。相反，失去引发的悲痛揭示出，我们如何深陷在与他人的关系中，对这些关系，我们不一定能描述或解释清楚。这种困境常常推翻我们对"自己是谁"给出的解释，并挑战"我们具有自主力和掌控力"的想法。我可以试着通过讲故事来表达自己的感受，但在这个故事中，试图讲故事的这个"我"会在讲述中被打断。这个"我"被质疑，而质疑它的正是它与讲述对象之间的关系。与他者之间的这种关系不一定会毁了我的故事，或是使我失语，但这种关系总是在我的讲述上打满标记，提醒我它随时会消解。

让我们来正视这个问题吧。我们彼此消解。如果不这样，那就不对劲了。如果说悲痛让我们清楚地看到我们彼此消解，这仅仅是因为欲望已经让我们看到了这一点。一个人不可能总是毫发无伤、保持完整。他可能希望保持完整，或许也的确做到了，但总存在这样的可能，即，不论一个人如何努力，在面对他者时，他还是被消解了——被触摸消解、被气味消解、被感觉消解、被有可能发生的触摸消解，以及被记忆中的感觉消解。因而，当我们谈到**我的**性向或者**我的**性别时，我们指的是某种被它复杂化了的东西。确切地说，两者都不为我们所拥有，但都应该被理解成**把拥有的东西剥夺的模式**，理解成为他者而存在的方式、因为他者而存在的方式。这不仅仅是说，我在宣扬一种有关自我的关联性观点，以取代自主性自我的概念，或是试图用相对的眼光来重新理解自主权。我们试图表述的关系是开裂的，且这种开裂正是身份构成的一部分，而"关联性"一词将这种开裂缝合了。这意味着，在将剥夺（dispossession）一词概念化时，我们须得小心处理。处理的方法之一是通过"迷幻"（ecstasy）这个概念。

在叙述广义的性解放运动的历史时，我们常认为，"迷幻"

在20世纪60和70年代有一席之地,且持续到了80年代。但在历史上,"迷幻"这个概念可能持续得更久,可能一直都伴随着我们。"迷幻"状态(ec-static)字面上的意思是在自身之外(outside oneself),而这可以有几种意思:被一种激情转载[1]到自身以外(beyond oneself),或是因愤怒或悲痛而**发狂**(beside oneself)。我认为,如果我尚能与一个"我们"对话,并将自己涵盖在其意义之内的话,我就是在与我们中那些以**发狂**的方式生活的人对话,不论这个"我们"是处于性的激情、情感的悲痛,还是政治的愤怒中。从某种意义上说,这里的难点是弄清由这些发狂之人组成的社群是什么样的。

这就有了一个有趣的政治难题,因为大多数时候,当我们听到"权利"一词时,我们觉得它与个人有关,或者当我们要求保护从而不受歧视时,我们是作为一个团体或一个阶级来提出诉求的。由于使用了那样的语言,身处那样的语境,我们只能将自己作为边界清晰的个体来呈现,这些个体在法律面前是一个一个的,它们可被识别、可被精准描绘。这样的个体组成的社群,由相同性(sameness)所定义。确实,我们可以用那种语言来确保法律上的保护和权利。但是,如果我们真的觉得这种对"我们是谁"的法律定义对我们作出了恰当的描述,那我们或许就错了。尽管这种语言或许可以将我们放到一个法律框架内(这个框架以自由主义人类本体论为基础),由此让我们获得合法性,但它却

---

[1] transport 一词也具有引发激情、让人迷幻之意。——译注

没有正视我们的激情、悲痛和愤怒。这些情绪将我们从自身撕扯开去，将我们和他人绑在一起，将我们放逐，将我们消解，并将我们牵连到不是我们自己的生活中去，而这些过程有时是致命的、不可逆转的。

要理解一个政治社群如何被这样的纽带锻造并不容易。一个人可以说话，可以为另一个人说话、对另一个人说话。尽管如此，他人和自己之间的区别还是不可能消除。即便我们会说起"我们"，这也不过是指出了这样说本身有问题。我们没有解决这个问题，且这个问题或许不能也不应该被解决。比如，我们要求国家不要把它的法律施加到我们的身体上来，我们呼吁身体自卫的原则和身体完整性的原则应该成为政治福祉（political goods）。然而，性别和性恰恰是通过身体才得以暴露给他人，并由此牵涉到各种社会进程中，记载到文化规范里，并让其社会意义获得理解。一定意义上说，身体是"自己的"，且我们对自主权的诉求以身体为基础，但是，身体作为身体最终得交托给他人。以下人群的诉求都是如此：男女同性恋及双性恋人士的性自由诉求，变性和跨性者对自我决定权的诉求，以及间性人士反对强制性的医学、手术和精神病学干预的诉求。类似的诉求还有：不受身体和言语上的种族主义攻击的诉求，以及女性主义对生殖自由的诉求。如果没有自主权，尤其是身体上的自主权，就很难——虽然不是没有可能——提出以上诉求。然而，身体自主权是一个充满活力的悖论。我不是说我们不应该提出这些诉求。我们必须，也应该有这些诉求。我不是说我们只能勉强地或策略性地提这些诉求。任何权益运动，如果它追求尽可能保护性向／性别少数群体、最广义上的女性、少数族裔（尤其是当他们与其他范畴有交叉时），且为以上人群争取自由最大化，那么，上面提到的各种诉求就是这个运动的规范化追求的一部分。但还有别的规范化追求是我们应该表达和保护的吗？身体在这些抗争中的地位能让我们对政治产生不同构想吗？

身体意味着可灭性、脆弱性和能动性：皮囊与血肉不仅使我们暴露于别人的观察，也使我们暴露于接触和暴力。身体也能成为这一切的代理和工具，或者成为一个场所——在这里，"施于"与"被施于"之间的区别是模糊的。尽管我们为行使自己的身体权益而抗争，但我们为之抗争的身体并不完全是我们自己的。身体一定具有公共的层面。我的身体是作为公共领域的一种社会现象构成的，它既是我的，又不是我的。身体从一开始就被交给了由他人构成的世界，打上了他们的印记，在社会生活的熔炉里得到历练，然后，我才可以不那么肯定地宣称，身体是我自己的。的确，我的身体不顾我的意愿，从一开始就把我与他人联系在一起（究竟什么人会出现在自己周遭，由不得我选择，就好比地铁上的情形）；如果我否认这一事实，如果我将"自主权"这个概念建立在否认这一空间（否认我与他人之间存在着基本的、不由我决定的近距离）的基础上，那么，我是否就以自主权的名义否认了决定我的肉体存在的社会条件和政治条件？如果说我是在**为自主权奋斗**，难道我不需要也为别的什么（比如一种关于"我"的概念——这个"我"作为社群的一分子，为他人所影响，也影响着他人,且这些影响方式并不一定说得清,其形式也无法完全预计)奋斗吗?

在我们生活的世界上,各种生灵在身体上彼此依赖,又可能对彼此的身体造成伤害,在这里,我们既能在诸多领域内为自主权奋斗,又同时考虑这个世界对我们的要求,有没有这样的可能?我们难道不能以这样的方式来想象社群吗?也就是说,我们有义务非常谨慎地考虑何时何地使用暴力,因为暴力总在利用我上面所说的那种基本纽带(即,作为身体,我们为了彼此而处在自身之外/发狂)。

回到"悲痛"这个问题,如果一个人经历了自己控制不了的事情、发现自己失去自我控制(beside oneself),那我们可以说,悲痛这个问题能让我们理解,具身化的生命具有怎样的根本社会性;它让我们理解,有着身体的我们是如何从一开始就不由自主地被抛到不是我们的生命中去的。对性少数人群而言,这种情形极具戏剧性,也给任何在性和性别政治领域里探索的人提供了一个很特殊的政治视角。但这个方法是否同时也给我们提供了一个解读当代全球局势的视角呢?

哀悼、恐惧、焦虑、愤怒。在"9·11"后的美国,我们已被暴力包围:我们使用暴力,遭受暴力,生活在对暴力的恐惧中,并谋划更多的暴力。暴力确实是某种最糟糕的秩序,它使人在他人面前的脆弱以其最骇人的方式暴露出来,使我们毫无控制、完全依赖于他人的意志,使生命能被他人的意志行为轻易抹去。只要我们施行暴力,我们就是作用于他人,将他人置于险境，给他人带来损害。在某种程度上，我们都具有这样的脆弱性。这是在同为肉体生命的他人面前的脆弱，但在特定的社会、政治条件下，这种脆弱会严重加剧。在美国，主流做法是加强主权和安全，以减小这种脆弱，或干脆将它和危险阻隔开；然而，这种做法也能服务于另一种功能、另一种理想。我们的生命依赖于他人，这是一个事实，我们可以以此为根据来寻求非军事的政治解决办法。我们不能凭意志消除这一事实，而必须关注，甚至遵从它，尤其是当我们开始思考肉体的脆弱性与政治选择之间的关系时。

如果我们悲痛，如果我们沉浸于悲痛，如果我们暴露于悲痛，觉得它尚可忍受，因而不去试着通过暴力来解决悲痛，那么，我们从中能得到什么？如果在对国际纽带做政治考量时把悲痛作为思考框架的一部分，我们从中能得到什么？面对失去，如果我们不走出来，我们是否会觉得被动、无力，就像某些人担心的那样？还是说，我们会重新意识到人的脆弱，重获我们对彼此生命的集体责任感？对脆弱感围追堵截、使之消失，为自己的安全不惜牺牲他人，这些做法最终会使脆弱感消失，但殊不知，脆弱感正是能帮助我们寻求和找到方向的最重要的资源之一。

沉浸于悲痛，并使悲痛成为一种政治资源，并不是要陷于单纯的被动和软弱无力。相反，这是让人从对脆弱的亲历中推知出，他人会因军事入侵、占领、突然宣战以及警察暴力而遭受怎样的脆弱感。我们的生存可能由那些我们不认识的人决定，而对这些人我们没有什么最终控制手段，这就意味着生命摇摇欲坠，而政治必须考虑什么形式的社会和政治组织最能在全球范围维系这些处于危险境地的生命。

这涉及一种对"人"的更一般性的定义。也就是说,从一开始,我们就把自己交付于他人;从一开始,甚至在个体化之前,因为具有身体性,我们就把自己交付于彼此。这不仅让我们在暴力面前很脆弱,而且让我们在另一些情形面前很脆弱,这些情形不仅包括让我们消亡,也包括让我们失去赖以延续生命的物质支持。

我们无法去"纠正"这种情况,也无法恢复这种脆弱性的根源,因为它的出现早于"我"的形成。这种从一开始就被赤裸呈现、依赖于陌生人的情形,正是我们无法干预的。来到这个世界时,我们一无所知,一切都依赖他人,而且一定程度上会一直这样。从自主权的角度看,我们可以试着否认这种情形,但这样做如果说不是危险的,或许也是愚蠢的。当然,我们可以说,对一些人而言,这一原初场景让人惊叹,充满了爱意和接纳性,展现了一种温暖关系——这种关系在生命开始之时提供了支持与滋养。可是,对其他人而言,这是一幅展现抛弃、暴力或饥馑的场景:身体一无所有,暴露于残酷或赤贫。然而,不论这幅场景描绘的是什么,我们面对的事实是,婴儿期的依赖性是必然的,也是我们永远不能完全摆脱的。我们依然必须认为,身体不得不交付于他人。要想理解对生命的压迫,我们就应该认识到这种根本的脆弱性是无法消失的,我们总是暴露于他人的作用力,即使是(或者说,尤其是)当我们身边没有人、没有生命支持之时。要对抗压迫就必须知道，支持和维系生命的方法不尽相同，且人的身体脆弱性在全球不同的地方可能很不一样。有些人的生命会得到高度保障，否认其生命的神圣性足以挑起战争。而别的生命就不会得到这样迅速、狂热的支持，甚至失去了也不会被认为值得为之悲痛。

在此处发挥作用的关于人的概念，具有哪些文化特征？如果我们把这些特征作为定义"人"的文化框架，这些特征是如何界定"失去"的标准的？针对施于性少数群体的暴力，男女同性恋和双性恋人士肯定提出过这样的问题。同时，跨性别人士也会关心这个问题，因为他们也会被针对、被骚扰，有时甚至会被谋杀。间性者也关心这个问题，因为从身体成型期起，他们就一直面对以人类形态学规范的名义施加到他们身体上的暴力，尽管他们可能无意改变自己的身体。这个问题无疑是关于性与性别的各个运动结成深厚关系的基础。这些运动对抗的是某些规范化的人类形态学及其势力，因为这些势力试图打倒或消灭"异常"身体。这个问题也应该是反种族歧视运动的一部分，因为种族差异也参与了在文化观念上定义"何为人"，而这些文化观念目前正以夸张、可怕的方式上演于全球各地。

那么，在暴力和"不真实"（unreal）之间有什么关系？在暴力和暴力受害者经历的"不真实"之间有什么关系？那种"不值得为之悲痛的生命"的概念从何而来？在话语的层面上，某些生命完全没有被当成生命，这些生命没有被人化，他们不能被放到关于"何为人"的主流框架中来，而针对他们的"去人化"

（dehumanization）就发生在这个层面上。然后，这个层面催生了身体暴力。这种暴力同时发出了去人化的信息——在此之前，去人化就已经在同一文化中发挥作用了。

所以，这里的情况并不是说，有一个话语，在这个话语中，遭受"去人化"的生命没有框架、没有故事、没有名字，或者说暴力能实现或实施这个话语。暴力的对象是那些已经谈不上是生命的生命，那些活在生死之间的人；暴力只留下一个不算印记的印记。如果话语存在，它会是一种沉默、忧郁的书写，在这种书写中，没有生命，没有失去，没有共同承担的肉体状态，没有脆弱［这种脆弱是理解我们共性（commonality）的基础］，也没有对那种共性的分割。这些都不会作为事件发生。这些都不会发生。近年来，非洲因艾滋病失去了多少生命？媒体对这些流逝生命的报道在哪里？有什么话语细述过这些生命流逝对当地社群意味着什么？

本章开始时，我提出，或许这里提到的各种运动和探究方法都需要把自主权看作是其规范化追求的一部分；当我们自问我们应该朝何处去、应该实现什么样的价值时，自主权是值得追求的价值。我也提出，身体在性与性别研究中的位置，在性少数群体为减小社会压迫所作抗争中的位置，恰恰强调了以下做法的价值：处在自身之旁（beside oneself）、保持界限的渗透性、将自己交付于他人、在欲望的轨迹上找到自己（在这个轨迹上，自己被置于自身以外，被不可逆地放到一个不以自己为中心的、和他人共处的环境中）。这体现了一种特定的社会性，它属于肉体生活，属于性生活，属于性别化的过程（一定程度上，性别化总是**为他人**而发生的）。这种社会性建立起一个场域，在这个场域中，自己与他人在道德上彼此牵连，且第一人称角度——也就是自我角度——出现了方向感丧失。作为肌体，我们总在寻求自身之外更多的、非自己的东西。将这点看作是一种权利并表达出来并不容易，但也并非不可能。比如，"联系"（association）不是奢侈，而是自由的条件和特权之一。的确，我们采用了不同形式来维系各种联系。我们不能像人权运动组织那样，错误地将婚姻规范当作这场运动的新理想。[1] 无疑，婚姻和同性家庭关系确实应该作为选项存在，但是，将其中任何一种作为性的合法模式建立起来，就是以旧有的方式限制了身体的社会性。近年来，反对第二双亲领养权的司法决议影响恶劣，这说明把亲缘关系的含义扩大到异性性关系框架以外至关重要。然而，不论是把亲缘关系缩小到家庭，还是认为所有长期存在的社群纽带和友谊纽带都是亲缘关系的外延，都是错误的。

在本书的《亲缘关系总是以异性恋关系为基础的吗？》一章中，我提出一个观点：把人和人联系在一起的亲缘纽带很可能不比社群纽带强，这些纽带可能以也可能不以持久或专一的性关系为基础，这些纽带可能涵盖了过去的恋人、非恋人、朋友以及社群成员。亲缘关系跨越了社群与家庭之间的界限，有时也会重新

---

1 人权运动组织是美国男女同性恋权利的主要游说组织。这个组织位于华盛顿特区，它坚持认为，同性婚姻是美国男女同性恋政治的首要问题。见 www.hrc.org。——原注

定义友谊的含义。当这些亲密联系的模式制造出长久的关系网时，它们就造成了传统亲缘关系的某种"崩溃"，打破了一种假设，即，亲缘关系是以生物关系和性关系为中心建立起来的。而且，制约亲缘纽带的乱伦禁忌只是使异族通婚成为必需，却并不一定以同样的方式制约朋友，或是以同样的方式在社群关系网中起作用。在这些框架内，性不再只受亲缘关系的规则控制，而同时，持久的纽带也能存在于婚姻框架以外。性就获得了一系列社会表达方式，而不再局限于约定关系或婚姻纽带。我们的关系并不都是持久的，也无须如此。但这不是说，我们对悲痛就有了免疫力。相反，一夫一妻制之外的性凸显了"在哪里寻找持久关系"这个问题，它能让我们看到社群关系的新的意义，并因此让我们注意到私人领域之外发生的失去。

然而，有些人生活在婚姻框架之外，或是用非单偶制、非类婚姻的社会组织形式来维系性关系；这些人越来越被视为不真实的，而他们的爱和丧失之痛也被看作不够真实。通过否定这些关系的事实性和真实性，就可以对这样的人类亲密关系和社会性去真实化。

显然，"谁是真实的、什么是真实的"这一问题，是一个有关知识（knowledge）的问题。但正如米歇尔·福柯（Michel Foucault）清楚指出的那样，这也是个权力问题。在社会世界中，拥有或承载"真理"和"现实"是一个极有力的特权，是权力将自己扮成本体论的一种方式。根据福柯的理论，任何激进批评的首要任务之一就是要弄清在"强迫机制和知识因子之间"有什么关系。[1]在此，我们面对的问题是可知事物的界限在哪里，这种界限能施加一定能量，但又不基于任何需求，它只能通过冒险远离已有的存在方式才能被分析："事物在两种情况下不能作为知识因子存在：一方面，如果它不能遵从一套规矩和束缚（比如某个特定时期的特定科学话语）；另一方面，如果它不具备强制效应，或不具备激励效应（能被科学验证的事物、单纯合乎理性或被普遍接受的事物，都会产生激励效应）。"[2]知识和权力最终不可分开。它们合作建立了一套微妙而直接的标准来思考世界："因此，问题不在于描述知识是什么、权力是什么，以及它们如何互相压制、相互伤害。相反，我们要描述一个知识—权力纽带，这样我们才能掌握究竟是什么使得一个系统能被接受……"[3]

这就是说，我们既要研究构成对象领域的条件，又要研究这些条件的**界限**。出现界限的地方，不一定能复制这些条件，也就是说，在这些地方，条件是不确定、可改变的。用福柯的话说："简而言之，我们面对的是永远的运动，是根本性的脆弱，或者说，我们面对的是，在复制同一过程的东西和改变这个过程的东西二者之间那种复杂的相互作用。"[4]以改变的名义来干预就意味

---

[1] 米歇尔·福柯，《什么是批评？》（"What Is Critique?"），收于《关于真理的政治》（*The Politics of Truth*）一书，第50页。这篇文章和我的《作为德行的批评》（"Critique As Virtue"）一起收入了戴维·英格拉姆所编的《政治》（*The Potlical*）一书。——原注

[2] 《什么是批评？》，第52页。——原注

[3] 《什么是批评？》，第52—53页。——原注

[4] 《什么是批评？》，第58页。——原注

着打破已确立的知识，打破已确立的可知现实，同时使用个人的非现实来提出本来不可能的诉求，来提出让人看不懂的诉求。我认为，当非现实对现实提出诉求，或是进入现实的领域时，结果绝不会朝主流规范的方向进行同化。这些规范本身会动摇，会显示不稳定性，且有可能出现新的含义。

近年来的新性别政治中，跨性和变性人群给已有的女性主义和男女同性恋研究框架提出了多种挑战，而间性运动对性权利倡导者提出了更加复杂的问题和要求。一些左派人士曾认为这些关注算不上是恰当的政治问题，或是觉得它们不够分量，但现在他们已经有了压力，要重新思考政治领域对性与性别问题有何预设。有人认为，布齐、法玛[1]和变性人的生活不够重要，不足以作为依据来让我们重新组织政治生活，追求更公正、更平等的社会。这样的看法忽视了另类性别之人在公共领域遭受的暴力，并忽视了具身化（embodiment）是一个怎样的过程：在这个过程中，有一套规范，它决定了谁有资格在政治领域内成为主体。的确，如果我们认为人的身体在被体验的过程中一定会涉及某种理想化（这种理想化构成了体验的框架），且不论是体验自身身体

---

1 布齐（butch）指的是有男性气质的女同性恋，而法玛（femme）指的是有女性气质的女同性恋（偶尔也用来指有女性气质的男同性恋）。中文世界常见的一对类似范畴是T与婆，但是，T源自tomboy一词，而在英文世界中，tomboy与butch是两种具有显著不同的类别。为了尽量保留巴特勒著作的原有语境，避免混淆，此处butch和femme采用了音译。关于tomboy和butch的区别，有兴趣的读者可以参考朱迪斯·哈博斯坦（Judith Halberstam）的著作《女性的男子气》（*Female Masculinity*）。——译注

还是体验他人身体都是如此,如果我们承认这样的理想化和框架都是以社会形式表达出来的,那么,我们就会看到,如果没有和某种或某套规范建立联系,具身化就不可想象。因此,改写身体体验所依据的规范十分重要,这不仅对身心障碍政治如此,对间性运动和跨性别运动也很重要,因为它们所奋力抗拒的正是"身体应该是什么样的"之类的说法。和规范之间形成的具身化关系,具有改变事物的潜力。如果在我们的理解中幻想(fantasy)是以身体为出发点来想象如何超越身体的束缚的,那么,设定规范之外的可能性,或者说给规范找一个不同的未来,就是幻想的一部分。如果我们认为,通过改变决定人类形态学的规范,我们就能给不同的人带来不同的"现实",那么,我们就被迫承认,在其最基本的层次上(也就是说,关于谁是人,以及何种规范才能决定"真正"的人的特质的呈现),跨性别生命有可能对政治生活产生影响,且已经造成了影响。

此外,幻想可以参与表达可能性;它让我们越过真实、越过当下,进入可能性的世界——这个世界尚未实现,或不能实现。为了生存所作的努力与幻想的文化生活并不可分,而对幻想的剥夺——通过审查制度、贬低或其他方法——是让人社会死亡的一种策略。幻想不是现实的反面;它被现实排除在外,而且,也正因如此,它把现实的界限定义在了自身之外。不论何时何地,只要存在幻想,它就会批判性地承诺,要对定义"现实"的界限发起挑战。幻想允许我们以别的方式想象自己和他人;它在现实之外开创了新的可能;它指向别处,而当它变成现实时,它也就将这个"别处"带回了家。

易装者、布齐、法玛、跨性别及变性人士是怎样进入政治领域的？他们不仅使我们质疑什么是真、什么是"必须"，而且还给我们指出，我们该如何质疑那些定义了当代观念中的"现实"的规范，以及现实的新模式可以怎样形成。制造了现实新模式的那些实践，部分是通过具身化完成的。在这个过程中，身体不再被看成是一个稳定的、已经完成了的事实，而是一个长大、成熟、变老的过程，一种变化的模式，并在变化的过程中超越规范、重塑规范，同时也让我们看到，我们本以为束缚着我们的现实并非一成不变。一些人问过我，增加性别的可能性有什么用。我倾向于这样回答：可能性不是奢侈品；它和面包一样重要。我认为，关于可能性，我们不能低估它对于那些挣扎着要生存的人而言有多重要。活着是可能的吗？如果答案是肯定的，这就是一件意义重大的事。但是，我们不能想当然地认为，答案一定是肯定的。有时，这个问题的答案是"不"；有时，被问者根本就没有现成答案；而有时，答案会透露出被问者正在经历痛苦。对很多能够且的确给了肯定回答的人来说，这个答案是他们艰苦赢得的，这一成就的根本前提是，现实以这样一种方式被建构和再建构，从而使这样的肯定回答成为可能。

男女同性恋国际权益运动的中心任务之一，是清晰、公开地坚持同性恋这一现实是社会的决定性特征之一，且是看得懂的，而不能被看作是一种内在真理、一种性行为。换一种说法，我们要把男女同性恋生活（以及男女同性恋者的生命）视为现实，并坚持认为，不论从特殊性还是普遍性方面讲，这样的生活（生命）都值得保护；然而，更难的是要坚持认为，公开支持同性恋会让我们重新思考以下问题：什么是现实？什么才算得上人的生活？的确，国际男女同性恋运动的任务是要重造现实，重新形成人的概念，并质询什么叫活得下去、什么叫活不下去。那么，这些抗争针对的是怎样的不公正呢？我会这样回答：被称为不真实，并因为这样的说法而在制度上被区别对待，就会变成他者，而一般意义上的"人"就是参照这个他者以相反的方式制造出来的。正是这样的非人、超于人或弱于人的情况保障了"人"表面上的现实感。被称为拷贝、被称为不真实是受压迫的一种方式，但事情可能有更深的一面。被压迫就意味着你已经作为某种主体而存在，对于身为压迫者的主体而言，你是看得见的、被压迫的他者，是一个可能的或潜在的主体。但被当作不真实的事物对待则又是另一回事。要被压迫，你首先就得具有可理解性（intelligibility）。发现自己根本无法为人理解（确实，你可能在文化和语言上变得不可理喻）意味着你还没有获得成为人的可能，意味着虽然你认为自己**像一个人那样**说话，但实际上你不是，你的语言是空洞的，你不会得到任何承认，因为有关承认的规则丝毫不为你考虑。

我们或许会认为，一个人如何对待自己的性别是一个文化问题，或者认为这是那些坚持行使资产阶级自由的人士的一种任性行为。然而，认为性别具有述行性并不只是在坚守一种权利——一种制造愉悦的、颠覆性的场面的权利。坚持性别的述行性，可以让我们以寓言化的方式揭穿现实是如何被复制和挑战的——这种复制和挑战常常引人注目且影响重大。这对以下问题都会产生影响：性别的呈现形式如何被有罪化和病理化；跨性别主体怎样冒着被拘禁、被关押的危险；为什么针对跨性别主体的暴力不被视为暴力；为什么这种暴力有时正来自本应给这些主体提供保护的政府。

假如新的性别形式成为可能，会怎么样呢？这会怎样影响我们的生活方式，影响人类这个群体的具体需求？而且，在性别的各种可能形式中，我们该如何区别哪些有价值、哪些没有价值？我认为，问题的关键不仅在于要为各种尚未存在的性别形式制造新的未来。我关注的性别形式已经存在很久了，但它们尚未被纳入统治现实的语汇中去。因此，问题的关键在于要在法律、精神病学、社会和文学理论内部建立一套合法语汇，使之适用于已长期存在于我们生活中的性别复杂性。因为那些用于约束现实的规范还没有承认这些形式的真实性，所以我们必须把它们称为性别的"新"形式。

这种对可能性的思考在政治理论中有怎样的地位？问题是否在于我们没有规范来区分不同种类的可能性？还是说，只有当我们无法将"可能性"本身理解为一种规范时，这才是一个问题？我们追求可能性，希望能把它公平分配给所有人。它或许能在社会上立足，但我们不能把它视为理所当然，特别是如果我们从现象学的角度来理解它的话。重要的不是制定新的性别规范；一个人并没有义务为新的性别呈现形式提供一种衡量、标尺或规范。

我们之所以对规范怀有期望，与我们生活、呼吸、移动的能力有关；无疑，这个问题在所谓的自由哲学领域有一席之地。有些人对自己拥有的可能性胸有成竹，对他们而言，思考生命的可能性只是一种爱好。而对那些还在努力寻求可能性的人来说，可能性是一种需要。

斯宾诺莎（Spinoza）认为，每个人都希望在自己的存在中生存。他让这种自我生存原则（即conatus）成为他的伦理观和政治观的基础。黑格尔宣称，欲望总是一种对承认的欲求；在某种意义上，这是在斯宾诺莎观点的基础上所做的推论。他用这种方式有效地告诉我们，在自己的存在中生存的必要条件是，我们都必须参与到接受承认、提供承认中去。如果我们得不到承认，如果对我们的承认没有规范可依据，那么，我们就无法在自己的存在中生存，而我们的存在也就丧失了可能性。我们已经被排除在可能性之外了。我们或许认为，承认的规范早已存在于我们出生的文化环境中，但这些规范是会变的，而随着规范的改变，"什么样的人是人"的承认标准也会改变。把黑格尔的观点朝福柯学说的方向挪一点，我们会发现，关于承认的规范，其功能在于制造（produce）和消解（deproduce）关于人的定义。这一点在有关男女同性恋人权的国际规范的运作中得到了具体体现，尤其是这些规范坚持认为，某些暴力绝对不允许出现；某些生命很脆弱，且值得保护；某些死亡值得为之悲伤，且应获得公开承认。

让我们回到上文提到的"在自己的存在中生存"的欲望。说这种欲望取决于有关承认的规范,就相当于在说,一个人自主权的基础、一个人作为"我"在时间中存在的基础,根本上取决于一种社会规范——这种规范超越了"我",将"我"置于自身以外,放到一个自身之外的世界,而这个世界充满了复杂的规范且这些规范发生着历史性变化。在效应上看,我们的生命、我们的生存依赖于这样的规范,或者说至少是依赖于我们与这些规范协商的可能性,依赖于我们从这些规范运作的领域内获得能动性的可能性。要想活下去,我们要依靠自身之外的东西,要依靠一种更广阔的社会性,而这种依靠是我们的持久力和生存力的基础。当我们坚持自己的"权利"时(我们不仅这样做了,也必须这样做),我们不是在为自己的自主权挖一个地盘(自主权在这里指的是一种个人化的状态,一种个人生存,它先于且有别于对他者的世界产生的任何依赖关系)。我们不是来到这个世界之后,才和各种规范或他者进行协商的。我们来到这个世界的前提是,这个社会性的世界已经存在了,已经给我们打下了基础。这就意味着,我的持续生存离不开有关承认的规范,正是这些规范保障了我的持续生存:在我有能力想象自我之前,必须首先从别处开始想象与我相关的可能性。自我观照不仅通过社会方式传播,而且通过社会方式构成。规范先于我、超于我存在;如果不依赖规范的社会性,我就不能成为现在的我。从这个意义上说,从一开始,为了生存,为了进入拥有可能性的世界,我就已经且必须处在自身以外了。

在这个背景下,坚持性权利因而就有了特殊意义。比如,它意味着，当我们为权利而战时，我们不仅仅是为赋予个人的权利而战；我们抗争的目的是**被当作人**。前者和后者之间有一个区别。如果抗争的目的是维护附加于（或者应该附加于）个人的权利，那么，我们的假设就是，人格（personhood）已经存在了。但是，如果我们抗争的目的不仅是被当作人，还是让有关人格的定义发生社会转变，那么，坚持权利就成了一种干预社会进程和政治进程的方式，而关于"何为人"的表达恰恰发生在这样的进程中。国际人权一直在重新定义和商讨究竟"何为人"。它不仅着眼于人权，而且在面对人的概念携带的文化局限时重新书写、重新表达了关于人的标准。

男女同性恋人权在一定意义上把性作为关键问题来看。性不仅仅是人所具有的一种特征、一种性格倾向或一套爱好模式。它是一种对他人产生偏好的模式，这种偏好可能在幻想模式中发生，且有时仅仅只能在幻想模式中发生。作为有性偏好的人，如果我们置身于自身之外，从一开始就不能自我控制，且部分地是通过依赖和附属等基本关系构建起来的，那么，我们这种处于自身之旁、自身之外的状况就是性本身的一种功能，而性本身并不是存在的这一面或那一面，也不是存在的关键或根基；相反，性与存在并存，正如梅洛-庞蒂（Merleau-Ponty）曾经巧妙地提出的那样。[1]

我已在此试着指出，我们作为人的感受与对承认的渴望是息

1　莫里斯·梅洛-庞蒂，《知觉现象学》。——原注

息相关的。这种欲望将我们置于自身之外，并放到一个社会规范不完全由我们选择的世界中，但同时，也正是这些规范给我们所拥有的选择提供了视野和资源。**这意味着，存在（existence）所具有的出神（ec-static）**[1]**的特征对是否可能作为人而生存下来至关重要**。从这个意义上讲，我们可以看到，性权利是如何把"出神"的两个相互联系的层面、两种置身于自身之外的方法合到了一起。作为有性偏好的人，我们依赖于一个由他人构成的世界，在需求、暴力、背叛、冲动和幻想面前，我们是脆弱的。我们投射欲望，并让它投射到自己身上来。作为性少数群体的一分子，很重要的一面是我们也依赖公共或私人空间的保护，依赖法律保护我们不受暴力伤害，依赖各种制度保护我们免遭不希望受到的侵犯，免遭这些制度有时引发的暴力行为。这样说来，我们的生命，以及我们的欲望的存在，都取决于承认规范的存在，这些规范提供并维持我做人的生存力。因此，当我们提到性权利时，我们不仅是在谈论和我们个人欲望有关的权利，也是在关注我们作为个人所依赖的规范。这就是说，权利话语承认了我们的依赖性，即"自身生存受控于人"的模式——在这种模式下，如果没有他人的存在，就没有我们的存在。

我在设于旧金山的国际男女同性恋人权委员会理事会服务了几年。这个组织是更大范围的国际联盟的一分子，它为性少数人群（包括跨性别人士、间性人士以及 HIV 携带者和艾滋病患者）

---

[1] ec-static 此处亦有"自身之外"之意。——译注

谋求平等正义。[1]让我吃惊的是，这个组织一再接到求救，要它应对正在发生的针对性少数群体成员的暴力行径，尤其是当这样的暴力在全球各地未受到当地警察或政府的任何干预时。我不得不反思有些人如果公开露面会引发怎样的焦虑，比如一个公开自己同性恋身份或被认为是同性恋的人、一个性别与规范不符的人、一个性偏好公然违反禁令的人、一个身体和某些形态学理想不一致的人。有些人会因为某人是同性恋就去杀害他，因为某人兼具双性性征就威胁要去杀害此人，或者因为某位跨性别人士公开露面就想去谋杀他，究竟是什么驱使他们做出这样的行为？

这种因为别人不遵从性别规范（这些规范规定人"应该"如何生活）就去谋杀或行刺的欲望说明，生活本身需要一套保护性规范，而在这些规范之外生活就是与死神共舞。以暴力做威胁的人焦虑、僵硬地认为，如果允许无法被类别化的人在社会上生活，世界感和自我感就会被严重损害。这种用暴力来否定身体的做法是徒劳之举。它希望恢复秩序，通过建立看得懂的性别来使社会焕然一新，认为世间之事要么是自然的，要么是必需的，除此之外，拒绝以别的方式来对待世事。这样的做法是暴力的，注定要失败。这和以死亡去威胁或谋杀各国变性人士、"女性化"的男同性恋、"男性化"的女同性恋没有太大区别。这些罪行并不总能立即被认作是犯罪行为。有时，它们会受到政府和国际机构的谴责；但有时，这些机构又不把它们当成是清楚无疑或真实

---

[1] 要了解更多关于这个组织的任务和成绩的信息，请参见 www.iglhrc.org。——原注

的反人类罪行。

该以什么名义来反对这种暴力？在这种暴力之外，还有什么选择？我应该谋求对社会环境进行怎样的改变？这种暴力来源于一种深层欲望，即保持二元性别秩序的自然性或必需性。这种欲望想使这种二元秩序没有人能够反对，但同时又希望它是属于人的自然结构或文化结构（或两者皆是）。如果一个反对二元性别规范的人不仅能批判地看待这些规范，且能批判地吸纳它们，同时这种刻意的反抗还让人看得懂，那么，暴力的出现似乎正是要消灭这种"看得懂"，并质疑其可能性，使它显得不真实、不可能。这并不仅仅是视角上的不同。用暴力来对付具身化的反抗，就是有效地宣称：这个身体，这种对已经被广为接受的世界的挑战，现在不可想象，将来也不可想象。要为所谓的真实预先设下界限并强化之，就必须杜绝事物的性别秩序中那些偶然的、脆弱的、会发生根本改变的一切。

在这样的分析中出现了一个伦理问题：如果这种差异质疑了我们的可理解性，我们应该如何在不回避这种差异带来的挑战的情况下面对这种差异呢？学会在那样的挑战带来的压力下生活，感受自己的知识确定感和本体确定感的丧失，与此同时出于人性而希望超越传统，延伸人的含义，这一切意味着什么？这意味着，我们必须以一个更广阔、暴力更少的世界的名义学会生活，学会接纳对"人"的含义的摧毁和重塑，而且我们预先并不知晓我们的人类特质究竟会采用怎样的新形式。这意味着，我们必须以非暴力的名义接受人类特质的含义的变化。正如阿德里安娜·卡瓦雷罗（Adriana Cavarero）转用阿伦特（Arendt）的话指出的那样，我们要对他者提一个简单且没有答案的问题："你是谁?"[1] 对于这个问题，暴力不会提问，也不会试图去找出答案。它只会坚持它已知的东西，以它的无知来消灭威胁它的一切；如果有什么东西迫使它重新考虑它对世界的假设，迫使它重新考虑这些假设的偶然性和可变性，它就会将之消灭。对这个问题，非暴力的反应则能在面对他者的时候平和地对待它对他者的无知，因为保持问题的开放比预先知道我们的共性是什么要更有价值，毕竟，我们已有的资源并不足以让我们知道，应该如何定义人，人的未来将会怎样。

关于人的定义，虽然我们不能预知、不能控制它会发生什么变化，但这不等于说，我们必须重视人的定义的所有变化；这也不等于说，我们不能为某些价值——民主和非暴力的价值、国际价值、反种族主义价值等——而奋斗。关键是，既然还需要为这些理想而奋斗，那就说明个人无法完全决定人的定义，就说明一个人必须投入到集体运作中去，在这种运作中，出于民主的原因，这个人作为主体的地位必定会失去方向，暴露于它未知的东西面前。

这不是说，要用社会规范来控制、定义具体的事情（就像福柯批评的那样），也不是为建立社会外的社会规范（即便它们是

1　见阿德里安娜·卡瓦雷罗，《相关叙述》(Relating Narratives)，第20—29页及第87—92页。——原注

以社会的名义运作的）寻找辩解办法。这两种情况有时的确发生了，也必须发生。比如，我们对罪犯的非法行为进行审判，并对其进行改造；又比如，在集体语境下，我们会考虑我们行为的根据，并就商议和反思的模式达成共识。但是，我们运用规范的方式并不止这两种。规范可以帮助我们对"人的理解度"划出范围，而这种划界会影响到我们的伦理观，影响到对社会转化的构想。我们或许可以说，如果要维系、促进人的生活，我们就必须**先**知道人的基本定义是什么。但是，如果"人"的范畴已经把那些它本该描述和涵盖的东西排除在外了，怎么办？如果那些本该属于人的范畴的东西恰好不在西方理性主义形式提供的思考模式（这些模式是用来推导和证明正当性主张的）中运作，怎么办？我们真的已经认识人了吗？应该怎样对待我们已有的认识？对于太快得到的认识，我们是否应该保持警惕？对于任何所谓终极或决定性的认识，我们是否应该保持警惕？如果我们想当然地对待"人"的概念，那我们就无法批判地、伦理地思考人是如何被制造、被复制、被消解的，而这些过程都有其后果。虽然伦理思考无法面面俱到，但缺了这种思考，我无法想象有什么有责任感的伦理学或社会转化理论能够成立。

让人的定义保持其未来的开放性对国际人权话语和政治都至关重要。我们一再看到对人的含义进行预设：用西方（常常是美国）特有的，因而也是偏颇和狭隘的方式来预设"何为人"。当我们以人为出发点时，人权问题中有关人的含义实际上是已知的、已经定义了的。然而，在全球范围内，人的含义应该成为权利和义务的基础。国际政治的一个主要问题是,从地方到国际(此处,国际这一概念强调全球性,否认人类分属各个已确立的现代国家这一假设)的转移应该如何发生。但在这个问题上,国际男女同性恋、双性恋、跨性别和间性等运动以及女性主义运动采用了一种特定的形式。以反帝国主义立场(或至少以非帝国主义立场)来构想国际人权,必须质询人的含义,且必须借鉴不同文化用来定义"人"的多种方式和手段。这意味着,我们必须批判地对待人在不同地方具有的含义,重新解释人是什么,或者说,人的生命的基本条件和需求是什么,因为在不同历史和文化条件下会产生"人"的不同定义。人的基本需求和基本权利是通过不同的媒介、通过各种口头或表演实践揭示出来的。

简单化的相对主义认为,我们无法讨论什么是人,无法讨论国际人权,因为这些术语总有其地方性和暂时性的含义,对它们概而化之会损害这些含义的特定性。我不这样认为。我不满足于这样的说法。实际上,我认为,讨论人、国际性等问题是我们不得不做的事,而且我们特别需要弄清人权何时灵、何时不灵——例如,人权何时有利于女性、有利于与女性相关和不相关的一切。但是,如果想以这样的方式发言,并以女性的名义呼吁社会转化,我们必须成为批判性的民主事业的一部分。而且,人们以不同方式、出于不同目的来使用"女性"这一范畴,但并不是所有的女性都能被它的含义涵盖,并不是所有的女性都被完全整合到"人"的范畴中。这两个范畴("人"和"女性")仍在形成中,尚未完成,因而我们还不知道,也永远不能确定"人"最终究竟会涵盖什么。这意味着，我们必须遵循一条双重的政治路线：我们必须用这种语言来保障生活的条件，并由此确保性与性别在政治生活中的构成性角色，同时，我们也必须批判地检视我们使用的范畴。我们必须明白，它们的涵盖性和可译性有多大，它们包括哪些假设，以及必须以什么方法扩大它们、摧毁它们，或者重新构建它们以扩充人和性别的定义。几年前，联合国在北京召开大会时，出现了一种所谓"妇女人权"的说法（类似的还有"国际男女同性恋人权委员会"这个名称），让不少人觉得是一个悖论。妇女人权？男女同性恋人权？可是，我们也可以思考一下，这样的组合究竟有什么作用。这显示，"人"是一个有条件的范畴。在过去乃至今天，它定义了一个可变的、有限的人群，这个人群可能并不包括男女同性恋，可能不包括女性，而且人种和种族等因素都影响了它的运作。这说明，这些群体有着各自不同的人权，而当我们考虑女性的人的特质时，以及当"人"被假定为男性时，"人"所表示的意思是不一样的。这也说明，这些词汇的定义是可变、相对的。关于种族，我们也可以有类似的说法。哪些群体有资格做人，而哪些没有？这个范畴有怎样的历史？此时，我们处在它历史的哪个阶段？

我认为，在后一种情况下，我们只有把自己放进文化翻译中才能重新表达、重新定义以下基本范畴：存在、人、性别，以及性。这不是说，我们要吸收外来的、不熟悉的性别观念或有关人的特质的观念，好像这仅仅是一种把外异性（alienness）整合到已有词汇的简单过程。文化翻译也是一种放弃我们最根本范畴的过程。在这个过程中,我们看到这些范畴如何消解、为何消解,看到它们如何在触及一种知识(episteme)的界限(什么已知、什么未知)时重新获得定义。关键是要认识到,"人"这个概念只能在时间中、通过文化翻译建立起来,而这种翻译不是两种封闭的、相异的、自成一体的语言之间的翻译。**这种翻译会迫使每种语言发生改变**,以理解另一种语言,而这种理解碰撞着熟悉的、地方的和已知事物的边界,并催生了伦理转化和社会转化。它会造成一种失去,一种方向迷乱,但也会给"人"这个范畴带来更新的机会。

当我们提出"什么让生命活得下去"这一问题时,我们是在问,要实现哪些规范化条件,才能让生命成为生命。因此,生命至少有两种理解,一种指的是最低生物形式的生命,而另一种从一开始就进行干预,这种干预为人能活得下去建立起最低条件。[1]这不是说,我们可以无视那些仅仅是有生命的东西,只重视"日子过不过得下去"。就像对待性暴力那样,我们必须问,人需要什么来维系、复制其生活的条件?为了构想出让日子过下去的可能性,并给予制度上的支持,我们需要怎样的政治?关于这个问题是什么意思总会存在分歧,而那些认为这个问题要求我们朝单一政治方向前进的观点是错误的。但这仅仅是因为,活着就是要政治地活着,要和权力和他者产生关系,要为集体的未来负

---

[1] 见吉奥乔·阿甘本(Giorgio Agamben),《神圣人:至高权力与赤裸生命》(*Homo Sacer: Sovereign Power and Bare Life*),第 1—12 页。——原注

责。但是，为未来负责，不是说要预先完全掌握它的方向，因为未来——尤其是和他人共有、为他人创造的未来——必须保持开放性和不可知性；这意味着成为这个过程的一部分，而没有主体能确知此过程的后果；这也意味着这一过程中必定存在一定的抗争和论争，以决定过程的方向。论争的目的是让政治变得民主。民主不会以统一的声调说话；它的声音并不和谐，而且必须不和谐。它不是一个可以预知的过程，它必须像激情一样来体验。如果正确的道路被预先决定了，如果我们把什么是正确的标准强加于人，而不进入到社群中，并在文化翻译之中去发现什么是"正确"的，那么，生命就被圈死了。要想知道什么是"正确的"、什么是"好的"，我们可能就需要秉持开放的态度来对待萦绕在最根本的范畴（我们需要这些范畴）周遭的矛盾，要明白在我们"所知"和"所需"的核心处存在着未知性，要在我们的经历中辨认出生命的迹象，虽然对未来将会怎样我们并没有把握。

第二章 性别制约

第一眼看上去，"制约"这个词似乎指的是对人的规范化是如何制度化的。的确，让这个词以复数形式[1]出现，就已经承认了构成法律手段的那些具体的法律、规章和政策；是它们让人变得守规矩。但我相信，认为性别完全由具体的法律实例决定的看法是不正确的，因为决定这些规则的规范不是这些实例所能涵盖的。但同时，抽象地看待性别规范，好像具体的实例只是例示了一种与其不相干的权力运作，也是错误的做法。

实际上，在女性主义研究和男女同性恋研究中，最重要的一部分工作就是着眼于实际规则，包括法律、军事、精神病学以及其他领域的各项规则。这些研究提出的各类问题倾向于探寻性别如何被制约、这些制约如何被施加，以及它们如何被其施加对象（主体）纳入生活中。但是，性别被制约的过程并不仅仅是性别屈服于规则所施的外力的过程。[2] 如果性别先于对它的制约而存在，我们就不妨将性别作为我们的论题，然后列举各种驯服它

---

1 本章原文标题为 Gender Regulations，里面的"制约"（regulations）一词以复数形式出现。——译注
2 参见卡洛·斯马特（Carol Smart）所编的《制约女性》（*Regulating Womanhood*）。——原注

的制约，以及这些驯服（subjection）采用的各种方式。但我们面临的问题要严峻得多。究竟有没有什么性别是先于制约而存在的呢？或者，是不是正是在接受制约驯服的过程中，性别主体通过具体的受控形式而生成？这个驯服的过程难道不就是各种制约制造性别的过程吗？

我们有必要记住至少两种由福柯学说衍生来的有关驯服和制约的告诫：（1）约束力（regulatory power）不仅对预先存在的主体起作用，也会影响这一主体的发展；此外，权力的每种司法形式都具有制造效应；（2）接受一种规则的制约，就是臣服于它（subjectivated by it），也就是说，通过受制约而成为主体（subject）。这里的第二点由第一点而来，因为帮助性别主体形成的制约话语恰好是诱发那些主体的话语。

特定种类的制约可以被看成是一种较笼统的、针对性别的约束力的具体表现。在此，我要对福柯的观点就几方面进行反驳。如果福柯式的智慧体现在认为约束力具有广泛的历史特征，且约束力不仅作用于性别，也作用于其他种类的社会文化规范，那么，性别似乎就只是更大范围内的权力运作的一种情况而已。我不同意这种认为性别从属于约束力的看法。我认为，决定性别的约束机制本身是特属于性别的。我不是想说，对性别的制约提供了约束力运作的例子。相反，性别要求并制定了它自己独特的约束方式和控制方式。

有观点认为，性别是一种规范，这种观点需要进一步阐明。规范（norm）和规则（rule）是不同的概念，规范和法律

（law）也不是一回事。[1] 规范在社会实践内部运作，它是**规范化**（normalization）的隐性标准。尽管一种规范可以通过分析从涵盖它的实践中剥离出来，但它也可能抗拒将它从运作环境中抽离的做法。规范可能是直接的，也可能不是，而当它们作为标准化的原则在社会实践中发挥作用时，它们通常是含蓄且难以解读的，只有在它们制造的结果中才能最清晰、生动地体现出来。

把性别视为一种规范似乎是说，它总是且只能通过某个特定社会成员的行为微弱地体现出来。规范决定了行为是否具有社会可理解度，但它和它所控制的行为本身并不相同。这种规范似乎对它所驾驭的行为毫不关心。我这样说的意思只是，这种规范的地位和效应似乎与它所控制的行为不相干。规范决定了可理解度，它能让某些做法和行为受到承认，它决定了社会上什么东西大家看得懂，它给出了尺度，决定了什么可以、什么不可以出现在社会领域内。处在规范之外意味着什么？这是一个悖论，因为，如果规范的作用是让社会领域可以被理解并为我们将这个领域规范化，那么，处在规范之外还是会受到与它之间的关系的束缚。打个比方，要理解"不太男性化"或"不太女性化"是什么意思，还是要通过与"非常男性化"和"非常女性化"做比较才能明白。

---

[1] 参见弗朗索瓦·埃瓦尔德（François Ewald），《规范、规训和法律》("Norms, Discipline, and the Law")；《社会法律概念》("A Concept of Social Law")；《没有外在的权力》("A Power Without an Exterior")；以及查尔斯·泰勒（Charles Taylor），《遵守规则……》("To Follow a Rule ...")。——原注

宣称性别是一种规范，并不等同于宣称关于女性特质和男性特质存在着规范化的观点，虽然我们很清楚这样的规范化观点是存在的。性别并不完全是一个人"是"什么的问题，也不只是一个人"有"什么的问题。性别是一种机制，它制造了男性特质和女性特质，并将之规范化，且这一过程中还伴随激素、染色体、心理以及述行等——它们都是性别采用的间隙形式。有一种假设认为性别系统总是且只能由"男性"和"女性"特质构成，这样的假设恰恰忽视了一个批判性的观点：这种和谐的二元结构是有条件地制造出来的，是要付出代价的，而那些不符合这种二元结构的性别变化，和这一结构中任何最规范的例子一样，都属于性别的一部分。把性别定义与性别的规范化表达结合起来，无意中重新巩固了规范对性别定义的限制力。性别是一种机制，借助它，男性特质和女性特质的概念得以被制造、被自然化。但是，性别也很可能作为一种机制让这些概念被解构、被去自然化。情况可能是这样的：试图建立这种规范的机制本身也在破坏这种建立，而在定义上，这种建立是不完全的。要让"性别"这个词与男性特质和女性特质分开，就要保护一种理论角度：从这个角度，我们可以描述男女二元结构是怎样抽空了性别的语义场。不论是提到"性别麻烦"、"性别混杂"（gender blending）、"跨性别"，还是"性别跨越"（cross-gender），都等于在说，性别有办法超越被自然化的二元结构。将性别与男性特质／女性特质、男人／女人、男性／女性相提并论，正好使性别概念本来想要阻挡的那种自然化发生了。

因此,对性别持限制性观点的话语认为,男女二元关系是理解性别领域的唯一方式。这样的话语上演了权力的**约束性**运作,这种权力将霸权自然化了,且预先排除了破坏这种权力的可能性。

在性别研究领域内,有些人认为,如果不接受性别二元系统,就是认为性别可以存在多样化。这种方法无疑提出了一个问题:究竟可以存在多少种性别?我们应该怎样称呼它们?[1]然而,破坏二元系统无须将我们引向同样有问题的性别量化问题。通过讨论拉康,露西·伊利格瑞(Luce Irigaray)提出了一个问题:男性性别(masculine sex)是不是"一种"性别?通过这个问题,她不仅质询它是不是"唯一的",也探讨它是不是性别计量方法的起源。在她看来,"生物性别"(sex)既不是生物范畴,也不是社会范畴(因此有别于"性别"这个概念),而是一个存在于社会与生物区别之间的语言范畴。"不能以一来描述的性别"因此就成了不能用数字来描述的女性特质。[2]别的一些视角坚持认为,"跨性别"确切地说并不是第三种性别,而是性别之间的一种通道,是性别的一种隙态的、转变中的形式,不能简化为规范上对一或二的坚持。[3]

---

1 参见,比如说,兰道夫·特鲁姆巴赫(Randolph Trumbach)及安·福斯托-斯特灵(Anne Fausto-Sterling)的著作。——原注
2 参见露西·伊利格瑞,《此性非一》(*This Sex Which Is Not One*)。——原注
3 参见凯特·伯恩斯坦,《性别歹徒》。——原注

象征性位置与社会规范

有些理论家坚持认为，规范一定是社会规范，但是，深受克洛德·列维-施特劳斯（Claude Lévi-Strauss）的结构主义影响的拉康学派理论家却坚持认为，象征规范和社会规范并不相同，而对性别的某种"制约"是在心灵（psyches）一开始形成时通过象征性的要求而出现的。

1953年，雅克·拉康（Jacques Lacan）开始把"象征"（the symbolic）当作技术性术语使用。他把这个术语在数学（形式）上的用法与它在人类学上的用法合在了一起。在一部关于拉康术语用法的词典中，象征与约束这个问题被直接联系在一起："象征是法律的领域，这个领域**约束**着俄狄浦斯情结中的欲望。"[1] 这种情结被认为源于对乱伦的基本或象征禁忌。这种禁忌只有当考虑到亲缘关系时才有其道理——在亲缘关系中，不同的"位置"是根据异族通婚的要求在家庭内部建立起来的。换句话说，母亲是儿子和女儿不能与之发生性关系的人，父亲也是儿子和女儿不能与之发生性关系的人，母亲是只能和父亲发生性关系的人，等等。这些禁忌关系已被编码到每个家庭成员占据的"位置"中去了。因此，处在这样的位置上，就是处在一种相互交跨的性联系中，至少根据对这种"位置"的象征性或规范性构想是这样的。

---

[1] 迪伦·埃文斯（Dylan Evans），《拉康学派精神分析引论词典》（*An Introductory Dictionary of Lacanian Psychoanalysis*），第202页；着重部分是我加的。——原注

这种观点显然影响巨大。在很多方面，精神分析领域的结构主义传承，对女性主义电影和文艺理论，对各领域的女性主义精神分析都产生了重要影响。它也为酷儿理论对女性主义的批评铺平了道路——这种批评已经并继续对性与性别研究产生着重要影响，且其影响无可避免地会引起争议。接下来，我想展示，拉康学派精神分析中的"象征"文化概念和当前文化研究中的文化概念有多么不同，以至于这两者经常被视为是绝对相反的。有些人认为，应该在一个不可变的、永恒的法律领域之内建立规则，以"约束欲望"；我想指出，这样的主张于我用途有限，因为我所关心的理论着眼于探究在哪些条件下有可能出现性别的社会转化。关于象征，另一个担心是，乱伦禁忌本身可能成为触犯这个忌讳的动机之一。这说明，约束会催生性欲，而在很多方面，从约束中诞生的这种性欲击败了亲缘关系中的象征位置。[1] 最后，我还想揭示，象征法律与社会法律之间的区别最终是站不住脚的，象征本身是社会实践的沉淀，亲缘关系发生剧变要求我们重新阐述精神分析的结构主义假设，这会把我们推向有关心灵的酷儿式后结构主义。

回到乱伦禁忌这个话题，一个问题出现了：这些禁忌和位置究竟有多重要？在《亲缘关系的基本结构》(*The Elementary Structures of Kinship*)一书中，列维-施特劳斯说得很清楚，生物学中没有什么东西要求建立乱伦禁忌，这种禁忌是一种单纯

---

[1] 参见维基·贝尔（Vikki Bell），《质询乱伦》(*Interrogating Incest*)。——原注

的**文化**现象。列维-施特劳斯所说的现象,并不随"文化而改变"或"以文化为条件",而以文化的"普遍"法则为根据。因此,对列维-施特劳斯而言,文化规则并不是可变的规则[这与盖尔·鲁宾(Gayle Rubin)之后提出的观点相左],而是不可变的、普遍的。一个普遍、永恒的文化领域——朱丽叶·米切尔(Juliet Mitchell)将之称为"普遍和原始的法则"[1]——变成了拉康学派的象征概念的基础,也是拉康学派之后将象征从生物和社会领域区分出来的种种尝试的基础。在拉康的学说中,文化中普遍的东西被当成文化的象征规则或语言规则,它们支持了亲缘关系。诸如"我""你""我们""他们"之类的代词之所以能够指代,似乎取决于亲缘关系模式在语言中运作,且作为语言运作。这就从文化滑向了语言学,这也是列维-施特劳斯在《亲缘关系的基本结构》一书末尾指出的方向。在拉康学说中,象征是由语言结构的概念来定义的,而语言结构不能简化为语言采用的社会形式。根据结构主义理论,它建立起普遍条件,让社会性(即所有语言运用都具备的交流性)成为可能。这个步骤让我们得以区分两种描述亲缘关系的方式,即象征的方式和社会的方式。

因此,在拉康学说中,一种规范并不完全等同于"象征性位

---

[1] 朱丽叶·米切尔,《精神分析与女性主义:对弗洛伊德精神分析的激进重估》(*Psychoanalysis and Feminism: A Radical Reassessment of Freudian Psychoanalysis*),第370页。——原注

置"，后者似乎具有一种近似永恒的特点，虽然在自己好几个研讨班讲稿的尾注中，拉康都提供了关于这种位置的种种限制条件。拉康学派的学者们几乎总是坚持认为，一个象征位置与一个社会位置不同。比如，他们认为，不能错误地把父亲的象征位置（这是一个具有范式意义的象征位置）当成是父亲一直以来都拥有的位置，并认为这个位置是社会性地构成的，且可以改变的。拉康学说的观点坚持认为，对于社会生活，存在着一种理想式的、无意识的要求，而社会生活本身不能被简化为易懂的社会因果关系。父亲的象征位置没有屈从于社会要求，重构父亲角色。相反，象征的作用是给所有乌托邦尝试设下限制，这些尝试的目的是重新塑造、重新经历亲缘关系，并使之与俄狄浦斯关系保持距离。[1]

当亲缘关系研究和结构主义语言学合在一起时，产生的问题之一就是，亲缘关系中的位置会被提升到语言学的根本结构的高度。这些位置使进入语言成为可能，因此相对于语言也保持了重要的地位。也就是说，没有这些位置，意义就无法产生，或者说，文化上的可理解度就不能得到保障。如果让某些亲缘关系概念变得永恒，然后提升它们，让它们成为理解度的基本结构，会怎样呢？

1　如欲了解在亲缘关系问题上社会系统与象征系统之间的联系，参见米歇尔·托尔（Michel Tort），"Artifices du père"；"Le Diffèrend"（作者自己的材料）；以及 *Le nom du père incertain*。——原注

尽管列维-施特劳斯声称要考虑不同的亲缘关系系统，但他的目的是要给具有跨文化背景的亲缘关系原则划出界线。结构主义在语言或亲缘关系内部认定的"位置"与"规范"是不同的，因为后者是一种社会产物，具有可变的框架。规范和象征位置不一样。而且，如果把象征位置视为规范的做法更为恰当，那么，这种象征位置就不再是自己了，而是一种偶然的规范，其偶然性被理论上的具体化掩盖了，且这种具体化可能会给性别化的生活带来严重后果。有人可能会在结构主义学说的立场上回应道："但这是法则！"但是，这样说意味着什么？"这是法则"的表达述行性地将法律应当行使的力量赋予了法律本身。因此，"这是法则"标志着对法则的效忠，显示了想让法则无可辩驳的欲望，是精神分析理论内部出现的神学式冲动，希望阻止对象征父权（即精神分析的法则本身）的任何批评。因此，毫不奇怪地，这个法则拥有的地位正是菲勒斯（phallus）拥有的地位；在拉康体系内，菲勒斯并不只是一个有特殊地位的"能指"，而且是引入这个能指的理论机制所具备的特征。也就是说，保护象征法则不受挑战的权威力量本身也代表了那个象征法则的行使，这也进一步说明父亲的地位无可辩驳、不可挑战。正像拉康学者会提醒我们的那样，象征总是面临着挑战，但是，这些挑战不能行使任何最终力量来破坏象征本身，或者强制对其语汇进行彻底重构。

这个理论无法应付象征对它的权威提出的挑战，因而暴露了自己语义重复的问题。这个理论坚持把男性特质和女性特质作为象征位置，且认为这些位置最终会超越一切挑战，并给挑战设下界限；而且，这个理论"自说自话"，通过描述自己的权威来证明自己具有自己宣称的那种权威。

把象征与社会领域分开，有助于区分普遍法则和具体的可变法则。批判性的实践并不预期任何最终的权威，而是开放性地对待各种性别可能性，尽管这些可能性会引发焦虑。与此相反，象征的出现，给这种焦虑画上了句号。如果存在着一个我们不能驱离的普遍法则，而我们又一再试图通过想象来驱离它，那么，我们事先就知晓，我们努力改变的尝试会受到阻碍，我们反对性别的权威性解释的斗争会受到阻碍，而我们会屈从于一个坚不可破的权威。有些人认为，相信象征本身可以被人类实践改变是单纯的唯意志论。但真是这样吗？我们当然可以承认欲望深受条件限制，但同时，我们不必认为欲望一定是被预先决定了的。而且，我们可以承认有些结构会让欲望成为可能，但同时，我们不必认为这些结构永恒不变、无法再演、不可替代。挑战象征权威并不一定要回到"自我"，或回到古典自由主义观点上去；相反，要挑战象征权威，就要坚持认为规范具有必然的短暂性，源自内部的替换和颠覆有可能发生。

人们认为，象征是一个领域，它约束了对性别（sex）的假设；在这个领域中，性别被理解为一套有差别的位置：男性或女性。因此，来自社会学话语的性别（gender）概念，与来自拉康及后拉康体系的性别差异（sexual difference）话语，是不同的。很明显，拉康受到了列维-施特劳斯的《亲缘关系的基本结构》的影响。这本书首版于1947年，大约六年后，拉康才第一次使用

了这个术语。[1] 在列维-施特劳斯的模式中，男人和女人的位置让特定形式的性交易成为可能。也就是说，性别的运作保障了与

---

[1] 在《精神分析词汇》(*Vocabulaire de la Psychoanalyse*) 一书中，让·拉普朗什（Jean Laplanche）和 J.-B. 彭塔利斯（J.-B.Pontalis）在"象征"一条下写道："有看法认为，存在着一个象征秩序，它架构了主体的内在现实——这种看法主要是由克洛德·列维-施特劳斯介绍到社会科学领域里来的，而他的观点则建立在 F. 德. 索绪尔（F. de Saussure）的结构语言学模式之上。《普通语言学课程》(*The Course in General Linguistics*, 1955) 的主要观点是，语言的所指（signified）并不在能指（signifier）的内部发生；它之所以能产生意义，是因为它是一个以差分对立为特征的所指系统的一部分。"

拉普朗什和彭塔利斯引用了列维-施特劳斯："每一种文化都可以被看成是一个由各种象征系统组成的整体，在这个整体中，第一个例子决定了语言、婚姻规则、经济关系、艺术、科学以及宗教的发生。"据拉普朗什和彭塔利斯的描述，拉康利用象征（the symbolic）概念提出，无意识（the unconscious）像语言那样被构建起来，因此它具有语言那样的创造力。然而，他对象征的第二种用途和我们此处的讨论有更直接的关系："［这种用法］显示了，作为主体的人被塞到了一个预先建立的秩序中去，且这个秩序具有列维-施特劳斯描述的那种象征特性。"

这个观点与拉康的其他阐释者［比如马尔科姆·鲍伊（Malcolm Bowie）］的观点有区别。这样的观点把象征当成一种预先建立的秩序，而拉康则认为，能指和所指之间的关系是任意的；这两种观点相互矛盾。在有些地方，拉康似乎也用"象征"来描述作为所指来发挥作用的不连续因素；而在别的地方，他似乎是用这个术语来描述这些因素发挥作用的更普遍的语域。另外，拉普朗什和彭塔利斯认为，拉康用"象征"来"指代建立这个秩序的法则（la loi）"。将"象征意义上的父亲"或"父亲的名义"排除在外，正好说明那种不能被简化为"想象的父亲"或"真实的父亲"的东西是如何建立起来的，这强化了法则。当然，实际中没有谁会去占据象征意义上的父亲这个位置，而正是这种"缺席"悖论地赋予了这个法则以力量。

尽管马尔科姆·鲍伊坚持说，象征系统受到了象征性法则的控制（《拉康》，第 108 页），但是，他也认为："人们谈起象征的时候总是心怀敬仰……这是一个变动的领域，而不是固定的；这是一个相异性的领域，而不是相似性的领域……象征具有根深蒂固的社会性，且涉及主体之间的关系……"（第 92—93 页）但还存在一个问题：被象征取代的"社会"领域是否并不受控于"父亲的名义"，即不受控于父亲的象征位置，一旦失去（这个位置，而不是父亲），就会导致精神病。有哪些前社会限制因此被强加到任何一种社会秩序的可理解性上了呢？——原注

生殖有关的某些性纽带形式,并禁止了别的形式。从这个观点来看,一个人的性别反映了性关系(这些关系中,有些是被禁止的,有些是被要求的)如何规范并制造了社会主体。

根据列维-施特劳斯的理论,有些规则是用来管理性交易的,且相应地,它们在对性进行约束的基础上制造了可具体实行的主体位置;这样的规则与遵从这些规则并占据这些位置的个人是不一样的。人类行为受到这些法则的控制,却没有力量来改变这些法则的内容和目的。这似乎是因为,法则在形成的时候对其控制的内容漠不关心。从认为性别受象征控制,到认为性别受社会规范控制,这一转变如何挑战了法则对自己所控制的对象的漠不关心?这一转变如何让我们可能对法则提出更激进的挑战?

如果性别是一种规范,它就不是一种个人可以试图接近的模式。相反,它是社会权力的一种形式,它让主体变得可理解,且它是一种机制,可以使性别二元关系得以确立。作为一种规范,它似乎独立于它所控制的实践活动,它的概念本身正是这些实践活动产生的效应。这不仅说明实践与概念(实践正是在这些概念的影响下开展的)之间的关系是偶然性的,还说明了概念的形成可能招致怀疑和危机,有可能导致去概念化和权力丧失。

性别与它的自然化实例之间的距离,正是规范与其实际实施之间的距离。我在上面提到,在分析上,规范独立于规范的实际实施,但我想强调的是,这仅仅是一种尝试性的学术观点,它有助于保证规范作为一种永恒且不可更改的理想持续存在。实际上,规范得以作为规范持续存在,取决于它在社会实践中的实施程度，取决于它通过肉体生活的日常社会仪式得以重新概念化、重新确定的程度。规范没有独立的本体地位，但我们也不应轻易地把它简化为对它的实际实施；它是通过自己的具身化、通过利用它的举动、通过在这些举动里复制概念，从而被制造、被复制的。

在《性史》(*The History of Sexuality*)第一册的论述中，福柯将有关规范的话语拿来用。他说，19世纪，规范作为一种社会制约手段出现了，但它并不等同于法律的行使。受福柯影响，社会学家弗朗索瓦·埃瓦尔德（François Ewald）在几篇文章中扩展了这个说法。[1]埃瓦尔德认为，规范的作用是以法律的司法系统为代价的。他认为，尽管规范化（normalization）要求增强立法，但它与立法不一定是对立的关系，只是在某些重要方面独立于立法（《规范、规训和法律》，第138页）。福柯提到，规范常常以法律的形式出现，与规范有关的一切会在宪法、法令以及立法机构恒久的、嘈杂的活动中显著呈现（见福柯《死亡的权利及对于生命的权力》）。福柯进一步提出，规范是一种判断艺术；尽管规范很明显与权力相关，但它更重要的特征不在于对力量或暴力的使用，而就像埃瓦尔德说的那样，"它是一种内在逻辑；这种逻辑让权力反思自己的策略，并让权力清楚地定义自己的对象。这种逻辑既是一种力量（它让我们把生命和生活想象成权力的对象），也是一种权力（这种权力创造出生物政治领域，从而能将'生

---

[1] 参见第57页有关埃瓦尔德作品的注释。——原注

命'掌握在手中）"（《规范、规训和法律》，第138页）。

对埃瓦尔德而言，这里至少有两个问题要解决。例如，现代性是否参与到规范的逻辑中来？规范和法律之间的联系是什么？[1]尽管规范（norm）一词有时会被用成规则（rule）的同义词，但清楚的是，规范也是赋予诸多规则某种一致性的东西。埃瓦尔德认为，19世纪初，规则和规范之间的关系出现了剧烈变化（《规范、规训和法律》，第140页），**规范概念不仅是规则中特定的一种，也是作为制造规则的一种方式、一种起稳定作用的原则而出现的**。

在法语世界，normalité这个术语出现于1834年，而normatif则出现于1868年。19世纪末的德国出现了规范科学（我推测，它是以当时美国政治科学协会大会"规范政治理论"分支的名义得以传播的）。而"规范化"（normalization）这个术语则出现于1920年。对福柯和埃瓦尔德而言，它呼应了官僚政治和规训权力的规范化运作。

根据埃瓦尔德的观点，规范把种种限制转化为一种机制，因而标志着一个运动，通过这个运动，用福柯的语汇来说，司法

---

1 在这里，看看乔治·康吉莱姆（Georges Canguilhem）有关正常史（the history of the normal）的重要史学著作《正常和病态》（*The Normal and the Pathological*），可能会很有帮助。埃瓦尔德评论道，规范（norm）一词的词源与数学和建筑学原型有关联。在字面上，拉丁语的规范一词的意思是一个T形方块，而normalis的意思是垂直的。维特鲁威（Vitruvius）用这个词来表示用于画直角的工具，而西塞罗（Cicero）则用这个词来形容大自然中的建筑规律性，他宣称，大自然就是法律的规范。——原注

权力会变得有创造力（productive），因为它将司法颇为消极的（negative）限制变成了规范化所具有的更具建设性的（positive）控制。因此，规范行使了这种改变功能。规范因此标志着并造成了一个改变，即不再将权力想象为司法限制，而将其想象为：（1）一套井然有序的限制，以及（2）一个起制约作用的机制。

规范与抽象问题

这让我们回到了话语如何被认为制造了主体的问题（文化研究似乎总是假设这一点，但很少专门研究它），而且，更确切地说，也让我们重新思考话语中究竟是什么促成了主体的产生。当福柯宣称规训"制造"了个人的时候，他的意思不仅是规训的话**语控制并利用了个人**，而且这种话语还**主动地构成了个人**。

规范是一种尺度，一种制造普遍标准的方式。要成为规范的具体例子，并不完全是要穷尽规范，而是要屈从于对普遍性的抽象。在分析这个过程时，福柯和埃瓦尔德把焦点放在 19 世纪和 20 世纪上，而玛丽·普维（Mary Poovey）的《制造社会身体》（*Making a Social Body*）一书则认为，抽象的历史始于 18 世纪末的社会领域。她说，在英国，"在 18 世纪的最后十年，人们开始将不列颠人口的全部或各重要部分描述成集群（aggregates），并将社会领域与政治和经济领域区分开来；这是现代社会第一次出现此类尝试"（第 8 页）。在她看来，这个社会领域的特征，正是量化标准的介入："当然，这样的比较和衡量制造了一些规范性现象,表面上看起来,是因为它们数量巨大,因为它们代表了一种平均,或是因为它们构成了一种理想,而所有其他的现象都朝着这个理想前进"(第9页)。

埃瓦尔德试图给规范下一个更狭窄的定义,希望了解规范有什么能力可以制约所有社会现象,也希望了解在这样的制约中规范面对着什么内部限制(《规范、规训和法律》,第170—171页)。他写道:

> 规范究竟是什么?它是一种手段,在个体化的同时,让无休止的个体化成为可能,并创造可比性。规范让我们可以不断地确定空间,这些空间变得越来越不连续、越来越细微。同时,规范还要保证这些空间永远不会将人围住,并由此赋予他们特性,因为这些个体化空间**永远都只是对一种关系的表达**,这种关系必须放到他者构成的环境中以不确定的方式来理解。规范是什么?一种比较原则、一种可比较性原则、一种共同的尺度,而共同尺度是一组人在除了与自己外没有形成任何关系、没有外来参照、没有垂直性时单纯针对自己而建立的。(《规范、规训和法律》,第173页,着重部分是我加的)

照埃瓦尔德看来,福柯在对规范化的思考中加上了以下内容:"规范性的个体化不是外部的。异常与正常在性质上并没有什么不同。对于规范,或者说,对于规范性空间,不存在外界。

规范会将任何想要超越它的东西合在一起——任何事物、任何人，不论展现出怎样的不同，都不能宣称自己属于外界，不能宣称自己拥有他者性，从而使自己成为他者。"(《规范、规训和法律》，第173页)

这种观点说明，任何对规范的对抗都已经被设置在规范的控制范围内，而且是规范功能的重要的一部分。的确，分析到这里，似乎可以看出，从拉康式的象征位置概念，到福柯式的"社会规范"的概念，并没有给我们带来更多的机会，来有效地替代规范，或重塑规范的意义。

然而，在皮埃尔·马舍雷（Pierre Macherey）的著作中，我们开始看到，规范并不是独立且自给自足的实体或抽象，而必须当作行动的形式。在《规范的自然史》（"Towards a Natural History of Norms"）一文中，马舍雷清楚地指出，规范所行使的那种因果关系，不是可递的（transitive），而是普遍存在的（immanent）。借助斯宾诺莎和福柯的理论，他作出了以下断言：

> 用普遍存在的方式来想象规范，实际上就是要避免用局限的方式来考虑规范的运作，避免将其视为一种"压抑"形式，这种形式在规范尚未开始作用之前就对某个主体发出禁令，因此暗示这个主体可以自我解放，或是从这类控制中解放出来。疯狂的历史，正如性史一样，证明这样的"解放"绝不会压制规范，不让它发挥作用，反而是加强了它。但有人可能会问，面对这种反压制话语的幻象，是否可以通过驳

斥这些幻象来逃离它们？这难道不会导致我们在另一个层次复制这些幻象吗？在这个层次上，这些幻象不再天真。尽管更具有学术性，但它们和它们的目标环境之间仍然存在着距离。（第185页）

马舍雷认为，规范只能在行动之中、通过行动而存在。他由此有效地将行动当作社会干预的场所："从这个角度看，我们不能先于规范的行动结果去想象规范本身，也不能认为规范发生在这些结果之后，或独立于这些结果；**我们必须认为，规范在其效应中展开行动**。这样做不是为了通过简单设置条件来限制现实，而是为了给予规范最大限度的现实。"（第186页，着重部分是我加的）

我在上面提到，规范不能简化为它的任何一个实例，但我还想加上：规范也不能从自己的实例中完全剥离开来。规范不能处于自己的实施领域之外。规范不仅要负责制造它的实施领域（第187页），而且，**在制造这个领域的过程中，规范也制造了自己**。规范主动地创造现实；实际上，正是通过创造现实的力量，规范才成其为规范。

性别规范

根据上面阐述的规范概念，我们可以说，性别规范制造了现实领域，而当理想化的性别概念进行表面呈现的时候，这个领域构成了背景。但是，我们应该如何理解这些概念的历史形成？我们应该如何理解它们在时间中的持续存在？它们一方面是社会意义汇聚的场所，而另一方面又显得与性别并没有直接关系。对此，我们应该怎样看待？只要性别规范是被**复制**的，它们就会被身体实践起用、援引。在援引规范的过程中，身体实践也可能改变规范。关于规范的援引史，我们无法提供完整的叙事：虽然叙事性没有完全隐藏其历史，但它也没有揭示出一个单一的源头。

约束的一个重要意义就在于，人受性别的制约，而这样的制约为人们理解文化制定了条件。偏离性别规范，会制造出偏离常轨的案例，这些例子被各种制约力量（医疗、精神病学、法律等）迅速利用，成为它们持久、狂热地约束事物的理由。那么，问题就是，要如何偏离规范，才不会给规范提供借口或理由，来持续行使它们的权威？要如何偏离规范，才能打断制约过程本身？

一个很说明问题的例子，就是以手术手段来"纠正"间性儿童。有人认为，生来具有非常规性征的儿童应该被"矫正"，好让他们有归属感，让他们感到更自在，并获得正常性。矫正手术有时是在父母支持的情况下、以正常化的名义进行的，而对那些被交付于"规范之刀"的人而言，手术的身心代价巨大。[1] 通过对性别的约束性强制手段而制造出来的身体，经历了疼痛，打上

---

1 见谢里尔·蔡斯（Cheryl Chase），《有态度的两性同体者》（"Hermaphrodite with Attitude"）。——原注

了暴力和痛苦的烙印。就这样,"具有性别差异的身体形态"这一观念被实实在在地刻到了肉体上。

因此,性别是一种约束性的规范,但它也是为了服务于其他种类的制约而制造出来的。比如,像凯瑟琳·麦金农(Catharine MacKinnon)所说,性骚扰法令一般都假设骚扰指的是在工作场所将性屈服系统地施加于女性头上,并认为一般来说男性处于骚扰者的位置,而女性则是被骚扰者。对麦金农而言,骚扰似乎是针对女性的更基本的性屈服造成的后果。尽管这些制约方式努力限制工作场合的性贬抑,但它们也带进了某些默认的性别规范。从一定意义上说,对性别的隐性制约是通过对性(sexuality)的直接制约而发生的。

对麦金农而言,异性恋的等级结构(认为男高于女)制造了性别:"当生物性别(sex)的不平等不再被视为人的特征时,它采取了性别(gender)的形式。当它作为人与人之间的关系出现时,它就采取了性(sexuality)的形式。男女不平等被性化(sexualization)后,性别以凝固不变的形式出现了。"(《未经修改的女性主义》,第 6—7 页)

如果说性别是男女不平等被性化后所采用的凝固不变的形式,那么,不平等的性化就先于性别出现,而性别则是其结果。但是,在构想性别之前,我们能否构想出不平等是如何性化的?如果我们不事先对男人、女人是什么有一定概念的话,那么,男人在性上贬低女人这种说法是否还有道理?然而,麦金农坚持认为,在这种性形式之外,无法构想性别;言下之意就是,在这种贬低、利用女性的性形式之外构想的性别是不存在的。

总而言之，麦金农的建议是，我们可以通过分析性屈服所具有的系统特征来制约性骚扰。但同时，她的这种建议也带来了另一种制约：按照她的理论，只要拥有性别，就意味着已进入一种屈服式的异性恋关系；在这种关系之外，没有性别的人似乎不存在；不含屈服的异性恋关系似乎不存在；非异性恋关系似乎不存在；同性骚扰似乎也不存在。

这种做法将性别简化成了性（sexuality），它对当代酷儿理论内部的两个有区别又有重叠的动向做了让步。第一个动向是将性和性别分开，从而得到一个新的性别概念：拥有性别并不一定要以某种方式投身于性实践，即一个人参与某种性实践（比如肛交）并不说明这个人是哪一种性别。[1] 酷儿理论中与此有联系的第二个动向提出性别不能被简化为等级制的异性恋，认为性别在不同的酷儿实践中采取了不同的形式。实际上，在异性恋框架之外，性别的二元性不能被视为理所当然。在内在上，性别是不稳定的，且跨性别生活证明了性与性别之间的因果决定论站不住脚。因此，性别和性之间的不一致从两个角度得到了证实：一个试图揭示不受性别限制的性具有哪些可能性，并希望由此打破将这两个概念绑在一起的简单化的因果论；一个则试图揭示不受制

---

[1] 这是盖尔·鲁宾（Gayle Rubin）在她的文章《对性的思考：关于"性"的政治经济学》("Thinking Sex: Towards a Political Economy of 'Sex'")中提出的立场，而这又被伊芙·塞吉维克（Eve Sedgwick）在《柜子的认识论》(*Epistemology of the Closet*)一书中进一步阐述。——原注

于霸权异性恋各种形式的性别具有哪些可能性。[1]

如果认为性别是异性恋内部的性屈服带来的结果（且这个结果被隐藏了），并将性骚扰法律建立在这个观点的基础上，那么，就会出现一个问题：关于性别的某些观点以及关于性的某些观点会通过这种看法得到加强。在麦金农的理论中，性别是经由性屈服制造出来的，而性骚扰则是异性恋性屈服最直接的展现。这就是说，性骚扰实际上成了性别制造的寓言。在我看来，性骚扰法令本身也就成了复制性别的工具。

法学学者凯瑟琳·弗兰克（Katherine Franke）提出，在这种观点中，对性别的制约不仅没有受到挑战，还无意中得到了支持。弗兰克写道：

> 麦金农在著作中描述的世界不对头。这不仅仅在于她提出的男人统治女人这个说法，尽管很多情况下这个描述是正确的。这里的问题要系统得多。把性别歧视简化为男人对女人做的事，我们就忽视了使性别歧视变得如此强大的深层次的意识形态……女人屈从于男人只是一个宽泛的社会实践的一部分，这个实践创造了有性别差异的身体——女性化的女性以及男性化的男性。（《性骚扰错在哪儿?》，第761—762页）

---

[1] 我认为，我自己的研究是朝这个方向进行的，而且和比蒂·马丁（Biddy Martin）、琼·W. 司各特（Joan W. Scott）、凯瑟琳·弗兰克以及才出现的跨性别理论有着紧密联系。——原注

性别方面的逾越会招致社会惩罚，包括对间性者进行手术纠正；一些国家（包括美国）对"性别不安"者在医学和精神病学上进行病理化和有罪化；在街上或是工作场合对有性别困扰的人加以骚扰，在雇用上歧视他们，对他们施以暴力。禁止男性骚扰女性的理由是认为异性恋歧视是性与性别的唯一情况，因此，这种禁令也就成为在异性恋范围内制造和维系性别规范的一种制约手段。[1]

在本章开始，我提出了"制约"问题的几种理解方式。制约**让事情变得有约束**，但就像福柯所说，它也是权力的近当代形式中的一种**规训和监视**模式。它不仅仅压制和否定，因此不仅仅是一种权力的司法形式。只要制约是通过规范来行使的，那么，它们就是重构规范理念的关键。在这个时候，规范的历史性和脆弱性就暂时无关紧要了。作为权力的实施，制约可以采取法律的形式，但它的法律层面并不是它的有效性的全部。某些范畴可以让社会个体进行互换，而制约依赖这样的范畴来实施。因此，它是和**规范化**过程连在一起的。有些法令决定谁是福利受益人，这样的法令积极参与了针对福利接受者的规范的制造。那些在军队制约同性恋言论的法令，积极地参与到以下规范的制造和维系中：男人或女人究竟应该是怎样的、应该发表怎样的言论、应该或不

---

[1] 参见杰基·亚历山大（Jacqui Alexander）的重要文章《重新起草道德》（"Redrafting Morality"）。——原注

应该有怎样的性取向,等等。国家对男女同性恋领养权和单亲领养权的规定,不仅限制这样的活动,还强调了理想父母应该是什么样的(比如他们应该有伴侣),以及怎样的伴侣才算合法。因此,如果制约仅仅试图控制某些特定行为(性骚扰、福利诈骗、性言论等),那么,这样的制约也做了另一件事(且没有明确说明是什么事):它们制定了人的标准,也就是说,根据抽象的规范来造人,这些规范一方面形塑了它们所制造的生命,同时又超越了这些生命,之后就崩解了。

第三章　予人以公正：变性手术及变性寓言

我要用一个关于权力的问题来作为我的出发点：制约的权力。它或多或少决定了我们是什么、我们可以是什么。[1] 我这里说的权力，并不只是指它在司法上的意义或它的实证意义；我指的是某种制约制度的运作，这种运作既涉及法律，又超越了法律。"人"这个概念得以出现、得以被承认，究竟是在怎样的"可理解性条件"下发生的？怎样的条件决定了某个主体能成为爱的主体？当我们问起这些问题时，我们是就可理解性的条件提出问题。这些条件由规范和实践构成，已经变成了一种前提，没有它们，我们就不能想象和人有关的一切。因此，我建议，我们应该讨论不同的可理解性与人的出现和人的可知性之间的关系。这不仅是因为法律控制了我们的可理解性，也因为世上还存在着某些认知方式和真理模式，它们强制定义了什么可被理解。

在福柯的理论中，这些问题被放到"真理政治"下讨论。在这种政治中，权力关系预先决定了哪些可以算作真理、哪些不可以算作真理、哪些东西维持了或试图维持世界秩序的常态，以及究竟什么会被我们当作已知知识来接受。要理解这种观点的重要

---

[1] 本文一个略有不同的版本曾发表于 *GLQ* 季刊。本章的版本吸纳了弗农·罗萨里奥（Vernon Rosario）及谢里尔·蔡斯的建议，对他们提供的重要看法，我深表谢意。
——原注

之处，我们可以思考以下问题：什么才算是人？什么才算是协调的性别？什么人有资格成为公民？谁的世界被法律认作是真实的？我们也可以主观地问：如果在一个世界中，主体的意义和界限都为我预先决定了，那么，我会变成什么样的人？当我开始询问我会变成什么时，是什么规范约束了我？如果我要变成的"人"在已有的真理体系下没有位置，那会怎样？这一过程被福柯描述为"在真理政治的游戏中对主体的去屈服化"（《什么是批评？》，第39页）。

另一种提问的方式是这样的："在当代的生存秩序中，我能成为什么？"但是，这个问题并没有指向以下重要的问题：如果没有位置让我存在，会怎样？或者说，在生存领域中，如果我只能占据一个什么都不是的位置，会怎样？作为既没有被完全否定又没有被完全承认的存在去生活、去呼吸、去爱，会是怎样的情形？可理解性和人的概念之间的关系，是一个紧要的问题。这个问题承载着一定的理论迫切性，因为在它涉及的要点上，人的概念与可理解性的界限问题发生了碰撞（因为"可理解性"的界限决定了"人"的资格）。我想指出的是，我们对这个问题的质询与正义的问题有重要关系。正义涉及的不仅仅是一个人受到什么待遇，或社会是如何构成的。它也和以下重要问题有关：一个人是什么？在分派"为人资格"时，哪些社会规范会得到使用和表达？我们如何根据是否在有生命的他者身体上找到某种规范的体现，来决定要不要把这个他者认可为人？我们把一个人当作有性别的生物所依据的标准——这个标准把和谐的性别当作人之资格的前提——不仅决定了这个人能否被看成是人,它还告诉我们,在以下情况中我们能否认可自己:在感情、欲望、身体等层面上;当我们照镜子时;在窗户面前时。此外,当我们找到心理学家、精神病学家、医疗和法律专家,与他们商讨,如果一个人因性别得不到认可,从而做人资格得不到认可,会是什么感觉——这种时候,这个标准也会影响我们能否认可自己。

我想分析一个法律和精神病学的案例。出生的时候,此人很容易就被确认为男孩,但几个月后又被认定为女孩;而在十几岁时,此人决定变成一名男性。这就是大卫·莱默(David Reimer)的故事,它被称为"琼/约翰案例"。因为被BBC和各种流行杂志、心理杂志和医学杂志报道,这个案例引起了公众关注。我的分析以几份材料为基础:内分泌学家弥尔顿·戴蒙德(Milton Diamond)医生的一篇文章、《滚石》杂志记者约翰·克拉平托(John Colapinto)写的大众读物《自然造就了他》(As Nature Made Him)、约翰·马尼(John Money)的若干发表作品,以及安·福斯托-斯特灵(Anne Fausto-Sterling)和苏珊·凯斯勒(Suzanne Kessler)在她们的重要近作中的评论。[1] 现在,大卫·莱默已经

---

[1] 请参见以下作品:约翰·克拉平托,《琼/约翰的真实故事》("The True Story of John/Joan")一文以及《自然造就了他》一书;苏珊·凯斯勒,《来自间性的领悟》(Lessons from the Intersexed);约翰·马尼和理查德·格林(Richard Green),《变性与性别再指定》(Transsexualism and Sex Reassignment);娜塔莉·安吉尔(Natalie Angier),《报道认为,性别身份并不可塑》("Sexual Identity Not Pliable After All, Report Says");弥尔顿·戴蒙德和基斯·西格蒙德森(Keith Sigmundsen),《出生时的性别再指定》("Sex Reassignment at Birth")。也请参见美国间性组织(http://www.isna.org/)(转下页)

公开和媒体交流了，且不再使用弥尔顿·戴蒙德及其同事为他选定的假名生活。童年的某个时候，大卫变成了"布伦达"，因此，在以下的讨论中，我不用琼或约翰来称呼他，因为这都不是他的名字；我将用他自己使用的名字来称呼他。

大卫天生具有XY染色体。八个月时，因包皮过长影响排尿，他做了修复性外科手术。手术中，他的阴茎意外地烧伤，并被切除。这种包皮手术本来没什么风险，但为大卫做手术的医生使用了一种新机器。很明显，这位医生从未用过这种机器，且据他的同事们说，这个手术其实没必要用这种机器。他无法启动机器，所以增加了机器的马力，最终使它烧掉了大卫阴茎的主要部分。大卫的父母当然极为震惊。据他们自己所说，他们不知道该怎么办。事故约一年之后的一个晚上，他们在电视上看到约翰·马尼在谈论变性手术，以及针对间性者的手术。马尼的观点是，如果一名儿童接受手术，并以和出生时不同的性别来进行社会化，就能很好地适应新性别，会过上幸福的生活。大卫的父母给马尼写了信，而马尼邀请他们去了巴尔的摩。于是大卫去了位于巴尔的摩的约翰·霍普金斯大学，在那里，约翰·马尼医生极力建议把大卫当成女孩来养。大卫的父母同意了，医生们于是摘除了大卫的睾丸，并为手术创造阴道作了初步准备。但他们随即决定要等布伦达——这是这个孩子的新名字——大一些再来完成这一步。

（接上页）出版的短片《对性别的再定义》（"Redefining Sex"），这部片子对性别再指定的伦理学有重要讨论；参见安·福斯特-斯特灵的《予身体以性别》（*Sexing the Body*）第45—77页对这一争议问题的精彩描述。——原注

因此，布伦达作为一名女孩长大了，受到约翰·马尼的性别身份研究所（Gender Identity Institute）的定期监控，目的是帮助布伦达适应成为一名女孩。八九岁时，布伦达发现自己很想要玩具机关枪。在9岁和11岁之间，她开始觉得自己不是女孩。这种意识似乎和购买特定种类玩具的欲望巧合在一起：她想要更多的枪，想要玩具卡车。尽管没有阴茎，布伦达还是喜欢站着撒尿。在学校，有一次她被发现以这样的姿势小便。别的女孩威胁说，如果她再这样，就"杀死"她。

这个时候，间断地监控布伦达性别适应的精神病学小组想给她用雌激素，但她拒绝了。马尼试图说服她造一个真正的阴道，但她还是拒绝了。实际上，她是尖叫着跑出谈话房间的。马尼让她看充满性意味的阴道图片。马尼甚至给布伦达看女人生孩子的图片，暗示说，只要布伦达有了阴道，就也能生孩子。还有一次见面，可能成了最近一部电影《但我是名啦啦队员！》(*But I'm a Cheerleader!*)[1]效仿的一幕：布伦达和哥哥被命令一起摹仿性交。他们后来都报告说，他们被这个要求吓坏了，感到很迷惑，当时没有告诉父母。据称，布伦达喜欢参与男性活动，且不喜欢乳房发育。布伦达的所有这些特征都是另一群医生得出的结论，他们是布伦达当地医院的精神病学家。当地的这些精神病学家和医疗工作者干预了这个案例，他们相信，大卫的性别重置是个错误。

---

1 《但我是名啦啦队员！》，1999年，环球电影制片公司，导演杰米·巴比特（Jamie Babbit）。——原注

而最终，弥尔顿·戴蒙德复审了这个病例。戴蒙德是一位性学研究者。他认为性别身份以荷尔蒙为基础，且已经和马尼论战了多年。这群新的精神病学家和医生给了布伦达重新选择道路的机会，而她接受了这个机会。于是，从14岁起，她开始男孩的生活，并将名字改为大卫。这个时候，大卫开始要求并接受男性荷尔蒙注射，并切除了乳房。在15到16岁之间，大卫接受了阴茎再造术。据报道，大卫不会射精，尽管他那个部位能感到快感。他从它的基部小便。这个阴茎只具有预期功能的一部分，而且就像我们接下来要看到的那样，它只让大卫以一种不明朗的方式进入社会规范。

在大卫还是布伦达期间，马尼继续发表文章，鼓吹这个性别重置的案例。这个案例影响极大，因为布伦达有一个同卵双胞胎兄弟，因而马尼假设他们俩的基因组成完全相同，同时追踪兄弟俩的发展情况。他坚称，他们俩都正常发展，愉快地进入各自不同的性别中去了。但他自己的采访记录（大多数都没有发表）以及他后来的研究让人对他的诚实产生了疑问。布伦达很难说是开心的，他拒绝适应许多所谓的女孩行为，马尼侵犯性地不断问讯使他既吃惊又愤怒。然而，约翰·霍普金斯大学发表的记录宣称，布伦达对女孩身份的适应是"成功的"，而且深具意识形态意味的结论很快出现了。监控布伦达的是约翰·马尼主持的性别身份诊所，他们总结说，布伦达作为女孩的成功发展"提供了可信证据，证明一个正常儿童出生时性别身份的大门是敞开的，就像出生时性器官发育不完全的婴儿，或出生前对男性荷尔蒙暴露过度或不足的婴儿一样。而这个大门的敞开大约可以持续到出生一年以后"(《变性与性别再指定》,第 299 页)。的确,这个案例被大众媒体用来说明女性特质和男性特质是可以改变的,这些文化概念没有固定的意义或内在定数,它们都比原先想象的更有可塑性。连凯特·米利特(Kate Millett)都引用这个案例来证明生物不能决定一切。而苏珊·凯斯勒也和马尼合写了支持社会建构理论的文章。后来,凯斯勒拒绝承认这个合作,并写出了关于性别再塑的伦理维度和医学维度的最重要著作之一《来自间性的领悟》(Lessons from the Intersexed),且在书中对马尼本人提出尖锐批评。

马尼对布伦达使用的方法是,请男变女的变性者告诉布伦达成为女孩有什么好处。布伦达不得不接受无数访问,她一再被问起是否觉得自己像个女孩、她的欲望是什么、她对未来有什么构想、她未来是否要和男人结婚。布伦达还被要求脱去衣服,把性器官展示给对这个案例有兴趣或监测这个案例(看布伦达是否适应良好)的医疗工作者看。

当媒体讨论这个案例时,当精神病学家和医疗工作者提到它时,他们都批评约翰·马尼的研究所在这个案例中扮演的角色,特别是这个研究所如何迅速地利用布伦达来作为他们的理论的例证:他们的理论认为性别在童年早期是中性的,性别是可塑的,社会化在性别身份的制造中具有首要地位。但实际上,马尼的理论不止于此,但我不打算在这里深究这个问题。对这个案例持批评态度的人认为,这个案例给我们展示的东西和马尼的理论很不一样。他们说，如果我们注意到大卫发现自己朝着男孩的方向变化、发现继续作为女孩生活难以忍受，那么，我们就必须看到，大卫所经历的是对性别的一种深层感觉，这种感觉和他的原生性器官有关，它作为一种内在真理和必需性而存在，无论经历多少社会化都不能反转它。这既是克拉平托的看法，也是弥尔顿·戴蒙德的看法。因此，布伦达／大卫这个案例现在被用来修正和逆转发展观的性别理论，为与马尼的观点相反的看法提供证据，用它来支持一种本质论的性别核心概念，而这种概念与解剖生理和生物决定论牢牢绑在了一起。的确，克拉平托把马尼对布伦达的残酷与社会建构论的"残酷"清晰地联系在一起。20世纪70年代早期，马尼拒绝为性别差异找出一种生物基础或解剖基础。克拉平托认为，这种做法"并非没有对当时蓬勃发展的妇女运动产生影响，而多年来，这场运动一直反对性别差异具有生物基础的说法"。他宣称，马尼发表的文章"已成为现代女性主义的主要基石之一"(《琼／约翰的真实故事》，第69页)。他引用《时代》杂志，认为它也错误地使用了马尼的观点，例子就是这个杂志认为，大卫的案例"为妇女解放倡导者的一个主要论点提供了支持：男性和女性行为的常规模式是可以改变的……"(《琼／约翰的真实故事》，第69页)克拉平托接下来谈到，实际上，利用手术重塑性别以期能像个"正常"和"典型"的女人或男人那样生活的尝试注定要失败。因此，他认为正常状态(normality)是永远无法获取的；然而，他这样说，就说明他认为常态(normalcy)具有无上的价值。

娜塔莉·安吉尔（Natalie Angier）在《纽约时报》1997年3月14日的报道中驳斥了马尼的理论。她说，大卫的故事具有"寓言的力量"。但究竟是什么力量呢？这个寓言有结局吗？安吉尔的文章报道说，戴蒙德用这个案例提出了关于间性者手术的观点，并暗示变性手术的成功只是相对的。比如，戴蒙德认为，具有双性性征的婴儿，即那些出生就具有双性性器官特征的婴儿，一般都有一个Y染色体，而拥有Y染色体可以作为充分依据，说明这个孩子应该被当成男孩来抚养。实际上，就像谢里尔·蔡斯指出的那样，大多数具有双性性征的婴儿之所以会被施行手术变成女性，仅仅是因为临时阴道再造据说比阴茎再造容易。戴蒙德认为，这些儿童应该被给予男性性别，因为Y染色体的存在是假定社会男性特质存在的充足基础。

实际上，北美间性者协会（Intersexed Society of North America）的创办者和主席蔡斯对戴蒙德的建议表示了怀疑。她认为，尽管为了让一名儿童建立起稳定的社会身份，我们应该给他/她指定性别（sex assignment），但这并不是说社会应该介入，按照社会对该性别的想象强制实施手术，来改变这个身体；安·福斯特-斯特灵也同意这一观点。这种"纠正"不仅侵犯了孩子，也支持了以下这种想法：性别必须以单一的、符合规范的方式在解剖生理的层面上被证实。性别是一种不同种类的身份，它和解剖生理的联系很复杂。蔡斯认为，成熟以后，儿童可能会选择改变性别，或是选用荷尔蒙或手术干预。这些决定是正当的，因为它们是在知情的基础上做出的。实际上，研究显示，有时候，这些手术在父母都不知情的情况下就做了，而有时，在孩子几乎从未被真实地告知情况或者不等孩子长大、可以表示同意的情况下就做了手术。某种程度上，最令人震惊的是，手术让这些身体陷入了创伤状态。吊诡的是，这些损伤以"看上去正常"的名义被合理化了，而医疗工作者也用同样的理由来说明这些手术的正当性。他们经常告诉父母，如果不手术，这个孩子将会看起来不正常，他/她在更衣室会感到羞耻（更衣室是前青春期对即将来临的性别发育深感焦虑的场所），而孩子看上去正常对他/她会更好，即便这样的手术会永远剥夺他/她的性功能和快感。因此，一些专家（比如马尼）宣称，如果阴茎全部缺失的话，就应该把孩子当作女孩抚养，而另一些人（比如戴蒙德）则认为，Y染色体的存在才是最重要的根据，它会在对男性特质的持续体验中显现出来，无法在后天抹去。

因此，在第一种情况下（马尼），构成女人或男人社会身份的基础是，这个人在解剖上看起来像什么，当他/她面对别人的目光时别人和自己会怎样看待自己。而在另一种情况下（戴蒙德），这一基础则在于，Y染色体如何默默构建了人的情感和自我理解（人本身是具有生理性别的）。因此，马尼认为，手术可以轻易地塑造出一个女性身体，就好像女性特质不过是一种手术塑造，通过抹灭和割舍就能获得。戴尔蒙德则认为，男性特质虽不可见，却是一种必然的持续存在，它无须"现身"就可以作为性别身份的关键特征来产生作用。关于戴蒙德针对间性者进行手术的建议，安吉尔问过蔡斯是否赞同；蔡斯回答说："他们不放过任何一个人。"的确，他们终究是不是为了创造一种"看起来正常"的身体才建议施行手术的？手术产生的损伤和疤痕似乎并没让他们明白，这些损伤才是手术的真正结果。还是说，正是因为这些身体"不可想象"，才被医疗机械打下终生烙印？

这里出现了另一个悖论——我希望能在别的地方对这个问题进行更深入的讨论——即锋利的机械和手术刀技术在关于间性问题和变性问题的讨论中有什么地位。如果大卫／布伦达案例是一个寓言，或者具有寓言的力量，它就成了间性（大卫并不是间性者）和变性（大卫不是变性人）问题汇聚的场所。这具身体成了一种与之无关的叙述的参照点，而这种叙述攫住了这具身体，从而引发另一种叙述，质询"人"这个概念的界限何在。通过叙述的手段，不可想象的东西被一再想象，但某种东西留在了叙述之外，即一个充满抵抗意味的时刻，它标志着不可想象性会持久存在。

间性运动无视戴蒙德的建议，被布伦达／大卫案例大大地刺激了。而且，这个案例让公众看到，对兼具双性体征的婴儿施行非己所愿的手术十分残忍，充满强迫，会造成长久的伤害。重要的是，我们要试着想象一个世界，在这里，具有混合性征的个体也会被接受、被爱，他们无须转化自己，让自己拥有更符合社会期待、更符合规范的性别。从这个意义上说，间性运动试图质问：尽管有相当比例的儿童具有多样化染色体，而且介于男女之间的连续状态也说明把性别二态性当作人发育成长的先决条件是不靠谱的错误做法，但为什么社会还是要坚持性别二态性的理想形式？换句话说，在这种二元关系的缝隙之间，还有人在呼吸、在生活。这就说明，这种二元关系并不涵盖一切，也是不必要的。尽管变性运动——这个运动内部也具有多样性——呼吁获得手术权以使性别得以改变，但很明显的是，当前，针对变性运动内部存在的理想化性别二态性，也有着严肃且日渐高涨的批评（蔡斯也强调了这一点）。我们可以在里基·威尔钦斯（Riki Wilchins）的作品中看到这一点：威尔钦斯的性别理论为变性留足了空间，把它当作一种转化实践。但最戏剧性地表达这个观点的，是凯特·伯恩斯坦。她认为，不论是从女到男还是从男到女，都没有必要待在性别的二元框架里，而是要把转变本身当成性别的意义。从某种角度看，凯特·伯恩斯坦继承了西蒙·德·波伏娃（Simone de Beauvoir）的衣钵：如果一个人并非生而为女人，而是逐渐变成女人的，那么，变化就是性别本身的载体。但是，我们可能会问，为什么大卫这个案例会让我们思考变性的问题？

尽管大卫最后宣布说他倾向做个男人，但我们并不清楚，大卫本人是否相信Y染色体具有根本的决定力量。戴蒙德在大卫身上找到了对自己理论的支持，但我们并不清楚大卫是否赞同戴蒙德的观点。大卫清楚地了解荷尔蒙的用途，他要求并使用了荷尔蒙。大卫从变性的例子上了解到了阴茎再造术。他要求再造阴茎，实际上也实现了愿望，因此，虽然确切地说这不是一个变性转化的例子，但他将之寓言化了。在他看来，他天生就是一名男性，只是被医疗机构切除了阴茎，又被精神病学界女性化了，最后才又得以回复到他自己。但为了回复到自己,他就必须接受——他希望且得到了——荷尔蒙治疗和手术。他把变性寓言化了,目的是取得一种自然的感觉。而这种转化受到了研究这个案例的内分泌学家的欢迎,因为他们认为他现在的外貌和他的内在真实一致了。马尼研究所征募变性人指导布伦达怎样做女人,而那些内分泌学家**以正常化的名义**给大卫开出了一个变性方案,要他**以自然的名义**重续自己的基因定数。

而且,尽管马尼的研究所招募了变性者,以此象征布伦达能完全变成女人,但那些内分泌学家建议使用变性手术重造阴茎,好让大卫更像个男人。重要的是,对马尼而言,决定性别是否"看得懂"的规范,似乎是那些能被强加的、行为上能采用的规范,因此,他的观点是性别的可塑性需要强制实施。而那些内分泌学家所维护的"自然",也需要得到手术和荷尔蒙手段的帮助。也就是说,在解剖和生物学层面上的某种非自然干预,正是自然所要求的。因此,这两种情况的主要前提和实施它们的手段都是相矛盾的。**可塑性是用暴力的手段强加于人的,而自然是人为引发的**。即便不提马尼的项目,我们也有多种方式来讨论社会建构理论,但这不是我在此处的目的。而且,并不是所有援引基因决定论的做法都会让我们得出与戴蒙德和西格蒙德森一样的结论,并支持干预论,但这并不是我想说的。我要申明的是,这些自然性别、规范性别的倡导者们给出的指令并不一定来源于他们作为出发点的前提,而且,他们作为出发点的前提本身并不具有必然性(比如,我们完全可以把性别建构理论和有关性别规范性的假说分开，从而得到一种和马尼完全不一样的社会建构理论；我们也可以把基因当作重要因素，但不一定非要认为基因是在我们理解一个人的性征时必须考虑的唯一"自然"因素：为什么Y染色体被认为是男性特质的唯一因素和首要决定因素？为什么它行使着优先于其他所有因素的权利？）。

我对你重新讲述这个故事，并告诉你它如何被性别理论利用，是想说明这个故事实际上并不能为以上两种观点的任何一种提供证据。我还想说，我们还可以有别的方式来解读这个故事，这种方式既不肯定也不否定社会建构理论，既不肯定也不否定性别本质论。实际上，我在此想强调的是一种学科框架，在这个框架内，布伦达／大卫创造了一种自我报告和自我理解的话语。这种话语建立了自成一体的可理解性的坐标系，在这里，他自己身上的人之特质既受到质疑也被肯定。所以，当我们思考究竟什么东西才能证明性别真相时，似乎很重要的一点就是要记住，布伦达／大卫在整个童年和少年时代都受到了心理小组的严密监控。医生们观察她的行为，让她和兄弟在医生面前脱去衣服，测量他们性器官的发育情况，有的医生还让她和兄弟进行交配戏仿，让他们看各种图片，了解形态清晰的性器官所代表的所谓常态，好让他们产生想要拥有这种常态的愿望。一种知识机器被运用到布伦达／大卫这个人及其身体上，而大卫在讲述他对真实性别的感受时也在对它做出反应，但学界很少考虑到这一点（如果不是完全没有的话）。

这种自我报道和自我观察会有一群特定的观众，这群观众是想象中的受体。在这群观众面前,一个关于自我的语言描述和视觉图像为他们专门制造了出来。这些言语行为(speech acts)经常被展现给那些多年来一直在无情审视布伦达的性别真相的人们。虽然戴蒙德和西格蒙德森乃至克拉平托都在维护大卫,并反对马尼的种种干预,但就连他们也在不断地询问大卫感觉如何,询问他是谁,并试图通过他提供的描述来确定他的性别真相。布伦达受到了这样的审视。更重要的是,她被不断地、一再要求屈从于一种规范,一种通过多重注视来传达的规范化理想,一种施于身体的规范,一套被一再提出的问题:这个人足够女性化吗?这个人做到了女性化吗?女性特质是不是在这里得到了合适的体现?这种体现成功吗?为了了解真相,可以列举什么样的证据?当然,我们必须获取相关知识。我们必须有资格说我们知道,并把我们知道的东西发表在职业杂志上来进行交流,以证明我们的决定和行为是正确的。换句话说,这些做法质询的是,用来建立完整人格的性别规范是否已经成功地建立起来了。这些探究和审视可以被看成是暴力行径,目的是帮助实施规范,并把这种实施力量制度化。

近年来,重新审视这个案例的儿科专家和精神病学家引用了大卫的自我描述,来支持他们的观点。大卫描述过他作为男性的感受,他的叙述支持了这样一种理论:大卫其实是男性,且他过去就一直是男性,甚至当他还是布伦达时也是如此。

大卫对采访者这样描述自己:

很早的时候就出现了一些小征兆。我开始发现自己有了照理不该出现的感觉。但我不知道这意味着什么。我觉得自己是个怪人……我看着自己说，我不喜欢这种类型的衣服。别人老塞给我这些玩具，我不喜欢。我喜欢和男孩们一起玩，爬树，或是类似的事儿——那些女孩不喜欢的事儿。我照镜子，［发现自己］肩膀特别宽，我的意思是，我身上没有任何女人味的东西。我很瘦，但除此之外，就没什么特别了。但我就［是］那样把这个问题弄清的。［我弄清了我是个男孩，］却并不想承认这点。我估摸着，可千万别惹出一堆麻烦事儿。（《出生时的性别再指定》，第299—300页）

现在，你已经读到大卫是怎样描述自己的了。因此，如果我在这里的任务的一部分是既要公平对待我自己的论题又要公平对待我为你勾勒出来的人（围绕着这个人，很多话已经被说过了，而这个人的自我描述和所做的决定已经成为众多性别理论的基础），我就得很小心地说话。因为我说的话只能告诉你这个人的某些情况、这个人的语言实例的一部分，而我自己也还在试图理解他。由于我不可能真正理解这个人，我不认识这个人，也没有接近这个人的机会，我只能是解读一些被筛选过的言语，而且这些言语不是我自己筛选的，而是已经被选出来我才得到的，它们来自访谈记录，然后又被那些决定要为诸如《儿童及青少年医学档案》(*Archives of Pediatric Adolescent Medicine*, Volume 151, March 1997) 之类的杂志写稿的人筛选过。因此可以说，我所有的不过是有关此人的一些碎片、有关某个可以称之为人的东西[1]的一些语言碎片。在这样的情形下,予人以公正,究竟意味着什么?我们做得到吗?

一方面,我们手头有了大卫的自我描述,而且我们应该重视它。作为个人,大卫得靠这些言语来获得别人的理解。另一方面,这种自我描述是由已有的语言来承载的,这种语言已经饱含规范,且预先决定了我们会怎样描述自己。此外,这里有些话出自面谈,布伦达在成长时长期受到侵犯式的观察,而这一漫长过程一直伴随着各种面谈。当然,要予大卫以公正,我们就要把他的话当回事,要用他自己选择的名字来称呼他。但是,我们该怎样理解他的话和他的名字呢?他的话是不是他的原创?这些话会不会是他被动接收的?这些话会不会在他作为"我"出现之前就已经被使用了,而这个"我"只有在这种语言的规范范围内进行自我描述才能获得一定的认可?也就是说,当一个人说话的时候,这个人说的是一种已经被说过的语言,即使这个人的说话方式和这种语言曾经被说的方式不完全一样。因此,当大卫报告说"很早的时候就出现了一些小征兆。我开始发现自己有了照理不该出现的感觉"时,究竟是谁在这里说话?

大卫的叙述简略地告诉我们,他知道存在着一种规范,一种关于他应该如何存在的规范,而他没能遵循这个规范。这里的潜台词是,这种规范是女性特质,而他没能达到这种规范的要求。

---

[1] 关于大卫没有被当作人对待的遭遇,见巴特勒在下文中的讨论。——译注

也就是说，已经有一个规范，它是由外界强加的，通过他人的一系列期待而被表达的；然后，还有一个感情和存在的世界，而这些领域于他而言是有区别的。他所感受到的决不是由规范所制造的，这种规范是他者，是别处，而不是他自己的一部分，不是他已经变成之人的一部分，也不是他的所感的一部分。

但是，我们知道大卫的遭遇，知道他被如何对待过。为了予大卫以公正，我要提一个问题：当布伦达看着他自己（himself）、感受着他自己的时候，他究竟看到了什么、感受到了什么？请原谅我这里的代词混用，但这些东西慢慢地变得可以互换了。当布伦达照着镜子，看到一个无名的、古怪的、在规范中游离的人的时候，那一刻凸显的问题是，她是否取得了人的资格？她难道不是那个怪人（规范正是针对并通过这些怪人的存在而得以确立的）的鬼魅吗？布伦达究竟有什么问题让大家总是要求看她的裸体，总是问她究竟是谁、她感觉如何、这和常规情况究竟是否一样？她／他的自我审视和别人对她／他的审视是否一样？他似乎很清楚规范是存在于他身外的东西，但如果规范成了帮助他观看的方法，成了这种观看的框架，成了他审视自己的方式，那究竟会怎样呢？如果规范不仅在它所假设的理想中发挥作用，也在它传达反常感和古怪感时发挥作用，那又会怎样呢？我们来想一想，当大卫宣布说"我看着自己说，我不喜欢这种类型的衣服"时，规范究竟是在什么地方起作用？大卫是在对谁说话？究竟是在什么世界里、在什么情况下，对那类衣服的不喜欢正好证明自己拥有的性别是错误的？对谁而言会出现这种情况？在什么条件下才会这样?

布伦达报告说:"别人老塞给我这些玩具,我不喜欢。"而布伦达说这番话时知道,这种不喜欢可以起到证据作用。以下这种假设应该是合理的:布伦达把这种"不喜欢"当作自己患有"性别不安"(gender dysphoria)的证据,是因为人们把布伦达描述自己体验的每句话都当作她的真实性别的证据或反证,而布伦达一再听到这些人这么对她说。布伦达碰巧不喜欢某些玩具、不喜欢某些洋娃娃、不喜欢某些游戏。这的确能告诉我们,布伦达喜欢怎样玩和玩什么。但到底在什么样的世界,能让我们把这样的不喜欢当作确切的证据,用来证明具有或不具有某种特定性别?当男孩们玩纱线、女孩们玩卡车时,他们的父母都会冲到性别身份诊所去吗?还是说,判断有没有出现问题,要看有没有出现巨大的焦虑,一种有关性别真相的焦虑——这种真相被认为和对玩具的喜好、对衣服种类的爱好、肩膀的宽窄、身体的瘦削程度等紧密相关?是不是只有这种焦虑存在,我们才能根据这些零零散散的欲望,以及身体、骨骼结构、爱好、穿着等可变或不可变的特征,来确立清晰的性别身份?

那么,我的分析意味着什么?它是否告诉我们这里的性别是真的还是假的?并没有。这是否暗示说,大卫应该接受手术变成布伦达,或者布伦达应该经过手术变成大卫?并不是,我的分析可没这么说。我不知道应该如何裁决这个问题,而且我认为这个问题不应该由我来裁决。正义是否要求我做出裁决呢?还是说正义要求我先等着,先不要做决定——已经有太多人迫不及待地做裁决，而正义要求我延缓行动？在我们确定是不是该由我们来作出裁决之前先考虑一些问题，难道不是很有用、很重要，甚至是公正的吗？

那么，从这方面看，为变性手术发声基本上会走向性别本质论，而一个认为性别可变的人想说服精神病学家和医生实施手术会更有难度。在旧金山，等待进行女变男手术的人在去看医生之前，会反复练习他们被要求使用的性别本质论的说辞，而且现在还出现了教练帮助他们——熟悉变性的戏剧专家会免费帮助他们，让他们的诉求听起来令人信服。的确，我们可以说，布伦达/大卫一共经历了两次变性手术：第一次依据的假说是，阴茎被切除后的性别应该是什么；而第二次的依据是，基于当事人的行为和语言表现，性别应该是什么。两次都引出了推论：一种推论认为，有什么样的身体就有什么样的性别，而另一种推论则认为，身体会感觉到自己究竟应该具有什么样的性别。大卫显然对第一种观点失去了信任、产生了厌恶，并以外行的身份慢慢开始批判菲勒斯，来进行抗争：

> 医生说："这会很艰难，别人会挑衅你，你会很孤单，你会找不到伴（除非你接受阴道手术，并像女人一样生活）。"我自己则在想，你知道那时我年龄不大，但我意识到，如果这些人是这样看扁我的话，那么这些人就太浅薄了。也就是说，他们觉得，人们会结婚生子仅仅是因为他们两腿间的东西……如果他们只用这件事来看待我，如果他们

光用我两腿间有什么来衡量我的价值，那我可真就是个彻头彻尾的失败者。(《出生时的性别再指定》，第 301 页)

在"我"（即他自己）和他的人格的附加价值（其价值大小取决于他两腿间有或没有的东西）之间，大卫做了区分。他赌他可以因为其他原因得到爱，或者说，至少他有没有阴茎并不能决定他是否会得到爱。他以间接的方式坚持认为，某种可以被称为"深度"的东西是存在的，并以此抗拒医生们的"浅薄"。因此，尽管大卫要求并得到了男性的新身份，要求并得到了他的新阴茎，但是，他是谁与他现在拥有什么，是两个不一样的问题。而且，虽然他经历了转化，但他拒绝被简单地等同于他获得的身体器官。"如果他们只用这件事来看待我"——他这样来诉说，从而对规范的运作提出了一种明晓一切且颇具批判性的反驳。虽然我想得到这个器官，虽然这是我的一部分，但我身上有些东西远远超过了这个器官。他并不想用他两腿间的东西来"衡量他的价值"。也就是说，对于应该怎样来衡量一个人的价值，他有不一样的看法。因此，我们可以说，他按照自己的欲望生活，取得了自己想要的生理构造来满足这种欲望。但他的欲望是复杂的，他的价值也是复杂的。而无疑，这就是为什么在面对马尼提出的诸多问题时（你想要个阴茎吗？你想和女孩结婚吗？），大卫经常拒绝回答，拒绝和马尼待在同一个房间里，并在一段时间之后干脆拒绝去巴尔的摩。

确切地说，大卫并没有用一种性别规范替代另一种性别规范。说他仅仅是内化了一种性别规范（从批判的角度看），就像说他没能成功地遵循一种性别规范生活（从规范化的医学立场看）一样，是错误的，因为他坚持认为能衡量他的价值的只能是"我"，而这个"我"不能被简单化，不能看成是他的生理构造和规范之间的一致。和别人对他的看法相比，他对自己看得更重一些。他并不只通过自己两腿间有什么来衡量自己的价值，也不把自己视为彻底的失败者。有些东西超越了规范，而他认识到，这种东西具有不可认识的一面。从某种意义上说，他和一般意义上的"人"之间的距离，正是产生批判性言说（这是他价值的源泉）的条件，是证明他的价值的东西。他说，如果这些医生信奉的东西是真的，那他就是个彻底的失败者；但他暗示说，他不是彻底的失败者，因为他身上的某种东西是成功的。

但他的言语蕴含了更多的东西——他提醒我们要小心，不要对"区别"（distinction）产生绝对论的看法，因为他的阴茎并不构成他的价值的全部。他是谁和他拥有什么是不可比的两回事，也就是说，他拥有阴茎这一情况，与该器官被认为应该是什么样的（那种认为每个有阴茎的人都一样的看法），是不可比的两回事。这就意味着，他并没有成为符合规范的人。然而，不管怎样，他都是人，他谈论自己，坚持自己，甚至以自己为参考。一边是应该用来建立他的做人资格的规范，另一边是他用言语表达出来的对自己的坚持——正是在这二者之间的缝隙中，或者说，在这二者的不可比性之中，他找到了自己的价值，并谈论这种价值。在他谈论自己价值的那一刻，我们无法知晓他究竟是怎样的人，也就是说，他不能被完全认可、不能被任意对待、不能被分类，而他的作为人的一面正是通过这样的方式显现出来的。这一点很重要，因为我们本可以要求他以一种可理解的方式发言，来为人所知。但是，他通过言语所做的，却是批判地看待那些强调可理解性的规范。可以说，他向我们展现了，有一种理解超越了建立在可理解性的基础上的规范。而且我们可以猜测，他是通过拒绝回答那些围攻他的提问，通过逆反问题依据的规则，并掌握了逃脱的方法，才取得了这种"超越"的。如果说，面对那些企图知道、掌握他的身份的人，他展现了他难以理解的一面，这就意味着，在我们已经接受的可理解性的框架之外，他身上的有些东西是可理解的。我们可能会想说，人具有某种核心。关于人的某种设想在这里出现了，它伴随着特定的话语而出现——这些话语规定，在性与性别方面，人的可理解性受到了何种制约。但这也意味着，这个人在被一种话语反对后，只会转向另一种话语，一种关于人（humanism）的话语。或者，我们可以说，主体具有某种核心，这个主体开口说话，说着超越了可说范围的话，而大卫言说的特点正是这种不可言说性，这种特性属于他者；这个他者虽然不能通过言说来表达自己，却在言谈中留下了关于自己的预示性碎片，即一个超越了话语本身的自己。

但我认为，我们应该细心体会大卫是如何以充满希望、出人意料的方式来使用"我"这个词的。他是在表达，他对自己值得被爱这一点怀有信心；他说，如果一个人仅仅是因为他两腿间有什么才会得到爱，那么，"他们"肯定会认为他是个真正的失败者。这个"他们"告诉他，他不会被爱，或者说，他不会得到爱，除非他接受他们为他准备的东西，他们掌握着他为了得到爱就必须拥有的东西，如果没有他们的这种东西，他就得不到爱。但他拒绝把他们用话语提供给他的东西当作爱来接受。他拒绝了他们提供的爱，把它当成贿赂，一种让他屈服的引诱。他告诉我们，他会得到爱，并已经因为别的原因得到了爱，而他们并不理解这种原因，而且我们也没有被告知这是什么原因。这种原因显然超越了性学规范建立起来的理性制度。我们只知道，他是因为别的原因而坚持下来的，除此之外，我们就不清楚这究竟是哪种原因、会是什么原因。他给他们的所知设下了界限，打破了他们的真理政治，利用自己在那种生存秩序中的去屈服化（desubjugation），来创建在规范控制之外获得爱的可能。他洞悉一切。他把自己放在和规范相联系的位置上，但没有遵守它的要求。他冒险进行"去屈服化"——他还是主体吗？我们怎么才能知道呢？从这个意义上看，大卫的话语把批评本身引入到这场游戏中来了。根据福柯的定义，批评恰恰就是主体在真理政治中的去屈服化。但这不是说大卫变得不可理解了，并因而对政治失去了价值；相反，他在可理解性的边界出现，为规范提供了一种视角，让它可以用多种可变的方式来定义何为人。正是因为我们理解（尽管我们不能确切地知晓）他有另一种原因，因为他**就是**这另外一种原因，我们才会看到，决定了他命运的那些有关可理解性的话语是有局限的。大卫并不拥有一个新世界，因为即使是在产生"我"的句法环境中，他依然处在规范与失败规范之间的位置上。他两者都不是。他是没有名字的人,我们还不知道怎样为这种人命名,或者说,在这种情况下,任何命名都有局限。从这个意义上讲,他是"人"的无名(也是批判性的)状态,因为"人"这个概念只会在我们的知识的边缘表达自己。

后记:2004年6月,本书即将出版时,我悲伤地获悉,大卫·莱默结束了自己38岁的生命。《纽约时报》2004年5月12日的讣告提到,他的兄弟两年前去世,而他自己已经和妻子分居。最终是什么让他活不下去的?或者说,为什么他会觉得结束自己生命的时候到了?要弄清这些问题是很难的。然而,似乎很清楚的是,他总是面对着这样一个问题(这也是他给自己提的问题):他能否以他的性别活下去?我们不清楚的是,问题究竟出在他的性别上,还是出在那种给他带来长久苦难的"治疗"上。有些规范决定了什么样的人生是值得的,什么样的人生能被认可且可持续。很明显,这些规范并没有以任何持续、可靠的方式支持他的人生。对他而言,生命一直是一场赌博、一次冒险,也是一个勇敢而脆弱的成就。

第四章　对性别的反诊断

近年来，围绕《精神疾病诊断与统计手册》第四版（简称 DSM-IV）中有关性别认同障碍[1]的诊断，出现了一些争论，尤其针对是否真有必要在书中保留这种诊断；或者说，我们其实已经没有多少理由来保留这种诊断了。一方面，在 GLBQTI（男女同性恋、双性恋、酷儿、跨性别及间性）社群中，有些人想保留这种诊断；他们认为，这种诊断能给一种病症提供证明，让有这种情况的人有机会利用各种医疗、技术手段，来进行转换。而且，只有证明性别改变"在医学上是必要的"，有些保险公司才会偿付变性所需的某些高额费用。由于这些原因，不把变性手术或激素使用列为"择期手术"至关重要。尽管有人可能会说这是一种选择，甚至是一种惊人的、深刻的选择，但为了得到保险，它就必须是一种医疗选择。究竟什么是医疗选择？这个问题无疑能让我们颇费一番思考，但为了表达我在这里的观点，重要的是要区分两种情况：诊断决定的选择和非诊断决定的选择。在后一种情况下，转换选择包括了以下几种或全部：选择以另一种性别来生活、接受激素治疗、找一个新名

---

[1] 1994 年的 DSM-IV 中的"性别认同障碍"（Gender Identity Disorder）在 2013 年的 DSM-V 中被改成了"性别不安"（Gender Dysphoria）。——译注

字并宣布使用、为新性别确定法律地位以及接受手术。如果心理或医学工作者确认变性是必要的，也就是说，如果他们认为不进行转换就会引起抑郁、不适应以及其他形式的痛苦，那么，选择转换照理说就会得到医疗工作者的支持和谅解，因为他们总是关心人的健康幸福的。这种"诊断"能以若干方式发挥作用，而其中一种可以并已经使用过的方式［尤其是在具有恐变（transphobic）心理的人手中］，就是把它作为一种病理化的工具。

被诊断为患有性别认同障碍（简称 GID），就是被认为有病、不对头、状态紊乱、不正常，而作为诊断的后果，"病人"会受到某种污名化。因此，一些激进的精神病学家和变性人士提出，这种诊断法应该被完全取消，因为变性不是也不应被视为一种精神障碍，变性者应该被当成是在实践自我决定，实践自主。因此，一方面，这种诊断法仍然被认为有价值，因为它有利于人们以一种经济合算的可行方式进行性别转换。另一方面，这种诊断法受到了坚决反对，因为人们认为个人自主决定自己的性别本就该是人类应有的选择，而这种诊断法却还继续把性别转换当作一种精神疾病。

从上面简单的勾勒中，我们可以看到，在这场辩论中，在以下两方之间存在张力：在辩论中主张获得转换权利和经济资助的一派，以及试图将变性实践扎根于自主权观念的一派。我们一时间可能会犹豫，并探问这两种观点是否真的对立。毕竟，有人可能会说——实际上确已有人这样说过——这种诊断法有助于保障保险受益权、[1]医疗权以及享有法律地位的权利，因而是为"变性自主权"（transautonomy，我们姑且这样称之）服务的。毕竟，如果我想转换性别，有这么一种诊断法来帮助我实现目的，当然很不错，而这种目的的实现正是对自主权的行使。的确，我们可以争辩说，没有人能够不借助于社群的帮助或支持而取得自主权，尤其是如果这个人做出的是一种需要勇气的困难抉择（例如性别转换）。但如果这样的话，我们就必须探究，这种诊断方法是否真的是个人行使对性别的自我决定权所需"支持"的一部分。毕竟，这种诊断法的许多假设是不利于变性自主权的。它采用的心理评价形式假设，确诊者受到了他或她所不理解的某些力量的影响。它假设这些人充满妄想和不安。它假设某些性别规范并没有得到适当的体现，从而产生了一种错误或失败。它对父亲、母亲和正常的家庭生活是什么样、应该是什么样等问题，都做出了各种假设。它采用了改正、适应和规范化的语言。它努力坚持目前已确立的性别规范，并倾向于将任何不遵循现有规范（或是不遵循现有规范的主流想象）的性别产生形式病理化。这种诊断法是违背人们的意志强加给他们的，它在实际中打破了许多人的意愿，尤其是年轻的酷儿和变性人士。

因此，这场辩论看起来极为复杂。从某种角度讲，有人想要保留这种诊断法，是因为这种方法能帮助他们实现目的，并因此

---

[1] 参见理查德·弗里德曼（Richard Friedman）的《性别身份》（"Gender Identity"）一文。但是，他坚持认为，这种诊断法描述的是一种疾病。因此，在他看来，这种诊断法不仅仅应该作为工具来保留。——原注

实现他们的自主权。有人想去除这种诊断，是因为消除它可能会带来一个新世界，在这里，这些人不再会被视为病态，因此能有力地提高他们的自主权。我认为，在这里我们可以清楚地看到，如果自主权概念认为个人单独存在、不受社会条件制约、不依赖各种社会工具，那么，这种概念会受到很具体的限制。实际上，自主权是在社会条件制约下生活在这个世界上的方式。上述提到的诊断法之类的社会工具可以赋权，但也具有约束力，而在很多情况下，这两种功能同时发挥着作用。

从表面上看，似乎有两种对待自主权的不同态度，但应注意的是，这不仅仅是一个可以抽象地回答的哲学问题。要理解这些观点的不同之处，我们就必须探究这种诊断法如何影响了实际生活。在生活中被诊断有这种疾病，意味着什么？[1] 确诊是否有助于一些人的生活，能否帮助他们获得一种感觉很值得的生活？确

---

1 参见罗伯特·佩拉（Robert Pela），《玩洋娃娃之家的男孩，玩玩具卡车的女孩》("Boys in the Dollhouse, Girls with Toy Trucks")，第55页。他提出："美国精神病协会发明了各种精神健康类别，比如性别认同障碍。这些类别被用来对同性恋进行病理化，且延续了对同性恋青年的虐待。"他还引用香农·明特（Shannon Minter）的话来说明"GID不过是另一种表达恐同的方式"。亦请参见凯瑟琳·拉克林（Katherine Rachlin）的《变性个人的精神治疗经历》("Transgender Individuals' Experiences of Psychotherapy")一文。在文中，她提到："个人不得不为心理服务花费时间和金钱，因为只有这样才能获得医疗服务；对这种做法，人们可能深恶痛绝。面对那些有权决定是否让他们获得希望得到的医疗帮助的人，他们可能也很怕与之交谈。这样的害怕与憎恶在治疗师和客户之间造成了一种动态关系，可能会给治疗的过程和结果都带来很大的影响。"亦请参见A. 维塔尔（A. Vitale），《治疗师与客户》("The Therapist Versus the Client")。——原注

诊是否会妨碍一些人的生活，让他们觉得受了污名化，且在某些情况下甚至会导致自杀？一方面，我们不应该低估这种诊断带来的益处，尤其是对经济能力有限、没有医疗保险的变性人士来说。对他们来说，没有这种诊断法，就不可能实现他们的目的。另一方面，我们也不应该低估这种诊断法的病理化力量，尤其是对那些可能不具备批判能力来对抗这种力量的年轻人来说。在这样一些情况下，这种诊断法即使说不是如谋杀般可怕，也具有很大的杀伤力。而且，它有时候会谋杀灵魂，有时则会成为自杀的诱因之一。因此，这场辩论至关重要，因为它最终会是一个生死问题。对一些人而言，这种诊断法意味着生，对另一些人而言，则意味着死。而对还有一些人而言，它也可能是一种矛盾的祝福，或者说，矛盾的诅咒。

两种立场都可以理解。为了明白这两种立场是如何出现的，让我们先看看在美国这种诊断法由什么构成，然后再考虑它的历史和当前的用途。一种性别障碍诊断法，必须符合 DSM-IV 对性别不安的定义。[1] 对其定义的最后一次修订是 1994 年。然而，要

---

1 很重要的是要看到，变性（transsexualism）于 1980 年在 DSM-III 中第一次作为诊断类别出现。在 1994 年出版的 DSM-IV 中，变性这个类别不再出现，而是被放到了 GID 的类别下面。目前，GID 的诊断的要求是，变性手术和治疗的申请者必须"证明有强烈、持久的跨性别认同，即希望成为并坚持认为自己是相反的性别"。此外，"这种跨性别认同不能仅仅是因为向往另一种性别的人拥有文化优势"，而且"必须对自己的性别存在持续的不舒服感，或是对该性别的性别角色有不适宜感"。"如果一个人在生理上同时还具有间性性征，那么就不能做出"这种诊断。"要做出这种诊断，就必须在临床上存在十分显著的忧伤情绪，或在社会、职业或其他重要的功能（转下页）

让诊断完整,除了要有心理测试以外,还要有提供诊断的治疗师的"信",以证明病人能够很好地以新的性别身份生活。1994年的定义是历经几次修订的结果。对这个定义,或许需要考虑到以下两件事情,才能对它有更好的理解:1973年,美国精神病协会(American Psychiatric Association, APA)不再把同性恋诊断为一种疾病;1987年,该协会决定去除早期定义的另一个遗留,即"自我矛盾同性恋"(ego dystonic homosexuality)。一些人认为,GID诊断法接手了早期同性恋诊断法的某些工作,因而成了一种间接诊断同性恋的方法,将其定为一种性别身份问题。这样,GID的定义延续了APA的恐同传统,尽管没那么直接。实际上,试图"纠正"同性恋的保守团体(比如国家同性恋研究和治疗协会)认为,如果你能在一名儿童身上发现GID,那么,你就有75%的把握可以预言这名儿童长大后会成为同性恋;对他们而言,这样的结果显然是一种异常、一种悲剧。因此,在大多数情况下,GID诊断法是对同性恋的诊断,而把这种诊断与精神障碍挂钩的做法,暗示了同性恋还是被当成一种疾病。

这些团体将GID和同性恋之间的关系做了概念化,其采用

(接上页)领域表现出缺陷。"

如欲了解更多信息,参见 http://trans-health.com,2002年春季第1卷第4期;亦请参见该网络期刊的2001年夏季第1卷第1期一篇重要批评文章《变性的医疗化》("The Medicalization of Transgenderism")。这篇文章由五部分组成(在若干期里连载),作者是惠特尼·巴恩斯(Whitney Barnes)。她在文章里透彻、犀利地讨论了一系列与这种诊断类别相关的问题。——原注

的方法很有问题。如果我们认为，GID取决于是否持久存在相反性别的性别特征，即男孩有"女性"特征，而女孩有"男性"特征，那么，这里的假定其实就是男孩的特征会引发对女性的欲望，而女孩的特征则会引发对男性的欲望。这两种情况的假设前提都是异性恋欲望，即假定异性相吸。但是，这相当于是说，同性恋应该被理解为性别倒错，而它在"性欲"的方面，虽然是倒错的，但依旧是异性恋的。依据这种概念，一个有着男孩特征的男孩要发展出对别的男孩的欲望是罕见的，而有女孩特征的女孩要发展出对女孩的欲望也同样是罕见的。因此，75%被诊断为患有GID的人，只有在我们以性别倒错模式来理解同性恋，并以异性恋欲望模式来理解性的情况下，才会被认为是同性恋。男孩依然总是对女孩有欲求，而女孩依然总是对男孩有欲求。如果那些被诊断患有GID的人中有25%不会变成同性恋，这似乎意味着他们并不符合性别倒错模式。但是，因为性别倒错模式只能将性理解为异性恋，似乎剩下的25%才是同性恋，也就是说，那些不符合异性恋倒错模式的同性恋者才是同性恋。因此，我们可以开玩笑说，那些被诊断认为有GID的人100%都会成同性恋。

我忍不住要开这个玩笑，仅仅是因为这会让国家同性恋研究和治疗协会惊慌；然而，需要明确的是，我们要更加严肃地考虑一下，关于性与性别的地图是如何被那些身在此山中的人错误描绘的。实际上，性别身份和性取向之间的关系起码是难解的：我们不能依据一个人的性别来预言这个人将会有怎样的性别身份，也不能预言他或她最终会朝哪个方向去享受欲望、追求欲望。尽管约翰·马尼和其他所谓的改变论者（trans-positionalists）认为性取向会追随性别身份，但如果我们认为性别身份决定了性取向，或是性取向必定指向一种已经存在的性别身份，那么，我们就犯了一个很大的错误。正如我试图指出的那样，即便所谓"女性"特征和"男性"特征的概念毫无问题，这也不能说明"女性"就会受到"男性"的吸引、"男性"就会受到"女性"的吸引。只有用排他性的异性恋模式去理解欲望，才会得出这样的结论。而实际上，这样的模式会错误地描述异性恋中出现的某些酷儿交叉，比如说，当一个女性化的异性恋男人想要得到一名女性化的女人，好让两人能"像女孩一样在一起"；或者说，当具有男性特征的异性恋女人想把她们的男朋友既当成男孩又当成女孩。同样的酷儿交叉也出现在男女同性恋的生活中，比如，布齐与布齐的结合，制造了特有的女同性恋模式下的男同性恋。此外，就像我上面提到的，双性恋不能被简化为两种异性恋欲望，即女性那一面想得到男性对象，而男性一面则想得到女性对象。与异性恋或同性恋中发生的任何情况相比，上述这些交叉的复杂度可谓不遑多让。这种种交叉发生的频率比一般认为的要高，而且，它让改变论有关性别身份是性取向的风向标的说法沦为笑话。实际上，有时候，对某些人而言，性别身份与性取向之间的分裂——这会让改变论模式晕头转向——是最性感、最令人兴奋的。

有恐同目的的研究者对待这一"障碍"的方法，默认了这样一个说法：同性恋源自变性造成的损伤。但最重要的是要指出这不是一种精神障碍，跨性别生活中存在着各种复杂关系，其中包括跨性别易妆，有些可能是以另一种性别来生活，还有些则可能需要采用激素和手术，而更多的时候，上述的一种或多种情况都会出现。有时候，这意味着所谓对象选择（object choice）的改变，但有时又不是这样。一个人可以通过变性成为男人且欲求着男人（即成为一名男同性恋者），通过变性成为男人且欲求女人（即成为一名异性恋者），或者通过变性成为男人，并经历一系列性取向变化，这些变化将构成一段特定的生活史和叙事。那样一段叙事不能被一种范畴概括，或者说，它可能只能暂时地被一种范畴概括。生活史是有关变化的历史，而范畴有时候会让这个过程凝结不动。对性的看法会发生变化，这些变化可能只是对特定配偶的回应，而不论变性与否，人并不总以中规中矩的异性恋或同性恋出现，而双性恋的含义和经验也会随时间而改变，形成特定的历史，反映出有别于其他种类的特定经验。

要被诊断患有性别不安，要求一个人已经或多或少地经历了年月、成了型；性别只有在经历了时间的考验之后，才能被诊断出来。[1] 你必须证明，长久以来，你一直都有一种想要以另一种性别生活的想法；它还要求你证明，你有一个长期以另一种性别

---

[1] 在这种诊断法的发展历程中，那些从一开始就"性别不安"的人和那些逐步得出这个结论的人，在命名上出现过变动；如欲了解这些变动，请参见哈里·本杰明国际性别不安协会的《性别认同障碍的照料标准》(*The Standards of Care for Gender Identity Disorder*) 手册中题为"一种命名法的发展"("The Development of a Nomenclature")的部分。——原注

生活的实际且可行的计划。从这个角度讲，这种诊断法是想把性别当成一种相对固定的现象。比如，你走进一个诊所，宣称说，你因为读了凯特·伯恩斯坦的书，突然意识到你想做的是什么，而在此之前并没有真正意识到这一点——这样做是绝对不行的。你的文化生活改变了，你经过了书面交流，你参加了活动和俱乐部，你看到了某些生活方式不仅可行而且诱人，你意识到了自身的种种可能，它们以前所未有的清晰呈现在你面前——即便出现了这一切，这种诊断法也不把它们当作变性的理由。你如果想变性，想获得这种诊断法的支持，就千万不能说：你认为决定生活能否被承认、过不过得下去的规范是可变的，在你的生命中，文化方面的新进步已经拓宽了这些规范的范围，因此像你一样的人也可以好好地以变性人士的身份生活在一个持支持态度的社群中，而正是公共规范的改变以及这个持支持态度的社群让你感到变性可行且值得追求。从这个意义上讲，你也不能直接地支持这样一种观点，即认为性别体验的改变是社会规范改变的结果，因为这样做就违背了哈里·本杰明关于 GID 的标准化规则了。实际上，就像 GID 诊断法一样，这些规则认为，我们或多或少都已"知晓"性别（即"男性"和"女性"）规范是什么，而我们所需要做的就是弄清它们是否在这个或其他例子中体现出来了。但是，如果这些规范不再能够描述我们的情况，会怎样呢？如果它们只是笨拙地描述了某人的性别经验，怎么办？而且，如果医疗规范和这种诊断法都认为我们都是以这种或那种方式固定构成的，那我们该如何把性别当作一种变化模式？当我们为了获得所需的权利和想要的地位而屈从于规范时，我们是不是就被凝固在时间里，变得比我们希望的更规矩、更和谐了呢？

尽管我们还需要对这种诊断法提出更强烈的批评——下文中，当谈到这个诊断法的文本本身时，我会详述其中一些批评——但是，如果我们不先建立起一套能让性别转换的费用和法律地位得到保障的办法，那么，要求取消这种诊断法就是错误的。也就是说，既然这种诊断法现在已经是一种争取利益和地位的工具，那么，如果不先找到其他能取得同样结果的长久方式，就不能随随便便取消它。

面对这个难题，一种显而易见的办法是提出我们应该**有策略地**对付这种诊断法。然后，我们可以拒绝这种诊断法信奉的真理，也就是说，拒绝它对变性的描述，同时把这种诊断法单纯当成一种工具、一种取得目的的手段来利用。然后，我们可以反讽地、开玩笑地或半真半假地服从于这种诊断法，尽管在心里认为变性的欲望或实现这种欲望的决心与"病态"丝毫不相干。但是，我们也必须探究，服从这种诊断法是否最终会让人多少有意识地将这种诊断法的某些方面内化，认为自己精神上有病或是不够正常，或是两者皆是，即便只是想将这种诊断法单纯地当成工具来利用。

有一种观点支持了这后一种说法。这种观点与儿童和青年有很大关系，因为如果我们探问究竟谁才能把这种诊断法单纯地作为工具看待，我们会发现，这样的人多半是精明老到的成年人。这些人有其他的话语帮助认识自己是谁，以及想成为什么人。但儿童和青少年是否总有能力与这种诊断法保持距离？他们能否在服从它的同时仅仅把它当作工具使用？

理查德·伊塞（Richard Isay）博士认为，取消这种诊断法的首要理由就是它对儿童产生的效应。他写道，这种诊断法自身"可能伤害一个并没有精神疾病的孩子的自尊，从而造成情感伤害"。[1] 有一种看法认为，许多年轻同性恋男孩在童年时偏好所谓的女性行为，喜欢他们母亲的衣服，拒绝参加粗鲁剧烈的活动。伊塞接受这种看法，但他也认为这里的问题不是这些特征本身，而是"双亲对这些行为的警告对这些男孩对自己的看法产生了有害的影响"。他的解决办法是，让这些父母学会支持这些被他称为"非典型性别特征"的行为。伊塞的观点在很多方面都有重要贡献，其中很明显的一点就是它拒绝了一种病理化的语言，要求重新构想这种现象：他拒绝把典型的性别特征提升为判断心理正常与否的标准，或者说，他拒绝将非典型特征视为异常。相反，他用一种关于典型与否的语言来替代关于正常与否的语言。反对伊塞观点的医生们不仅坚持说，这种精神障碍**就是**一种障碍，认为儿童身上持续出现的非典型性别特征是一种"心理病态"，[2] 而且，他们一方面坚持这种病理化，一方面还对受痛苦折磨的人表现出一种家长式的关注，谈论着这样的诊断法对保险受益及其他权利是如何地有必要。的确，他们利用了穷人、工人阶级和中产

---

[1] 理查德·伊塞，《将性别认同障碍从 DSM 中去除》（"Remove Gender Identity Disorder from *DSM*"）。——原注

[2] 比如弗里德曼的《性别身份》。——原注

阶级中希望变性的人对医疗保险和法律支持的那种明白无误的需求；他们不仅利用这种需求以寻求继续保留这种诊断法，还用它来支持这样一个观点：这是一种必须得到纠正的疾病。因此，虽然这种诊断法可以被当作实现变性目的的工具或手段，但它仍然会：（1）给确诊者灌输一种自己有精神疾病的感觉，（2）加强这种诊断法将变性欲望视为病态的权力，（3）可能会被那些拥有丰厚资金的研究机构利用，把它当作将变性的欲望禁锢在精神疾病领域内的基本理由。

有人也提出过一些其他方法，以求削弱这种诊断法的病理化作用，好把它从精神卫生专业的掌控中完全解脱出来。雅各布·黑尔（Jacob Hale）提出，这种事情不应该由心理学家和精神病专家来干预。他认为，是否得到以及怎样得到医疗和技术帮助的问题，应该只是客户与医生之间的事情。[1] 他指出，如果不是为了变性，一个人可以自由地去找医生，要求重塑手术或激素治

---

[1] 雅各布·黑尔，《医学伦理与变性》（"Medical Ethics and Transsexuality"）。亦请参照理查德·格林，《对变性要求应该有求必应吗？》（"Should Sex Change Be Available on Demand？"）。在1969年的时候，这还几乎算不上是什么问题，因为那时几乎不可逾越的障碍是，性别再指定必须得到专家支持。如果性别方面的病人能够获取不要求精神病科和心理科转诊介绍的外科医生的支持，那么，我们就有必要研究一下，如果把得到了专家转诊证明的案例和没有这种证明的案例相比，会有什么不同。那么，可能会出现这样一个伦理问题：如果无转诊证明人群的成功率较小（或是失败率较高），那么，在别的方面都很有能力的成人是否还有权做出自我决定？他后来问道："一个人的身体自主权，是否应该有一个限度？"（见《变性与性别再指定》）。格林还对这样的情况表示了赞许：一些变了性的个人已经进入了变性这个专业，这样他们不仅进行诊断，还能对医疗福利做出决定。——原注

疗，没有人会问你一堆问题，探究你早年有过什么幻想，或是童年做过什么游戏。要做缩乳手术，或绝经时要求雌激素治疗，是不需要提供精神稳定的证明的。而当一个人想变性时，他需要借助一名精神健康专家的帮助，这就把一种父性结构硬塞进这个过程，破坏了自主权，而自主权正是权利诉求所依据的基础。在这种情况下，会有专门的治疗师来操心，你能否在心理上融入已经确立的社会世界，而这个世界的特征是大多数人都遵从已有的性别规范。但是，这个治疗师不会过问，你是否有足够的勇气，是否已经获得足够的社群支持来过变性后的生活，而这个时候正是针对你的暴力威胁和歧视最猖狂的时候。治疗师也不会过问，你的性别生活方式是否有助于创造一个对性别限制较少的世界，或者说，你能否担负起这样的重任。相反，治疗师被要求预测，你的选择是否会导致术后后悔。尽管你欲望的持久性与韧度都得到了检验，但很少有人关注，如果社会世界以及诊断法本身将这些持久的、坚韧的欲望贬低为精神障碍，会给这些欲望带来怎样的影响。[1]

我在本章开始的时候提出，一个人支持还是反对这种诊断法，部分取决于这个人如何看待自主权的条件。在伊塞的理论中，我们可以看到，他认为这种诊断法不仅破坏了儿童的自主

---

1 P. T. 科恩-凯特尼斯（P. T. Cohen-Kettenis）和 L. J. G. 古恩（L. J. G. Gooren）在他们的文章《变性：对病因、诊断和治疗的综述》（"Transsexualism: A Review of Etiology, Diagnosis, and Treatment"）中讨论了与这种诊断相关的病因，并涵盖了近年来心理学对术后后悔及性别再指定手术"成功率"的研究发现。——原注

权，而且将他们的自主性错误地视为病态。而在黑尔的观点中，我们可以看到，当这种诊断法不再握在精神健康专家手中时，它获得了不同的含义。然而，我们仍然面对着一个老问题：在精神健康方面没有特殊训练背景的医疗人员，是否也会利用精神健康标准作出和精神健康专家类似的决定。但是，如果黑尔是在说，为了重新定义这种诊断法，有必要求助于一般医生，以使这种诊断法不再包含任何精神健康标准，那么，他就是在倡导一种新的诊断法，或是主张不要有什么诊断，因为DSM-IV的表述是脱离不了精神健康标准的。要回答换成普通医生是不是一件好事，我们就必须探究，总的来说，医疗工作者能否担负这样的责任，或者说，进步治疗师的圈子能否让我们更有希望通过诊断走上讲究人道的成功之路。尽管我对这个问题没有一个社会学上的答案，但我认为，在我们判断黑尔的建议是否合理之前，我们应该考虑这个问题。他的观点最大的好处在于，它把病人视为医疗领域内行使消费者自主权的客户。这种自主权是被设定的，同时它也是转换过程本身的最终目标及意义。

但这就提出了新问题：在这场辩论中，我们应该如何构想自主权？对这种诊断法的修正能否提供一条路径，来绕开以下两种人之间的僵局：那些希望消除这种诊断法的人，以及那些因其工具价值而希望保留它的人（特别是有经济困难的人）？这场辩论中，存在着两种不同的自主权概念。对这种诊断法持全然反对态度的人，如果不是自由意志主义者的话，多半是个人主义者。而赞同保留这种诊断法的人则倾向于承认，自由权的行使需要物质条件支持。有观点担心这种诊断法可能会被内化，或担心它有害。这样的观点认为，这种诊断法会使自主权的心理环境受到损害，且这种损害其实已经造成了；此外，在年轻人中，自我意识出现妥协和伤害的风险更高。

自主权（autonomy）、自由权（liberty）和自由（freedom）是相互关联的概念，它们也暗指特定的法律保护及权利。毕竟，美国宪法保障对自由的追求。我们可以争论说，限制变性、跨性人士对这种身份与实践的自由权行使是歧视性的。悖论的是，当保险公司区分"医疗上必要的"乳房切除手术与"选择性的"乳房切除手术时，它们实际上贬低了自由权（liberty）这个概念。前一种手术指的是并非一个人主动选择，而是由医疗情况要求施行的手术，其中常见的是癌症。但是，即使这样的说法也没有正确地描述出，知情的病人是可以作出各种选择来决定如何对付癌症的，因为有时候可行的治疗方式可能包括放疗、化疗、瑞宁得（Arimidex）、包块切除以及部分或全部的乳房切除。妇女可以根据她们对乳房的感受、对癌症发展的看法以及治疗方法的选择范围，来对治疗作出不同选择。一些妇女可能会不惜一切代价保留住乳房，而其他一些人则不觉得放弃乳房很难。一些人可能会选择再造手术，并对预期中的乳房做出某些选择，而其他人则不会做出类似的选择。

最近，旧金山一名颇具布齐气质的女同性恋的一侧乳房罹患癌症。和医生商讨后，她决定接受彻底的乳房切除。她觉得，把另一侧乳房切除是个不错的主意，希望这样可以将复发的可能降到最低。由于她对乳房没有强烈的情感依恋，这个选择对于她来说就没那么困难：在她对性别和性的自我理解中，乳房没有重要地位。她的保险公司同意为一侧乳房切除支付费用，但他们担心的是，另一侧乳房的切除只能算是一种"择期手术"，如果他们为此付费的话，就会创下保险涵盖择期变性手术的先例。这家保险公司既想限制顾客在医疗决定中的自主权（从这个角度看，他们觉得，这名妇女是因为医疗原因想把另一侧乳房也切除掉），也想无视自主权在变性手术中的基础地位（从这个角度看，他们觉得这名妇女是潜在变性者）。同时，我的一位正处于乳房切除恢复期的朋友试图了解做再造手术的可能性有哪些。她的医生给她介绍了一些变性客户，因为他们可以向她介绍各种技术，以及这些方法在美学方面的好处。尽管我不知道乳癌患者和变性人士之间是否存在联盟，但是我觉察到，这样一种联盟会很容易达成，其主要诉求是，要保险公司承认在制造及维持第一和第二性征的过程中可以行使自主权。这些说起来很古怪，但我想说的是，如果我们把美容手术当成手段，帮助人类（出于文化及社会的原因）维系和培养第一和第二性征，那么这一切似乎就不那么难理解了。我想，希望增加阴茎尺寸的男性，以及希望丰乳或缩乳的女性，是不需要先到精神病专家那里拿一个证明的。当然，有趣的是，我们可以参照现有的性别规范想想，为什么一位希望缩乳的妇女不需要什么心理证明，而一个希望缩小阴茎尺寸的男子则需要这种证明呢？对使用雌激素的女性及使用"伟哥"的男子，我们是不会假设他们心理不正常的。我的推测是，这是因为这些做法符合规范，因为这些做法追求的是增强所谓"自然"的东西，根据已有规范来进行调整，有时甚至肯定并加强了传统性别规范。

那名处在变性边缘的布齐想将有癌和无癌的乳房一起切除。她明白，要获得乳房切除的权利，就只有让另一侧乳房得癌，或让自己的性别欲望接受医疗和精神病学的审视。尽管她不认为自己是变性者，但她知道，如果自称是变性者，她就能获得GID诊断，并取得保险受益的资格。有时，保险公司可以支付乳房再造术的费用，即便这种手术是自己选择的。但是，保险公司偿付的择期手术中并不包括乳房切除术。在保险界，一名妇女希望乳房能够变小一些是能被理解的，但如果她不想要乳房，就会被视为毫无道理。不想要乳房的想法，会让人怀疑她到底是否还想做个女人。这似乎是说，布齐切除乳房的欲望不会被当成出于健康考虑的一种想法，除非这是一种性别障碍，或是某种别的紧急医疗状况的征兆。

但是，为什么不论我们如何看待这些选择的社会意义，都把它们当成是选择呢？社会并不认为自己有权利阻止一名妇女丰胸或缩乳，而且我们也不认为阴茎扩大是个问题，除非这个手术是非法行医者做的，而且还被他弄砸了。如果有人宣布自己要剪头发或留长头发，或是要用某种方法节食，这个人是不会被送去看精神病医生的，除非这个人有得厌食症的危险。但是，如果我们把第二性征理解为与性别有关的各种身体指征，上述这些做法其实都是培养第二性征的日常习惯。如果这些身体特征"指征"了性别，那么，性别与指征它的手段是不尽相同的。性别能被理解，靠的就是这些符号，因为它们告诉我们性别应该怎样被解读或理解。作为文化手段，这些身体指征让具有性别的身体获得了解读。它们本身是身体指征，并作为符号来发挥作用，因此，要区分身体的"物质"真理和它的"文化"真理是不容易的。我不是在说，单纯文化性的符号制造了物质身体，而只是想说，如果没有这些符号，身体在性方面就难以解读，而这些符号既是文化的也是物质的，不能被简化。

那么，针对 DSM 性别认同障碍诊断法的各种观点，采用了哪些关于自主权的说法？我们要如何构想自主权，才能解决关于保留还是去除这种诊断法的争议？很明显，并不是所有被诊断有 GID 的人都会或都希望成为变性人。但是，不论怎样，因为有人将这种诊断法用于变性目的，所以他们都受到了影响，因为使用这种诊断法会加强它作为有用工具的地位。这并不是不再使用它的理由，但这也说明，存在着某种风险及某些隐含意义。如果加强这个诊断法，带来的效果可能是使用者所不希望的或不原谅的。而且，虽然它可能会满足对某个人十分重要的需求，为性别转换提供地位和资金上的保障，但是，它也可能会被医疗和精神病学机构利用，把病理化影响延伸到变性者、变性／跨性青年以及男女同性恋和双性恋人群。从个人的角度看，可以说这种诊断法作为手段可以增强个人表达及决定。的确，它算得上一种基本手段，能让人通过转换让生活过得下去，而且这种手段提供了基础，让人可以作为具身化的主体好好过日子。另一方面，这种手段有不受控的一面，而且它会让某些人的生活更加艰难，比如，由于这种诊断法本身的污名（或更确切地说，这种诊断法本身所推广的污名），有些人会因为受到病理化对待而十分痛苦，有些人会失去某些权利和自由，比如孩子的监护权、工作、住房等。生活在一个没有这种污名、没有这种诊断法的世界无疑是最好不过的，但是，我们生活的世界并不这么美妙。此外，如果逾越了性别规范，人们的精神健康会受到深深的怀疑，而这种怀疑从结构上影响着大多数心理学话语和心理机构，影响着处理性别的医疗方法，影响着法律和经济制度（这些制度决定了我们如何、能否获得经济资助和医疗福利）。

然而，从自由的角度看，需要提出一个重要的观点：自由会采取什么具体形式，取决于当时决定人类选择的社会条件和社会制度——记住这一点很重要。有些人宣称，变性是，或者说应该是一种与选择相关的事情，一种对自由的行使。这种说法当然是正确的，而且他们也正确地指出，心理学和精神病学专业设下的种种障碍实际是家长式权力的具体形式，通过行使这种权力，一种基本的人类自由被压制住了。这些观点底下浮动着的是对性别转换的自由主义态度。"哈里·本杰明国际性别不安协会"的主席理查德·格林（Richard Green）是变性权利（包含了作为家长的变性者的权利）的有力支持者。他在这个问题上认为，这是有关个人自由及隐私的事情。他引用约翰·斯图尔特·密尔（John Stuart Mill）的话说，密尔"有力地提出，成人应该能够随心所欲地对待他们自己的身体，只要这样做不会伤害他人。因此，如果第三种性别、变性者或即将截肢的人能够在手术后继续承担社会责任,那么,他们要求手术就不关社会的事"。[1] 尽管格林作出了他自己所称的"哲学式的"论断,但他也提到,我们应该考虑应该由谁来买单,以及社会是否有义务为一种被当作是行使个人自由的手术买单。

对于 GID 这个诊断法,基督教权利右派认为,我们应该全心全意地接受它,他们还说:"不要将这种诊断法从我身边夺走!请将我定为有病吧!"我发现,除了基督教右派,这个领域内并没有多少作品出现。当然,也有很多精神病专家和心理学家坚持把 GID 当成一种疾病。乔治·瑞克斯(George Rekers)是南卡罗来纳大学的神经精神病学及行为科学教授。他研究资金丰厚,著述众多。他的研究一方面立足于好辩的政治保守主义,另一方面延伸并加强了对这种诊断法的使用。[2] 他关注的似乎主要是男孩、男孩如何成为男人,以及在异性恋婚姻中男人如何成为强大的父亲。他也将 GID 的出现归因于家庭的破碎,归因于男孩生活中失去强大的父亲形象,归因于据说由此引起的"不安"。

---

[1] 理查德·格林,《变性与性别再指定》。——原注
[2] 参见,比如说,乔治·A. 瑞克斯发表于《家庭与文化杂志》(*The Journal of Family and Culture*)的文章《性别认同障碍》("Gender Identity Disorder")。此后,该文在修改之后,又于 1996 年发表在基督教领导组织(Christian Leadership Ministries)的一份杂志《人与性》(*The Journal of Human Sexuality*)中,参见 www.leaderu.com\jhs\rekers。他建议,人应该皈依基督教,以"治愈"变性欲望。他还在自己写的《儿童及青少年性问题手册》(*Handbook of Child and Adolescent Sexual Problems*)中给那些所谓受这种症状"折磨"并"悔恨"的人提供心理指导。——原注

他的讨论明显关注男孩中出现的同性恋倾向：他在作品中援引了1994年版DSM的总结，认为在有性别认同障碍的年轻人中，75%成年后会变成同性恋。在瑞克斯发表的众多研究作品中，充满了来自经验研究中的"数据"。尽管有很大争议，但他把自己当成一名科学家、经验主义者，而且他认为自己的反对者充满了意识形态偏见。他写道："一代人已经被关于男女角色的激进意识形态迷惑了，我们需要针对男人和女人的实在研究；这些男女应该是具有确定的男性身份或确定的女性身份的良好样例。"[1] 他的"实在研究"的目的是要证明，把性别规范与对这些规范的偏离清楚地区分开会"对家庭生活和更大范围的文化"带来何等益处。同样地，瑞克斯也指出，"已发表的初步发现显示，宗教皈依对治愈变性具有正面疗效……且教会对悔改的同性恋者也会产生正面疗效"。[2] 对于女孩，他似乎相对没那么关心，在我看来，这完全体现了他对父权的极度关注，体现了他无法看到各种女性可能给他对男权的种种设想带来威胁。男性特质的命运吸引了他研究的注意力，因为，作为一种脆弱的、易犯错误的建构，男性特质需要获得婚姻和稳定家庭的社会支持，才能找到它的坦途。的确，在他看来，男性特质自身并不稳定，需要得到各种社会力量的庇护、支持，这说明男性特质本身要发挥作用，需要依赖这些社会组织形式，离开了它们，它就不再具有内涵。不论怎样，

---

1 瑞克斯，《性别认同障碍》。——原注
2 瑞克斯，《性别认同障碍》。——原注

总有人像瑞克斯一样顽固、好辩，他们不仅想要保留这种诊断法，而且想加强它，并且他们加强这种诊断法的政治理由十分保守，目的是加强支持常态的结构。

反讽的是，正是这些支持常态的结构，从一开始就催生了对这种诊断法的需求——它会给那些需要靠它来实现转换的人带来好处。

那么，这样的反讽也体现在，那些因这种诊断法受苦的人也发现他们离不开这种诊断法。事实是，在现有的情况下，一些人有理由担心，取消这种诊断法，或是让人们无法再从这种诊断法中受益，会产生很坏的后果。或许，为了女变男的转换（包括双侧乳房切除和很不错的阴茎再造），富人付得起成千上万美元的所需费用，但大多数人，尤其是穷人和工薪阶级的变性者，承担不起这样的账单。在美国，社会化医疗基本上被当成一种共产主义事物。至少在美国，如果不首先确定变性具有严肃的、经得起考验的医疗理由及精神病学理由，很难让政府或保险公司为这样的医疗手术掏钱。要让他们这样做，就要先确定冲突的存在，确定病人遭受了巨大痛苦，确定一个人持续不断地想变成另一种性别，而这个人必须先试验全日换装，以确认是否会适应变性后的生活，同时，这个人还要接受一系列疗程，获取医生的证明信，以证明这个人的心理状态是平衡的。换句话说，正像福柯说的那样，为了获取行使自由的可能，必须先顺服于一种控制机制。一个人要顺服于标签和名称，顺服于侵犯和侵略；要受到常态标准的衡量；还得要通过测试。有时候，这就意味着，需要变得对这些标准了如指掌，需要知道如何呈现自己，好让自己看起来是合适的变性候选人。有时，治疗师会发现自己处于一种困境中，被要求给他们想要帮助的人提供证明信，但同时，他们又痛恨自己必须用诊断的语言来写这封信，才能帮他们的客户创造想要的生活。

从某种意义上说，围绕这种诊断法的规范性话语获得了一个新生命：它可能并没有描绘出，利用这种语言来达到目的的病人是什么样的；它可能没有反映出给这种诊断法签上自己的名字、开了绿灯的治疗师有什么信仰。策略地对待这种诊断法牵涉到一系列个人，他们使用着并不代表现实情况的语言，也不完全相信他们自己说的话。使用这种诊断法来达到目的要付出代价，代价就是一个人不能用语言表达自己的真正所想。一个人为了自由付出代价，牺牲了自己真实地使用语言的权利。也就是说，一个人在买到某种自由的同时，放弃了另一种自由。

或许，这会让我们更好地理解，这种诊断法带来了怎样的自主权的难题，让我们更好地理解自由是如何通过特定的社会方式来决定和表达的。想要开始这种转化，只有一种办法，那就是，学会使用一种并不属于你的话语来表述你自己。在这种自我表述中，这种话语把你抹杀了。你希望用自己的语言来描述自己是谁、怎么成为现在的你，以及你从生活中希望得到什么，但这种话语把你希望使用的语言否定了。在否决这一切的同时，这种话语又做出承诺（如果说不算是讹诈的话）：如果你同意伪造自己，就有机会得到你想要的生活，得到你想要的身体和性别。就这样，这种话语支持和认可了这种诊断法背后的权力，使它在未来能被施加到更多人头上。如果有人支持选择权、反对这种诊断法，那么，这个人就必须能应对这个决定带来的后果：去除这种诊断法会给那些无法支付现有医疗资源的人带来经济上的巨大后果，而他们的保险（如果说有这样的保险的话）不会把这种选择当成保险所涵盖的选择性治疗。即使地方法规得以通过，让希望获得这种治疗的城市工人获得保险（就像旧金山现在做的那样），人们还是要通过诊断性测试。因此，选择显然要付出代价才得到的，而有时候这个代价是真理本身。

根据这样的情况，如果我们想要支持穷人，支持在这个方面没有保险的人，我们似乎就必须争取保险涵盖面的延伸，接受美国医学会（American Medical Association，AMA）和美国精神病协会认可并编入DSM-IV的诊断范畴。将与性别认同相关的一切去病理化、把选择性手术和激素治疗作为保险涵盖的合法择期治疗项目的诉求似乎注定要失败。这不过是因为，大多数医疗、保险及法律从业人员，只有在我们谈论的是疾病的前提下，才会支持我们使用性别改变技术。一味地强调我们的要求很强烈、我们的要求是合法的，被证明是没有用的。有一些理由既有道理，照理说也能让保险公司让步，这样的理由包括：这种转化能让一个人实现作为人的某些可能性，它们会让生命蓬勃；或者说，这将让人走出恐惧、羞耻及麻痹，让他们提高自尊、提高与他人形成紧密纽带的能力；或者说，这种转化能帮助缓解巨大的痛苦，或是帮助实现获得某种身体形式（这种身体形式表达出根本的自我感）的基本人类欲望。然而，某些性别身份诊所，比如明尼苏达大学的沃尔特·博克廷（Walter Bockting）博士主持的诊所确实会提出这样的观点，并为在这个问题上愿意作出选择的人——不论是作为跨性或变性者来生活、成为第三种性别，还是考虑投身于看不到结果也不一定会有结果的转变过程——提供了治疗方面的支持。[1] 但即便是这个诊所，也要向保险公司提供符合DSM-IV规定的材料。[2]

通过策略性地对待这种诊断法来行使自由，也会造成一定程度的不自由，因为这种诊断法本身会贬低确诊者的自我决定能力；但矛盾的是，它有时也加强了这些人的自我决定能力。一方面，当我们策略性地使用这种诊断法，当这种诊断法暗中推翻了这样一个假设——确诊者陷入了无法作出选择的状态——的时候，使用这种诊断法就可以颠覆这种诊断法的目的。另一方面，为了通过测试，一个人就必须屈从于这个诊断法的语言。尽管这个诊断法宣称它的目的是想要知晓一个人能否遵循另一种性别的规范成功地生活，但似乎GID提出的真正测试是，一个人能否服从这种诊断法的语言。也就是说，问题并非在于你能否遵从另

---

[1] 参见沃尔特·O. 博克廷和查尔斯·塞萨莱蒂（Charles Cesaretti），《灵性、变性身份与出柜》("Spirituality, Transgender Identity, and Coming Out")，以及沃尔特·O. 博克廷，《从建构到环境：通过变性者的眼光看性别》("From Construction to Context: Gender Through the Eyes of the Transgendered")。——原注

[2] 在他的文章《性别不安的评估和治疗》("The Assessment and Treatment of Gender Dysphoria")中，沃尔特·O. 博克廷绝妙地描述了，诊所如何在给客户提供支持环境的同时也试图利用这种诊断法来获取盈利。——原注

一种性别的生活规范，而在于你能否遵从定义了这些规范的**心理学话语**。

让我们来看看这种语言吧。在DSM中，关于GID的部分一开始就清楚指出，这种诊断包含两个部分。第一个部分是，"必须存在较强的、持久的跨性别认同"。我想这并不容易确定，因为认同并不一定会表现出来：它们可能保留着秘密幻想的某些方面、梦的一部分或行为的未成形结构。但是，DSM要求我们在研究认同的时候多一点实证主义精神，认为我们有能力通过解读行为而获知在特定个体的精神生活中有哪些认同在进行。跨性别认同的定义是，一种想要成为另一种性别的"欲望"，"或坚称自己是另一种性别"。这句话中的"或"很有意义，因为它暗示了，一个人可能想要成为另一种性别（我们暂时不必探究"另一种性别"究竟是什么，而且顺便说一下，在我看来，这个问题并没有明晰的答案），同时又不一定坚持认为自己就是这种性别。这是两种分开的标准，它们不一定前后脚一起出现。因此，如果有什么方法可以断定某人具有这种"想要成为什么"的欲望，即使他或她并不非要这样，这也还是可以作为可靠证据，让我们相信跨性别认同正在发生。而且，如果有人真的"坚称自己是"另一种性别，那么，这可以作为一个单独的标准，一旦符合标准，就足以得出跨性别认同正在发生的结论。在第二种情况中，必须存在言语行为，坚称自己**的确是**另一种性别；这种"坚称"被视为用自己的言语来表达自己是另一种性别，用言语将这种性别归到自己头上。因此，某些"想要成为"或"坚称我是"的表达被排除在外，无法作为这种诉求的证据。"这种欲望绝对不能是因为成为另一种性别可以得到一些文化上的好处。"让我们在这一点上暂停一下：这种诊断法假设，我们不用考虑成为某种性别可以让我们在文化上得到什么好处，就可以体验性别。这究竟可能吗？如果性别体验是在意义构成的文化环境中发生的，如果性别的意义是相对一个更广的社会世界而言的，那么，我们能不能把对"性别"的体验与它的社会意义——包括权力在这些意义中的运作——分开呢？"性别"是一个可以普遍适用于人的词汇，因此，要把我的"性别"当成是极为特异的东西十分困难。既然这样，那么总的说来，问题就绝不仅仅是"我的性别"或"你的性别"那么简单，而在于"性别"这个范畴怎样超越了个人对它的使用。那么，看起来，要在这种文化体系之外来感受性别，而且要在这一文化体系可能提供的好处之外来理解这一文化体系，是不可能的。的确，当我们思考文化的好处时，不论我们是不是为了得到这些好处而行事，都必须问一问，我们所作的一切是否对我有好处，也就是说，这是否推进或满足了我的欲望、我的向往。

有些拙劣的分析认为，女人会想变成男人，仅仅只是因为在社会上做男人比做女人容易。但是，这些分析并没有问一问，做一名跨性者/变性者是否比以某一种感知上的生物性别（biogender，即一种和出生时性别"相一致"的性别）生活要来得容易。一方面，如果社会优势单方面地决定了这些选择和决定的话，那么，支持社会顺服的力量可能会赢得胜利。另一方面，我们也可以说，如果你想在夜晚的大街戴绚丽的红围巾、穿紧身裙的话，做一名女人的优势会更大。在世界上的某些地方显然是这样的，尽管生物意义上的女性、易装者、跨性别者以及男变女的变性者在街上都有着某些共同的风险，尤其是当他们中的任何人被当成是妓女时。类似地，我们可以说，一般来讲，如果你想在一个哲学讨论课上受到严肃对待的话，做一名男人会有更多文化上的优势。然而，如果男人无法加入讨论，他们就什么优势都没有。也就是说，男人这种身份并不足以保证一个人能够加入讨论。因此，我在想，是否有可能在想要变成某种性别的同时不考虑这样做可能带来的文化优势，因为它所能带来的文化优势针对的对象，正是具有某些欲望、想要利用某些文化机遇的人。

GID诊断法坚持认为，假如有人想拥有另一种性别，或者坚称自己是另一种性别，那么评测这种想法或坚称的时候不能考虑文化优势。如果是这样，这种诊断方式可能误解了参与制造和维系此类欲望的某些文化力量。那么，GID诊断法就必须回应，我们**究竟**能否在权力关系的文化体系之外感受性别——这是一个认识论问题。在这个文化体系中，相对的优势和劣势都只是其中的一部分。

这种诊断法也要求被诊者对分配给自己的性别感到"持续地不舒服"或有"不适感"；正是在这一点上，"事情不对"这种说法介入了。这里的假设是，人们可以有（且确实有）一种合适感，一种"这种性别适合我"的感觉；同时，人们还会有（也能够有）一种舒服感；并且，这里的假设是，如果规范是合适的，就会产生这种舒服感。很重要的一点是，这种诊断法假设性别规范是相对固定的，问题在于你要确定你找到的是正确的那个，它会让你对自己的性别感到舒服、自在。诊断中必须有证据证明"痛苦"的存在——没错，痛苦。而如果没有"痛苦"的话，那么就应该有"缺陷"。在这里，我们很自然地会问以下这些说法都从何而来：痛苦和缺陷，不能在工作场合正常工作，不能做某些日常杂事。这种诊断法假设，一个人之所以会觉得痛苦、不舒服，有不适感，是因为性别错了。因此，服从另一种性别规范如果对这个人是可行的，就会让他/她感觉好得多。但是，这种诊断法并没有询问，被它视为固定不变的性别规范是否有问题，这些规范是否会制造痛苦和不适，它们是否阻碍了一个人工作的能力，或者说，它们是不是一些人或很多人的痛苦之源。它们也没有询问，在什么样的条件下，它们能提供一种舒适感、归属感，甚至成为某种场所，让人类可能性在这里得以实现，让人在这里能感受到未来、生命和幸福。

这种诊断法试图建立起一套标准来鉴定跨性别者，但在阐述这些标准时，这种诊断法用极为僵硬的方法来表述性别规范。它用极为简单的语言描述了性别规范（我用黑体标记出值得特别注意的地方）："在男孩中，跨性别认同体现在他们对传统的女性活动特别着迷。他们可能会有穿女孩或妇女服装的偏好，或者，在缺乏真实材料的时候，**可能会用手头的材料即兴制造类似的东西**。毛巾、围裙和围巾都常常被用来假装是长发或裙子。"这种描述似乎是基于观察结果的收集史和总结史；有人见过有男孩这么做，将它报告了，而其他人也这么做过，这些报告被收集起来，根据这些观察数据做出了归纳总结。然而，是谁观察的？这种观察究竟是怎样进行的呢？我们对此并不清楚。而且，尽管我们被告知男孩中这种认同的标志是沉迷于"传统的女性活动"，但是，我们并没有被告知，这种标志究竟由什么构成。但是它似乎很重要，因为这种"标志"将决定选择什么样的观察数据来作为论点的证据。

实际上，从这种说法引出的一切，似乎对这种说法本身不利，因为，根据这些说法，这些男孩所做的是一系列替代和即兴活动。我们被告知，他们可能会偏好穿着女孩或女人的衣服，但我们并不知道这种偏好是否在实际的易装中体现出来。我们被塞了一种有关"偏好"的模糊说法，而这种说法可能仅仅描述了一种假定的精神状态，或内在倾向，或者说，这种说法可能是根据实践推断出来的。后面这一点似乎可以有多种阐释。我们被告知，他们的实践之一是即兴行为，利用手头的东西，将它们当成女式衣饰来用。而女式衣饰本身被称为"真正的衣饰"，这就是要让我们认为，这些男孩即兴行为所用的材料，即便不能说是不真或是"假"的，起码也不够真，或者和真正的女性衣饰不相干。"毛巾、围裙和围巾都常常被用来假装是长发或裙子。"显然，这里存在着某种想象游戏，以及一种通过即兴行为和替代来将某样东西变成另一样东西的能力。换句话说，这里存在着一种艺术实践，它很难被简单地说成是遵从某个规范的简单行为。某样东西被制造出来，某样东西被从另一样东西制造出来，某样东西被试过了。如果这是一种即兴行为，它并不全是预先编排好的。

这个描述进一步说，这些男孩对"符合刻板印象的女性洋娃娃"——这里提到的是"芭比娃娃"——和"女性的幻想人物"十分沉迷，但它并没有告诉我们，在对性别认同的构想中，洋娃娃和幻想占据了什么地位。要让某种性别成为幻想的场所，或是让所谓的刻板印象成为幻想的源泉，就可能涉及与该刻板印象之间的若干关系。这种刻板印象让人迷恋，可能是因为它由多种因素决定，也就是说，它成为矛盾的欲望汇聚的场域。DSM 的假设是，你玩的洋娃娃是你想要成为的对象。但实际上，或许你只是想成为她的朋友、她的情敌、她的爱人。或许，你同时想成为以上种种。或许，你和她做了某种调换。或许，玩这个洋娃娃就是一种即兴行为，抒发了一系列复杂倾向。或许，在这个游戏中，除了简单遵从某个规范之外，还混杂了某件别的事情。也许，这种规范本身正在被把玩、被探索，甚至被打破。如果我们想要提出并探讨这些问题，就需要将游戏当作一种复杂的现象，而不像 DSM 那样简化它。

根据 DSM-IV，你可以通过女孩和她们的父母之间关于到底要穿什么衣服的争论，来判断她们是否有跨性别认同。看起来，她们偏好男孩的衣服和短发，她们的朋友主要是男孩，她们表达了一种想变成男孩的欲望，而且，很奇怪地，"她们经常被陌生人误认为男孩"。在此我想弄清的是，一个人的跨性别认同的证据怎么可以用陌生人将其误认成男孩这件事来确定。这好像是将随意的社会认定当成了证据，就好像这个陌生人**知晓**这个女孩的心理构成，或是好像这个女孩要求这个陌生人来解读她。

DSM接下来还说，这个女孩"可能要求别人用男孩的名字来称呼她"。但即便如此，似乎她是先被当成男孩来称呼，然后仅仅是在被这样称呼之后才想要得到一个能够确认这种称呼正确性的名称。DSM提供的语言再一次抵触了自己的观点，因为它希望能将跨性别认同当作是性别认同障碍的一部分，并把它当成是一种能治好的心理问题。在它的想象中，每个人和自己的"指定性别"之间都有一种联系，而这种联系要么是一种不舒服且痛苦的联系，要么是一种舒服而平静的关系。但是，即使是"指定性别"这个概念——即出生时被"指定"的性别——也暗示说，性别是通过社会方式制造、传递的，它并不仅仅是作为我们对自己的一种私人看法来到我们身上的；它是一种批判质询，而我们会对指定给我们的社会范畴进行这种质询。这种社会范畴在一般性（generality）及权力上超越了我们，但同时也把身体作为场所来例证自己。有趣的是，DSM试图将性别当作一套大致固定的、常规的规范，虽然它也不断在给我们相反的证据，甚至好像它是和自己的目的反着来的。男孩们做着即兴的替代活动，而不去遵从已有的规范；而女孩们似乎对社会指定有所理解，她们明白，如果有人把她们当成男孩称呼会发生什么，以及这会使什么事成为可能。女孩被人误认为男孩时，把握住了这偶然的机会。然而，我并不觉得，这就为某种已有的"精神障碍"提供了证据。相反，她只是展现了性别通过指定而形成，这种方式为性别的再指定打开了可能性，正是这种可能性刺激了她对能动性、游戏和可能性的感觉。男孩把围巾当成别的东西来玩，他们已经熟悉了这个充满道具和即兴展演的世界。就像他们一样，女孩抓住了别人用其他名字来称呼她的可能性，并在社会世界的环境中探索给自己命名的可能性。她们没有简单地给内在心理状态提供证据，而是在做某些行为，甚至进行实践，而这些实践对性别本身的制造来说是至关重要的。

正像不少精神病学家一样，DSM输出了同情（compassion）这种特定的话语，暗示说带着这种精神疾病生活会产生痛苦与忧愁。关于这个论题，DSM有自己的一套说法："幼童如果对他们的指定性别表达了忧愁，就会表现出痛苦"。在这里，引起忧愁的，似乎仅仅是一种内在欲望，而不是因为此类儿童缺乏社会支持，不是因为作为他们倾诉对象的成人给他们进行诊断和病理化，不是因为他们表达忧愁的对话是在性别规范设定的框架中进行的。DSM认为自己是在诊断一种痛苦（但实际上，正是因为这种诊断，这种痛苦才需要得到缓解）；与此同时，它也认为，"社会压力"会造成"此类儿童的极端孤立"。DSM没有谈及自杀，尽管我们知道同辈的青少年对跨性别青年的压力可以引发自杀。DSM没有谈到青少年可能会面临死亡或谋杀的危险，而2002年，在离我加州的家仅几英里的地方就发生了谋杀：跨性别者格温·阿劳荷身着连衣裙去参加一个青少年派对，她的尸体后来在希尔拉丘陵被发现——她死于殴打和窒息。

在我们居住的世界里，暴力导致的死亡和自杀仍是真正的问题。但显然，由此引起的痛苦还不是GID诊断的一部分。DSM简要讨论了被委婉称为"同伴的取笑和排斥"的问题，然后评论道:"儿童可能因为取笑或因为要穿与他们的指定性别相一致的服装感受到压力,因而拒绝上学。"在这里,这个文本的语言似乎认为,社会规范的压力可能会损害日常行为。但是在下一个句子中,"干扰日常活动"的原因是这个人过度沉溺于自己的跨性别愿望,并因此陷入了社会疏离的境地;这就将社会规范造成痛苦的责任推给了个人。DSM把针对跨性别青少年的社会暴力委婉地称为取笑和压力,并把由此造成的痛苦说成是一种内在问题,一种痴迷和自我沉迷的标志,也就是说,这一切都被看成是这些欲望本身造成的结果。事实上,这里提到的"疏离"是真实的吗?社区支持是否淡出了观察的视线?而且,疏离的出现是不是一种病理信号?还是说,对某些人而言,这是公开表达某些欲望所付出的代价?

然而,最令人担忧的是这种诊断法本身如何成了一种社会压力,从而引发痛苦,将愿望视为病态,对在公共团体场合表达这些愿望的人加强了管理和控制。的确,我们不得不问,给跨性别青少年下诊断的做法,是否像同伴压力、升级版的嘲弄或委婉版的社会暴力一样发挥作用?如果的确如此,那么,我们应该如何回到"这种诊断法究竟能为我们提供什么"这个棘手问题上去?如果这种诊断法的贡献部分就在于它提供了一种社会承认形式,如果这种社会承认采用的形式就是这种诊断,如果只有通过这种社会承认,第三方(包括医疗保险)才能自愿付款,通过医疗和技术达成性别转换,那么,完全取消这种诊断法究竟有没有可能?从某种角度说,我们最终面对的困境取决于哪些条件限制了社会承认。即使我们相信公民自由主义立场,将社会承认当作个人权利来理解,事实却是,个人权利只能通过社会和政治方式得到保护和实施。坚持一种权利并不等同于有能力行使它,而在我们讨论的问题中,唯一能被承认的权利就是:"作为一种疾病获得治疗,并利用医疗和法律帮助治好它"。要行使这种权利,我们就得屈从于一种病理化话语,而通过对这种话语的屈从,我们也获得了某种权力、某种自由。

我们可以且有必要认为,这种诊断法可以让痛苦减轻;同时,我们可以且有必要认为,也正是这种诊断法加重了本需缓解的痛苦。在当前牢牢树立的社会条件下,性别规范是以惯常的方式表达的,偏移规范就会被视为可疑;这种情况下,自主权只能是个悖论。[1]当然,我们可以搬去一个政府会为性别再指定手术付账的国家,可以申请"变性基金"的资助(这个基金是广大社区为那些无法支付高额费用的人提供的),甚至可以申请"经费"的帮助(这种经费允许进行"美容手术")。已经有运动出现,让跨性/变性者自己成为治疗师和诊断师;对有需要的人而言,这样的运动会有所帮助。我们不乏办法来绕过困境,直到困境消失。但是,如果想要这个困境最终消失,那么,决定如何理解性别身份和精神健康之间关系的规范必须发生巨大变化,使得经济

---

[1] 在上面提到的讲话中,理查德·格林提出,自主权和屈服之间的关系并不是一种悖论。真正的悖论在于,变性的需要是通过自我诊断得出的结论。他写道:"我们很难找到一种别的精神病或医疗情况,像我们手头的这一种一样,病人自己做出诊断,并给自己开了这样的治疗处方。"——原注

和法律各项制度不得不承认，成为某种性别对一个人的人格感受、幸福感有多么重要，对他／她作为有身体的生命而恣意生长有多么重要。一个人需要社会世界以一定的方式存在，从而得以有权拥有自己的东西。但是，自己拥有的东西，总是从一开始就取决于那些不属于自己的东西，取决于各种社会条件，而怪异的是，这些社会条件会剥夺和消解人的自主权。

从这个意义上说，为了成全（do）自己，我们就必须先消解（undo）自己：我们必须成为"存在"的大社会结构的一部分，以把我们自己塑造出来。当然，这是自主权的悖论，而当性别规范开始在不同层次麻痹性别的能动性时，这个悖论就会加剧。除非这些社会条件发生巨大变化，否则，自由往往要求不自由，而自主权则将和顺服纠结在一起。如果社会世界——这是我们在根本上不自主的象征——为了争取自主权而必须改变，那么我们就证明了，个人选择从一开始就依赖于什么人都无法定下的条件，而且只要世界没有发生剧烈改变，就没有人能做选择。这种改变来自集体或零散行为的累加，它不属于任何单独主体，但这些改变的结果之一就是，我们将有可能像一个主体一样去行动。

第五章　亲缘关系总是以异性恋关系为基础的吗？

同性婚姻问题和同性亲缘问题并不一样，但在美国大众舆论中，这两个问题似乎被混淆了。我们会听到舆论说，婚姻不仅是，也应该依旧是一种异性恋的制度和结合，而且，如果不采用一种被承认的家庭形式，亲缘关系就不能也不够格作为一种亲缘关系来运作。要把这些观点串联起来，有几种办法。其中一种宣称，有必要对性进行管理，让它服务于生殖关系；婚姻给予家庭形式合法地位（或者说，婚姻通过给予合法地位来保障家庭形式），它**应该**依然成为平衡这些制度的支点。

显然，这种关联面临很多挑战，而且在美国国内和国际上，这些挑战采取的形式不一样。一方面，有各种社会学方式显示，在美国持续存在着一些并不符合核心家庭模式的亲缘关系。它们依赖于生物和非生物关系，超越了现有司法定义的范围，依据难以形式化的规则来运作。如果我们把亲缘关系理解为一套实践行为，它们制定了各种各样的关系，而这些关系协商着生命的繁殖和死亡问题带来的需求，那么，亲缘关系的具体实践所要应对的，是人类依赖性的基本形式。这些形式可能包括生殖、抚养、有关情感依赖和情感支持的各种联系、代际纽带、疾病、弥留以及死亡（这些只是其中的一些形式）。亲缘关系不是一个完全独立自主的领域，它不会号称要通过某种定义似的法令与社群和友谊——或者国家法规——完全区别开；同时，亲缘关系也并没有"结束"或"死去"。正如戴维·施耐德（David Schneider）所说，它只不过是已不能再用传统方式来形式化、来追踪研究，就像民族学家们过去曾试图做的那样。[1]

近年来，在社会学领域，关于亲缘关系的概念，已经和有关婚姻的设想分离了。以卡罗尔·斯塔克（Carol Stack）的著作《我们所有的亲戚》（*All Our Kin*）为例。这本书研究的是城市非裔美国人的亲缘关系；它显示了亲缘关系如何通过一个女性网络——其中有些通过生物纽带联结，有些则不是——就能很好地运转。[2] 奴隶制对非裔美国人亲缘关系的持久影响，是纳撒尼亚尔·麦基（Nathaniel Mackey）和弗雷德·莫腾（Fred Moten）最新研究的关注点。这种持久的影响显示，奴隶制剥夺了亲属关系，导致在非裔美国人的生活中持续存在着"受伤的亲缘关系"。如果就像塞迪亚·哈特曼（Saidiya Hartman）所说，"奴隶制是亲缘关系机器里的幽灵"，[3] 这是因为非裔美国人的亲缘关系既受

---

1 参见戴维·施耐德在《对亲缘关系研究的批评》（*A Critique of the Study of Kinship*）一书中的重要分析。施耐德展现了民族学描述对异性恋和婚姻纽带的不恰当假设如何严重地破坏了亲缘关系的研究方法。也请参见他的《美国亲缘关系》（*American Kinship*）一书。如欲进一步了解对这种批评的延展，尤其是它如何论述婚姻纽带在亲缘关系中的假设性地位，见约翰·博恩曼（John Borneman）在《直到死亡将我们分开：人类学话语中的婚姻/死亡》（"Until Death Do Us Part: Marriage/Death in Anthropological Discourse"）一文中对当代女性主义亲缘关系研究的批判性综述。——原注
2 卡罗尔·斯塔克，《我们所有的亲戚：黑人社群中的生存策略》（*All Our Kin: Strategies for Survival in a Black Community*）。——原注
3 2001年春天与塞迪亚·哈特曼的对话。——原注

到了国家的严密监控,又是病理化的对象,这已经造成了一个困境,让非裔美国人在持续丧失社会和政治合法性的环境中陷入各种规范化压力。结果就是,把亲缘关系和财产关系(把人想象成财产)分开,把亲缘关系和"血缘"虚构分开,把亲缘关系和维系这些血缘的国家和种族利益分开,是不可能的。

凯斯·韦斯顿(Kath Weston)已经给我们提供了对男女同性非婚亲缘关系的人种学描述。这些关系在异性恋家庭纽带之外出现,它们只在某些情况下部分地借用了家庭形式。[1] 列维-施特劳斯学派的观点认为,亲缘关系通过婚姻纽带来协商父系关系。2001年,通过对中国纳人的研究,人类学家蔡华惊人地驳斥了这一观点:在中国的纳人社会中,丈夫和父亲在亲缘关系的决定上都没有显著作用。[2]

婚姻也已和亲缘关系的各种问题分开了,以至于同性婚姻的立法提案经常将收养权或生殖技术排除在婚姻权利之外。这样一些提案在德国、法国都已出现;在美国,成功的同性婚姻提案并不总会直接影响家庭法律,特别是当这些提案的主要目的是建立

---

[1] 凯斯·韦斯顿,《我们所选择的家庭:女同、男同、亲缘关系》(*Families We Choose: Lesbians, Gays, Kinship*)。——原注

[2] 在对蔡华的《一个无父无夫的社会:中国的纳人》的介绍中,列维-施特劳斯指出,蔡华发现了这样一种社会——在这里,父亲的角色"被否认或贬低了"。列维-施特劳斯因而暗示说,这种角色很可能还在发挥作用,但被当地这种亲缘关系的实践者否认了。这样一种阐释严重地弱化了这部作品提出来的挑战;在这部著作中,蔡华认为,亲缘关系是以非父系方式来组织的。——原注

国家对二元关系的"象征性承认"时。[1]

要求得到婚姻权利，就是希望国家承认非异性恋结合；在这种想象中，国家扣留了本应不论性取向如何都应一视同仁发放的权利。国家授予这种权利，可能会加剧规范化。主流的男女同性恋运动（典型的例子是人权运动组织）并没有广泛地把这一点视为问题。[2] 然而，如果考虑到围绕亲缘关系的各种难题是如何要求并局限了有关婚姻的辩论，国家的规范性力量就显得很清晰了。在某些情况下，与以下情况相比，象征性地采用婚姻或婚姻式的结合形式，更容易让人接受：改变亲缘关系的条件，改变个人或多人生养、收养孩子权利的条件，改变合法共同抚养孩子的条件。规范化的家庭形式，通过婚姻来确保其二元异性恋的基础；有些亲缘关系偏离了这种家庭形式，出现了变种。这些变种被认为不仅对孩子构成了危险，而且也威胁了公认的自然和文化规律（这些规律被认为维系了人的可理解性）。

针对美国某些关于社会架构和性别关系可变性的观点，法国出现了争论。很重要的是，我们要知道，争论中有人认为，这些观点预示了法国国内的亲缘关系（收养关系）有发生"美国化"

---

1 我推断，近年来，加利福尼亚州（以及其他州）的家庭伴侣法令中，的确有条款直接规定，伴侣的双方均享双亲权利，虽然不少提案也直接要求，把对家庭伴侣的承认与双亲权利分开。——原注
2 参见迈克尔·沃纳（Michael Warner），《正常的麻烦：性、政治以及酷儿生活的伦理》(*The Trouble with Normal: Sex, Politics, and the Ethics of Queer Life*)。——原注

的危险。[1] 本文试图回应这种批评观点（我将在下面第三节中勾勒出这种观点）。这不是为"美国化"辩护，而是指出，第一世界国家中的亲缘关系难题常常反映了他们的忧虑，因为他们担心亲缘关系的可变性会对他们国家的各种计划造成冲击。在这里，我想质询法国有关亲缘关系和婚姻的辩论，目的是揭示支持合法结合的观点如何与国家对可承认的亲缘关系的规范化相辅相成。这种情况延伸了契约权，但又绝对没有破坏父系社会对亲缘关系的假设，没有破坏它所支持的统一国家的计划。

接下来，我要讨论这个当代困境的至少两个方面。在这一困境中，国家被要求承认同性结合，同时又因持续控制规范性的亲缘关系而受到反抗。在这些情况里，国家的面目并不一样，因为我们要求国家在一个方面（婚姻）给予干预的同时又遭受了国家在另一方面（亲缘关系）的过度约束。把婚姻作为诉求，是否会

---

[1] 埃里克·法桑（Eric Fassin）对法美文化关系在性别与性问题上的体现做出过全面讨论，请参见他以下作品（这些作品从许多方面构成了我对这个问题的看法）：《"好警察、坏警察"：八十年代以来法国自由主义话语中的美国模式及反模式》("'Good Cop, Bad Cop': The American Model and Countermodel in French Liberal Rhetoric since the 1980s"，此文未发表），《"思考是好事情"：法国的移民话语及种族话语中的美国参照》("'Good to Think': The Americna Reference in French Discourses of Immigration and Ethnicity"），《学者、专家和政治家：社会学家族》(*Le savant, l'expert et le politique: la famille des sociologues* ），《相同的性别、相异的政治：法国和美国"同性婚姻"辩论的比较与反差》("Same Sex, Different Politics: Comparing and Contrasting 'Gay Marriage' Debates in France and the United States"，此文未发表），《被窃的性别：法国镜子里的美国女性主义》("The Purloined Gender: American Feminism in a French Mirror"）。——原注

让促进另类亲缘关系的可行性更为困难？是否会让促进"儿童"在社会诸形式中的安康更为困难？此外，有些激进运动支持婚姻和亲缘义务之外的多样化性实践，并为之发声；如果我们把婚姻作为诉求，这些激进运动会如何反应？向国家寻求支持，是否预示着激进的性文化的终结？当我们日益沉迷于满足国家欲望时，这些激进文化的前景是否就黯淡了？

同性婚姻：欲求国家的欲求，以及性的黯淡

显然，同性婚姻不仅深深地依靠、利用异性恋关系本身，而且在什么形式的关系应该得到国家立法支持这一问题上对其也有利用。[1] 这场关于合法化的危机可以从若干角度来考虑，但让我们先暂时思考一下合法化可能会变成一件怎样矛盾的礼物。要得到国家合法化，就要接受合法化的条件，就要认识到一个人在公共意义上的人格和被认可的人格在根本上依赖于合法化过程使用的词汇。相应地，界定合法化只能通过某种排除来完成，虽然这种排除不一定明显是辩证的。建立合法的亲密结合的领域要靠制造和加强非法性。但是，这里存在一个更根本的阻碍。如果我们认为合法和非法似乎穷尽了性领域的所有内在的可能性，那么，我们就误解这个领域了。在合法和非法的斗争（斗争的目的是将

1　1999年，加利福尼亚州通过了奈特（Knight）提案。该提案要求婚姻是一种只能由一男一女加入的契约。它是以63%的票数通过的。——原注

非法转为合法)之外还存在一个领域,这个领域很令人费解,且不能以"它是否最终会变为合法"来衡量。这个领域处于非法和合法的断裂面以外;它尚未被视为一个领域、空间、场所;它既不合法也不非法;人们并不直接使用合法性话语来看待它。实际上,作为一个性领域,它没有将合法性作为参照点,作为最高欲望。对同性婚姻的争论就是通过这样一种逻辑来进行的,因为我们看到这个争论几乎立即变成了是否应该将婚姻制度以合法的方式延伸到同性恋人群的问题。这意味着,性领域被以下思维困住了:性被通过婚姻来思考,而婚姻则被看成是合法性的保障。

在同性婚姻或合法结合的例子中,我们可以看到,各种性实践和性关系落到法律(法律让事物变得神圣)范围之外后变得难以理解,或者更糟,变得站不住脚了;我们还可以看到,新的等级系统怎样出现在了公共话语中。这些等级不仅强化了合法酷儿生活和非法酷儿生活之间的区别,而且在非法性的不同形式之间制造了心照不宣的区别。如果一对关系稳定的爱人想结婚却不被法律允许,那么,他们就会被看成是不合法的一对,但是,他们有可能在未来获得合法性。然而,性个体(sexual agents)如果活动于婚姻纽带范围之外,活动于被承认的(即便是非法的)其他形式范围之外,则可能永远无法取得合法性。在政治领域中,如果婚姻制度在社会舆论中占据了首要地位,其他可能的形式就会越来越被忽视。在时间上,这种非法性未来转化的可能被杜绝了。它不仅**尚未变得**合法,而且可以说,它是合法性的不可恢复、不可逆反的过去:它**永远不会**合法,也**从未**合法过。

某种规范危机随即发生了。一方面，重要的是要标明可理解、可谈论的性领域是如何被界定的，这样我们才能看出婚姻之外的选择如何被弄成了无法想象的东西，以及有关谁和什么能被规范涵盖的狭隘争论如何强化了想象性（thinkability）的条件。另一方面，我们总有可能把不可想象性（unthinkability）的地位——如果它有地位可言的话——想象成是最具批评性、最激进、最有价值的。虽然我们无法用性的方式来描摹性的这些可能性，但这些可能性代表了当代性领域中的极点，它们构成了纯抵抗的场域，不受规范控制的场域。但是，在这样一个不可描摹的场域中，应该怎样来思考政治？为了避免被误解，我来提一个同样紧迫的问题吧：如果不考虑这些不可描摹的场域，我们该如何思考政治？

有人可能会希望换上另一套词汇。性进步主义论（sexual progressivism）的历史当然一再出现，它承诺一种新语言的产生、新的存在方式的出现。由于有这个困境，一个人可能会发现自己希望逃出这整个故事，去往既不合法也不非法的空间。但在这个问题上，批判性的立场（它在可理解性的边缘发挥作用）就有被视为非政治的危险。因为政治是由可理解性的话语构成的，它要求我们采取某个立场，不论这个立场是赞同还是反对同性婚姻。批判性反思是任何严肃的规范性政治哲学及实践的一部分。它要求我们探究，关于"什么有资格、什么没资格构成有意义的政治话语"的问题，到底为什么以及如何成了一个问题。在现有条件下，为什么要想"变得具有政治性"恰恰依赖于我们在话语构成的二元结构中操作的能力，而不是去探问、去知晓性领域是通过接受这些条件而被迫受制的？这种动态力量显得尤为强势，因为它通过强制性地把性领域从政治中排除出去来为当代政治领域提供基础。然而，这种排除性力量的运作被设在了竞争领域之外，就好像它不是权力的一部分、不是政治考虑的一个对象一样。因而，要变得具有政治性，行为、言谈要能被认为具有政治性，就要圈定一个不受政治监察的、极为政治的领域。如果没有这个批判视角，政治从根本上依赖的就是对构成其操作领域的各种力量关系的无知以及去政治化。

因此，批判性（criticality）本身并不是一种立场，不是一种能够在可界定领域内确定的场所或位置，虽然我们必须以某种"词语误用"的形式来谈论场所、领域、地盘。批判的功能之一就是监察界定（delimitation）。我提议我们在思考性领域的构成时要具有批判性，要冒批判性的风险，但我并不是想说，我们可以或应该在一个不典型的他处，获得无限制的极度自由。有时，对想当然的条件表示质疑是可能的；但我们不能通过一种思想试验、一种悬置（epoché）、一种意志行为来达到这个目的。我们只有通过经历基础本身的断裂和崩溃来抵达这个目的地。

即使在可理解的性领域内，我们也会发现，那些决定了这个领域运作的二元关系允许存在中间层和混杂层。这说明，这里讨论的领域中并不只存在二元关系。实际上，还存在各种中间层，以及由合法性和非法性构成的混杂层，它们没有清楚的名字。在这些地方，命名本身已经陷入了合法化实践那可变、有时甚至暴力的界限所制造的危机中,这些实践处于不安且有时冲突的相互碰触中。我们无法选择去这些地方停留,它们不是我们可以选择占据的主体位置。这些是非地域(nonplaces),一个人是不由自主地来到这些地方的。的确,在这些非地域中,承认(包括自我承认)如果不是难以捉摸,起码也处于危险境地,尽管一个人可能会为了成为某种可获得承认的主体而竭尽全力。这些非地域不是发表宣言的场所,而是复杂地形中的变化,在这个地形中出现了一个几不可闻的声音:这个声音来自尚未成为主体、几近获得承认的人。

这些空间无法选择。它们的存在说明,让合法与非法之间的区别变得棘手的是社会实践,尤其是性实践,这些实践并不能立马用现有的合法化语汇来顺畅地描绘。这些空间的存在感尚不明确,命名也很困难。我看起来是认为我们应该追求这样的存在不确定、命名困难的场域,但实际上,我想表达的观点稍有不同,即我们应该关注对可能性的排除(foreclosure);这往往发生在一个人为了申明自己的政治主张而把性领域中最易读懂的选项自然化的时候。排除是我们一再无意识地施行的一种政治行为,关注这样的排除会让我们有可能形成一种不同的政治概念,这种概念关注自己是否会被预先排除,把它当作自己的有意之举带来的结果。然而,对这一艰险的领域,我们也应该保持两种态度,因为无论是排除的暴力(用来稳定激进主义领域)还是批评上的麻痹(发生在基础反思层面)都是不够的。在同性婚姻这一问题上,在维系批评性视角和发出清晰的政治宣言之间保持一种张力就变得日益重要。

我在这里不是说,面对同性婚姻和亲缘关系的论战,我们必须采用批评立场,而不是政治立场,就好像我们可以且应该区分二者。只有包含了批判理解的政治,才是唯一能被称为有反思、不教条的政治。具有政治性,不仅仅意味着要采用一种单一、持久的"立场"。比如,要一个人申明是赞同还是反对同性婚姻不是一件容易的事,因为情况可能是,这个人即便不打算这么做,也可能会为了那些希望得到这种权利的人去争取该权利。或者说,一个人可能并不赞同同性婚姻,却为了反对针对同性婚姻的恐同话语而支持它。也可能一个人坚信同性婚姻是男女同性恋都应该踏上的最佳路径,且希望将其树立为一个新的规范、未来的规范。也可能是一个人不仅为自己也为别人而反对同性婚姻,而这种反对的最终目的是改写友谊、性契约和社区的社会组织形式,以制造不以国家为中心的支持形式和结盟形式,因为婚姻具有历史重量,它只有通过将自己延伸为一种规范(因而也就杜绝了其他选择)才能成为一种"选择",且这种规范延伸到了财产关系上,并让性的社会形式更加保守。即便一个进步的性运动想让非异性恋者拥有婚姻这种选择,但这样做暗含的前提是婚姻应该是认可合法的性关系的唯一形式——这样的前提是保守的,因而不可接受。即使这里的问题不是婚姻,而是法律契约(即让家庭伴侣关系成为法律契约),仍然会存在某些问题:为什么婚姻或法律契约就应该成为分配健康福利的基础呢?为什么不能有别的方式来安排健康福利,使每个人不论婚姻状态如何都享有这些福利？如果有人认为婚姻是保证这些权利的方式，那么，他／她是不是也认为，和健康保障一样重要的权利应该以婚姻状态为基础来分配？这会怎样影响未婚者、单身者、离异者、无兴趣者、非一夫一妻制者呢？如果我们把婚姻延伸为一种规范，会如何减弱性领域的清晰度？[1]

不管一个人对同性婚姻持什么观点，对从事性研究工作的人而言，都面对着这样一个任务：回应针对同性婚姻提议出现的最恐同的观点。这些观点中有许多不仅来自恐同情绪，而且常常聚焦于对生育关系的恐惧，关心这些关系是自然的还是"人为"的——这会对孩子，可怜的孩子，有何影响？他们把孩子看成是自私或顽固的社会进步论的牺牲品。的确，对同性婚姻和同性亲缘关系（二者常常被搅在一起）的争论已经成了表达各种担忧的替代场所：对其他政治问题的担忧、对技术的担忧、对新人口形势的担忧、对国家统一和传承的担忧，以及对女性主义的育儿做法的担忧——女性主义在育儿问题上已经在家庭外有效打开了亲缘关系，把它开放给陌生人。法国的"公民团结公约"（pacts of civil solidarity，PACS）是一种非婚姻选择，通过它，两个没有血缘关系、不论性取向如何的个人都可以结合。围绕 PACS 出现了论争，而该提案的通过最终取决于禁止非异性恋伴侣领养孩子和

---

[1] 参见西尔维安娜·阿加辛斯基（Sylvaine Agacinski）与埃里克·拉米恩（Eric Lamien）和米歇尔·费埃尔（Michel Feher）的访谈《有关亲养的问题》（"Questions autour de la filiation"）；亦请参见米歇尔·费埃尔的出色反驳《对"性别政治"的一些思考》（"Quelques Réflexions sure 'Politiques des Sexes'"）。——原注

使用生殖技术。德国最近也提出并采纳了同样的规定。[1] 在这两个案例中，我们都能看到，儿童在这场论争中成了文化传承和繁衍的焦点，在这个焦点上，"文化"暗含了维系种族纯粹和种族优势的规范。[2] 在法国，有观点认为，如果合法结合的同性恋伴侣有孩子，就会威胁到"文化"（出于此处讨论的目的，我暂且不谈"有孩子"的"有"是什么意思）。在这种观点与关于移民问题和"何为欧洲"的问题的观点之间，我们可以看到一种交换。"何为欧洲"的问题间接或直接地引出了以下疑问：什么是真正的法国？它的文化基础是什么？按照帝国主义逻辑，这里的"文化"指的是普遍意义上的、不变的文化。这些论争不仅聚焦于"何为文化"以及"谁能被接纳"的问题，也涉及应该怎样繁衍文化主体。它们还涉及国家的地位问题，尤其是国家对性结合形式承认或不承认的权力。的确，反对同性婚姻的观点总是间接或

---

[1] 在德国，伴侣登记法案（2001年8月）清楚地规定，进入这种结合的双方是同性恋，这项法律是让他们有责任维持相互支持、相互负责的长期关系。因此，这项法律认为，被认定为同性恋的双方有义务采纳类似婚姻的社会形式。法国的PACS只是简单地把契约的权利延伸到两个愿意进入契约的人身上，以便他们共享或赠与财产，而德国的这种方法以一种新黑格尔式的方式要求契约反映一种特定的生活形式，这种形式明显类似婚姻，值得国家的承认。参见第十四届德国联邦议院，2001年3月20日，14/5627号印刷物。——原注

[2] 在《美国女王去了华盛顿：关于性和公民身份的文章》(*The Queen of America Goes to Washington City: Essays on Sex and Citizenship*) 一书中，劳伦·贝兰特（Lauren Berlant）令人信服地提出："在摇摇欲坠的特权阶级的反动文化中，国家的价值并不会体现在一位已经存在的成年劳工身上，而是体现在一个未来的美国身上，不论这个美国是新生的还是史前的：美国的胎儿和美国儿童的身上尤其寄托了这种希望。"见第5页。——原注

直接地关系到国家应该做什么、应该提供什么，以及何种亲密关系应该得到国家的合法化。这种想让国家不承认非异性恋结合的欲望究竟是什么？而想迫使国家提供这种承认的欲望又是什么？对于论争的双方，问题不仅是国家应该让哪些欲望关系合法化，也在于谁可以欲求国家、**谁可以欲求国家的欲求**。

实际上，问题更加复杂：谁的欲望有资格成为被国家合法化的欲望？谁的欲望有资格成为国家的欲望？谁会欲求国家？谁会被国家欲求？反过来说，当一个人想让婚姻获得"国家承认"时，这种欲求很复杂；而当一个人想限制他人拥有的承认的范围时，他的"不欲求"也很复杂。当然，这只是单纯的猜想，但或许学术研究可以成为展开这些猜想的社会场所。国家就成了实现幻想的手段：欲望和性被批准、被证明是正当的、被了解、被公开确立、被想象成是永恒和持久的。而且，就在这个时候，欲望和性被剥夺、被置换，以至于一个人"是"什么、一个人的关系"是"什么都不再是私事了。实际上，反讽的是，我们可以说，通过婚姻，个人的欲望取得了一定程度的匿名性，可以相互交换，变成由公共手段来协调，也就是说，成了一种合法化的公开的性。但事情不仅如此。婚姻至少在逻辑上会给予普遍承认：每个人都得让你进医院的大门；每个人都必须尊重你哀悼的权利；每个人都会认为你抚养孩子的权利是天经地义的；每个人都认为你的婚姻关系已提升到了永恒的境地。这样，想得到普遍承认就是想得到普遍性，想在具有普遍性的同时具有互换性，想走出未被认可的关系带来的特异性（这种特异性让人孤独），以及可能是最重要的，想要在与国家的那种想象的关系中获得位置、获得神圣化。位置和神圣化当然是极具力量的幻想，而且，当我们考虑到争取同性婚姻这件事时，它们就披上了幻影似的衣裳。国家作为场域，可以重新抒发宗教欲望、救赎、归属感以及永恒感。而且我们也可以探究，当性进入这个幻想圈子后会怎么样：它的罪、它的不正常、它的历史断裂、它的非社会性、它的幽灵性是否得以减轻？如果这一切都得以减轻，那这些否定力量又去了哪里？是不是说，它们不太可能被投射到尚未进入或不会进入这个神圣领域的人身上？这种投射是否采取了从道德上评判他人、引发社会驱逐的形式，从而变成一个场所，让合法和不合法的性关系新等级在这里得以建立？

可怜的孩子和国家的命运

在法国，有用民事结合方式（PACS）作为婚姻之外的选择的提议，它一方面寻求避开婚姻制度，另一方面试图保障合法纽带。然而，只要涉及生育和领养问题，就面临着一种限制。的确，在法国，对生育问题的关注和对传承有特色的法国文化的关注息息相关。就像上文提到的，我们可以看到人们暗地里将法国文化与普遍性等同，这对关于国家的幻想深具影响。要理解这场论争，很重要的是认识到，"非异性恋双亲的孩子"这个角色是如何成为表达对文化纯粹性和文化传承的忧虑的场所的。在最近有关 PACS 的争吵中，唯一能使提案通过的方式就是否决非异性恋关系者联合领养的权利。的确，正如埃里克·法桑（Eric Fassin）和其他人所说的那样，在法国，最引发忿恨的不是对婚姻本身的改变，而是对亲养权利的改变。[1] 在一定范围内，契约的生命可以得到延伸，但亲养权利不能。

围绕否决公开的同性恋者的领养权利，出现了一些文化评论。在这些评论中，颇有些名气的法国哲学家西尔维安娜·阿加辛斯基提出，让同性恋组成家庭违背了"象征秩序"。[2] 不论这些结合是什么样的社会形式，它们都不是婚姻，也不构成家庭；实际上，在她看来，它们根本谈不上是"社会"形式，而只是私下的形式。论争一部分针对的是词汇的使用：在何处使用它们、如何使用它们、它们有何可塑性和模糊度。但这场论争的切实焦点在于，某些命名方法是否固化了"何为人"的界定标准。这里牵扯的辩论立足于一个无法否认的悖论。因为，当我们**不想**把某些人类关系纳入"人"的范畴时，我们实际上**已经**承认了它们，且这种做法是在否认我们已经以某种方式理解了的东西究竟是什么。"承认"在这里就成了否认（即否认存在的东西），因而也就成了拒绝承认的工具。这样，它就支持了对"何为人"的符合规范的幻想，同时压制了种种不和谐的"为人"方式。要保护可承认的界限不受挑战，就是要明白决定可承认性的规范已经受到了挑战。在美国，我们都习惯听到保守和反动的言论攻击同性恋，

---

[1] 法桑，《相同的性别、相异的政治》。——原注
[2] 阿加辛斯基，《有关亲养的问题》，第23页。——原注

认为同性恋违背自然，但这并不是法国论争采用的话语。举例来说，阿加辛斯基并不认为家庭形式本身是自然的。在她看来，让国家囿于坚持异性恋婚姻的不是大自然或自然法则，而是所谓的"象征秩序"（这种秩序呼应并认可自然法则）。正是因为遵从这种秩序，国家才必须拒绝承认这样的关系。

下面，我将描述阿加辛斯基的观点。这不是因为她是亲缘关系转化（同性婚姻暗示了这种转化的出现）最高调的反对者，而是因为前段时间，一位同事给我发来阿加辛斯基在《世界报》（Le Monde）上发表的一篇社论。从某种意义上说，这篇社论需要我作出回应。[1] 她在社论中指出，如果美国某支酷儿及性别理论所支持的转化在法国发生，那么，法国将面临可怖的未来。无须赘言，我的名字出现在《世界报》的头版，俨然成了这即将到来的恐怖的象征。在这里，我处于一个窘境，因为我的观点被用来警告说，如果国家允许男女同性恋组成亲缘关系，可怖的未来就会到来。因此，一方面，我有必要回应并反驳这些责难；另一方面，不接受反对者在辩论中使用的措辞似乎十分重要，因为我担心这场辩论并不是辩论，而是一场被广为宣扬的论战和对恐惧的散布。这不是我一个人的困境。在反对她的过程中，我是否会采取争取国家合法化的立场？这是不是我想得到的东西？

一方面，我们可以很容易地指出她是错的。这里所说的家庭形式是行得通的社会形式；参考这些社会形式，我们可以挑战规

---

[1] 阿加辛斯基，《反对消灭性别》（"Contre l'effacement des sexes"）。——原注

定了"什么可被理解"的现有知识体系，并重新表达它。[1] 有些人坚持认为合法的性关系应采用异性恋和国家认可的形式，还有人想剥夺没有遵循这种模式的性结合（这些结合不仅可行，而且重要）的现实感——阿加辛斯基的观点符合并加强了这些做法。当然，对这种现实感的剥夺有其后果，不仅仅是伤害人的感情或得罪一群人那么简单。这意味着，你可能得不到允许去医院探望你的爱人。这意味着，当你的爱人陷入昏迷时，你可能无权做出某些决定。这意味着，当你的爱人去世时，你可能不能获许处理遗体。这意味着，当爱人去世、只有你一人照顾孩子时，作为孩子非生物学意义的父亲或母亲，在法庭上，你可能会无法对抗与孩子有血缘关系的亲戚的要求，失去监护权，甚至失去探视权。这意味着，你们可能不能给对方提供健康福利。所有这些，都是公民权被剥夺的重要形式，而日常生活中的个人权利被剥夺会让这一切变得更糟，会让关系付出代价。合法性丧失的感觉会让纽带的维系变得更难，而这种纽带甚至不是真实的，它并不"存在"，从来没有机会存在，也不容存在。如果没有真实性，你就很难长期维系自己。就这样，由于缺少国家承认的合法性，你的心理上会产生自我质疑——这种自我质疑虽不致命，但影响深

---

[1] 在我的作品《安提戈涅的诉求：生死之间的亲缘关系》(*Antigone's Claim: Kinship Between Life and Death*，尤其是第 68—73 页) 中，我批判了否定同性婚姻可行性、支持异性恋规范性家庭的拉康式观点，而这种有关可理解性的看法构成了我的这种批判的核心。参见我的《彼此竞争的普遍性》("Competing Universalities"，第 136—181 页) 一文对雅克-阿兰·米勒 (Jacques-Alain Miller) 及其他拉康式怀疑论者对同性结合的批评。——原注

远。而且，如果你真的失去了爱人，且这个爱人的身份从未得到承认，那么，你真的失去了这个人吗？这真的是一种失去吗？你能公开地表达哀思吗？这些问题对酷儿人群影响深远，因为他们长久面对艾滋病造成的死亡，面对那么多生命和爱（为这些爱正名的努力从未停歇）的丧失。

另一方面，追求国家赋予合法性以弥补这些创伤的做法，会带来新的问题（如果说不是新的痛心之事）。如果国家合法化的满足条件正是用来维系、控制承认的规范的条件，也就是说，如果国家垄断了承认的资源，那么，即便无法获得国家对亲密关系的承认，一个人可能也只是觉得经历了一种去现实化。在国家的承认范围之外，还有没有别的方法来感受生命是可能的（possible）、可理解的（intelligible）甚至是真实的（real）呢？考虑到男女同性恋运动的历史，可以理解这个运动为什么向国家求援：当前对同性婚姻的推进是对艾滋大流行的一种反应，而且是带有羞耻感的反应。同性恋群体试图否定它所谓的性混乱，以使我们显得健康、正常、有能力维系持久的一对一关系。当然，这就把我带回迈克尔·沃纳（Michael Warner）提出的一个尖刻的问题：如果我们希望在合法性的现有规范中获得承认，是否意味着我们在实践中要否定婚姻纽带和单配偶制度之外的性生活形式的合法性？[1] 酷儿社群是否愿意作出这样的否定？这会造成怎

---

1 迈克尔·沃纳，《同性婚姻之外》（"Beyond Gay Marriage"），收于《左派法条主义／左派批评》（*Left Legalism/Left Critique*）。——原注

样的社会影响？如果我们一方面坚持，如果得不到承认，我们的生命就不真实、不合法，另一方面却又把承认的权力交给国家，会怎么样？还有没有别的方法能让我们获得承认？或是说，在面对决定什么可以被承认的现有制度时，有什么能让我们去挑战它？

此处可以看到一个进退两难的困境：一方面，不遵从承认的规范来生活会面对巨大的艰辛，会丧失各种权利，且权利丧失会让心理、文化和物质上的影响变得难以区分。另一方面，要求获得承认是一种很有力量的政治要求，如果这种要求不对国家合法化所提供和要求的承认规范提出批判性挑战的话，它就会导致产生新的不公平的社会等级形式，会导致对性领域的粗暴控制，会产生新途径来支持和延伸国家权力。的确，在要求得到国家认可时，我们实际上就已经限制了什么样的性结合才能被承认为合法，并由此加强了国家作为承认规范的决定者的地位，并抹去了公民社会和文化生活中的其他可能性。有些规范让婚姻合法化，并让婚外性结合去合法化。依据这样的规范来要求获得承认，或者说，根据确立了的婚姻相关规范来要求获得承认，就是将去合法化从酷儿社群的一个区域转移到另一区域，或者说，将一种集体性的去合法化变成一种选择性的去合法化。这样一种做法很难（如果不是不可能）与一个激进民主的、追求进步性观念的运动相协调。将那些婚姻以外的人、不以单配偶形式生活的人、独自生活的人、采用非婚姻结合方式生活的人排除在潜在的合法化领域之外，究竟意味着什么？在此，我要加上一条警戒：当我们用"国家合法化"来形容婚姻时，我们并不一定明白我们所说的"国家"是什么意思。国家不是一个简单的统一体，它的组成部分和运作并不总能相互协调。国家不能被简化为法律，而权力不能被简化为国家权力。把国家理解为一套利益运作，或将国家的作用视为单边的胜利，都是错误的。我认为，国家也会受到利用和剥削。而且，社会政策（它们规定了如何将法律用于地方事例）可能成为一个场域——在这里，法律常常受到挑战，被抛到法庭去判决；也是在这里，新的亲缘关系有机会赢得新的合法性。当然，某些主张还是争议极大：跨种族领养、单身男性领养、男同性恋伴侣领养、未婚者领养、两个以上的成人构成的亲缘关系的领养。因此，我们还有理由担心，在要求获得国家对亲密结合的承认时，我们会变成国家权力入侵社会的一部分。但是，与我们通过进入法律契约来寻求承认和权利的理由相比，这些理由是否更重要呢？契约以不同的方式——比如，在美国和在法国显然是不一样的——来集合国家权力，使得进入契约的个人接受法规的控制。但是，即使我们说，在法国，契约被视为个人权利，因而受到的国家控制较小，个人化的形式还是受到了国家合法化的支持，即使当国家似乎相对较少参与契约过程的时候，情况也是这样的。

这样，在不同国家中，政府制定的规范以不同方式发挥作用。在美国，国家有关承认的规范不仅常常无法描述或约束现有的社会实践，而且成了用来幻想规范性的场所，对亲缘关系做了观念性的描述。与此同时，这种观念性的描述面临着社会挑战，同时也在散播中。因此，对国家的迎合，一方面是在迎合一种已经被国家制度化了的幻想，另一方面也是希望告别现有的社会复杂性，以期最终变得"与社会和谐"。这也意味着，还存在着一个我们能寄托希望的地方。这个地方正是国家，它能让我们最终取得和谐性，让我们对国家权力存有幻想。杰奎琳·罗斯（Jacqueline Rose）令人信服地提出："如果国家只是'部分地作为某种事物存在'，如果它的存在取决于个人认为它'存在或应该存在'，那么，它看起来就会很古怪，就像精神分析所称的'好像是'的现象。"[1] 它的各项法规并不总想要规范现存事物，而是以某些特定的方式来想象社会生活。国家约束和现有的社会生活之间存在着不可比性，这意味着，如果国家要继续施展其权威、要例示它希望能给予子民的那种和谐的话，这一空白必须弥补。正像罗斯提醒我们的那样，"正因为国家变得如此陌生、和自己的人民如此遥远，就像恩格斯所说的那样，它就必须越来越不顾一切地依赖于自己法律的神圣性和不可违背性"。[2]

这样说来，这枚硬币有两面；但是，我并不想向着哪一边来解决这个难题，而是想实施一种批判性实践，把两者都考虑进来。我坚持认为，合法化具有两面性：在政治上，主张可理解性和可承认性是很重要的；同样很重要的是，在面对用来规定哪些结合和亲缘关系可理解且可承认的规范时，我们要与这些规

---

1 杰奎琳·罗斯，《幻想状态》(*States of Fantasy*)，第8—9页。——原注
2 杰奎琳·罗斯，《幻想状态》，第10页。——原注

范保持批判的、变化性的关系。后者也包括，在面对对合法化的欲求时，要与之保持批判关系。同样重要的还有，我们应该质问，国家对这些规范的假设是什么；我们也应该批判地思考，国家在这些过程中有哪些变化，或者说，国家如何变成了表达某种幻想的场所——这种幻想试图否认或推翻这些过程带给我们的东西。

如果回到法国的这场辩论，重要的是要记住，有关法律的辩论针对的是怎样的性关系和亲缘形式能被允许存在、能被视为可能，同时它还关心想象力的空间究竟有多大。对很多反对PACS的人而言，或者说，对那些至少对其表达了怀疑的人而言，由于合法的性结合方式是可变的，这就使文化的性质本身受到了质疑。有人认为，移民及同性恋者抚养权问题挑战了文化的根基；事实是，这种文化早已发生改变，但它本身试图否认自己已经历的改变。[1]

要理解这一点，我们就必须考虑一下，"文化"一词是怎样运作的，在法国，它怎样被搅到这些辩论中，且没有被用来指代人类生活在文化上的各种可变形式，而是被用来指代人要获得理解所必须接受的普遍条件。

---

[1] 参见凯瑟琳·雷西吉耶（Catherine Raissiguier），《身体隐喻物质排除：法国家庭伴侣形式的性政治与种族政治》（"Bodily Metaphors, Material Exclusions: The Sexual and Racial Politics of Domestic Partnerships in France"），收于《暴力与身体》（*Violence and the Body*）。——原注

自然的、文化的、国家的法律

尽管法国哲学家阿加辛斯基不是拉康学派的学者，甚至可以说并不是一名精神分析师，但在她的评论中（这些评论在法国这场辩论中很显眼），我们可以看到某种人类学的信条。法国及其他地方的许多拉康追随者和精神分析师都奉行同样的信条。[1]这个信条就是，文化本身要求一个男人和一个女人一起生一个孩子，而男女这个双重参照点会帮助孩子进入符号系统，同时，这个符号系统由一套规则构成，它们控制并支持我们的现实感和我们对文化可理解性的感觉。

阿加辛斯基认为，性别差异（在她看来一定是生物意义上的）在文化领域获得意义，这是它在繁殖中的生命基础，在这个意义上，同性恋者的抚养权不仅是非自然的，也是对文化的威胁。她写道："（性别差异的）基础是繁衍。这就是父母角色之间的差异。必须有男女的存在，才能诞生生命。"同性恋抚养像幽灵一样，与作为文化基础且创造生命的异性恋相对立，它不仅脱离了自然和文化，而且以危险的方式人为地制造人的世界，因此被视为一种暴力或毁灭力量。她写道："如果一个人是同性恋，

---

[1] 这个列维-施特劳斯式的立场受到了弗朗索瓦丝·埃里提埃（Françoise Héritier）最顽固的维护。如欲了解她对PACS的激烈反对，参见《采访》（"Entretien"）。她在里面评论道："没有什么社会需要同性双亲。"亦请参见《男性特质/女性特质：对性别差异的思考》（*Masculin/Féminin: La pensée de la différence*）以及《行使双亲权利》（*L'Exercise de la parenté*）。——原注

那么，想要一个孩子就会产生某种'暴力'……我认为不能对孩子拥有绝对权利，因为这种权利意味着日益虚假地制造孩子。为了孩子的利益，我们不能抹去孩子有父有母的双重本源。"这种"双重本源"总是以一男一女开始，男人拥有父亲的位置，女人拥有母亲的位置。她写道："这种混杂的根源是自然的，也是一种文化根本、一种象征根本。"[1]

有观点认为，孩子的本源有双重参照：有一个父亲，还有一个母亲。这种看法所凭据的假设呼应了列维-施特劳斯 1949 年的作品《亲缘关系的基本结构》中的立场。尽管阿加辛斯基不是列维-施特劳斯的追随者，但她的理论框架却借用了结构主义关于文化的一套假定，这些假定在眼下这场论战中复苏，并被重新启用了。我并非想说列维-施特劳斯的观点要为眼下这场论战负责，而是想问一问，这些观点在当代政治地平线上的复活究竟是为什么目的服务。要知道，人类学领域普遍认为，列维-施特劳斯在 20 世纪 40 年代末提出的观点已被超越，而且不再以列维-施特劳斯创造的形式出现。[2]

对列维-施特劳斯而言，我们不能把俄狄浦斯关系视为发展过程中的一个时刻或阶段。相反，它由一种禁忌构成，这种禁忌在语

---

[1] 阿加辛斯基，《有关亲养的问题》，第 23 页；这是我自己的翻译。——原注
[2] 列维-施特劳斯也参与了这场辩论。他清楚地指出，他目前的立场和他 50 年前的观点不一样。他还指出，有关交换的理论不一定非要和性别差异绑在一起，但必须有一种形式上的特定表达方式。参见克洛德·列维-施特劳斯，《亲缘关系的基本结构》以及《后记》("Postface")，刊于《人》(*L'Homme*)。——原注

言初始就已在发挥作用，它一刻不停，帮助了所有形成中的主体从自然转换到文化。确实，禁止与母亲发生性结合的那种禁忌没有及时到来，而只是存在于**那里**，在某种意义上成为个体化的一个前提，是对文化可理解性的一种假定和支持。这个禁忌是主体出现的前提，没有它，主体就不会出现；如果不先经过这种根本性结构，我们就不会在文化上取得可理解性。的确，欲求母亲不被允许，因为她属于父亲。因此，如果这个禁忌是根本性的，且这一点得到了理解，那么，父亲和母亲的存在在逻辑上就是禁忌本身的必要特征。现在，精神分析要解释，为什么父亲和母亲并不一定要实际存在，而是可以只以象征性位置出现，或只存在于想象中。但不论怎样，他们都得以某种方式起结构性作用。阿加辛斯基的观点在这方面也是模糊的，但她会坚持说，他们一定存在过，而且，孩子必须把他们的存在看成是对自己的本源至关重要的。

要理解这种禁忌如何成了文化构想的基础，我们就需要了解，弗洛伊德的俄狄浦斯情结如何被重塑为拉康理论中的语言和主体的起始结构。在此我不能详述，且我已多次讨论过这个问题。[1] 在这里，我想强调的是，用俄狄浦斯情结来建立某种文化构想，会对性别和性的组织形式产生狭隘的影响，且这暗示着文化是一个完整的整体，这种文化的自我复制至关重要，而它独一无二的完整性要通过对后代的繁殖来完成。比如，阿加辛斯基提到，要让每个孩子以非精神病态的方式诞生，就必须有父且有

---

[1] 参见朱迪斯·巴特勒，《彼此竞争的普遍性》。——原注

母。一开始,她似乎并没有提出经验主义的观点,即父亲和母亲必须在所有的抚养阶段都在场,且为孩子所熟知。她描述的是某种更理想化的东西:围绕母亲和父亲,必须至少存在一个心理参照点,必须用叙述恢复男女双亲的地位,即使其中一方从来不在场,孩子从不认识。但是,如果这一点无须经异性恋的社会结合形式做担保的话,她就没有理由来反对男女同性恋的领养权。因此,这里的情形似乎是社会结合形式支持并维系了象征结构,虽然让社会性结合形式合法化的是象征结构。对阿加辛斯基而言,不论是双亲还是双亲的某一方抚养了孩子,异性交媾都被视为孩子的根源,且这种根源具有重要的象征意义。

在象征意义上,"孩子源自异性恋"被认为对文化至关重要,这有以下原因:如果说孩子是通过占据一种象征位置来进入文化的,如果这些象征位置是通过俄狄浦斯化被区分的,那么,这个孩子就是通过占据与父母位置相关的位置来获取性别身份的。在这个过程中,父母被禁止成为孩子公开的性对象。男孩之所以会是男孩,是因为他认识到自己不能得到母亲,而必须找到一个女人作为替代;女孩之所以会是女孩,是因为她认识到她不能得到母亲,而要通过和母亲产生认同来弥补这种失去,然后又认识到自己不能得到父亲,并用一个男性来作为替代。根据这种极为僵硬的俄狄浦斯化公式,性别是通过满足异性恋欲望来获得的。为了揭示阿加辛斯基的立场,在此我将这种结构以一种比在弗洛伊德著作(即《性学三论》或《自我与本我》)中更为死板的方式描述出来。这样一来,这种结构就不再被视为一个发展阶段,而被当作个体化主体借以在语言中确立自己的一种手段。要成为文化的一部分，就要经历这种禁忌的性别分化过程，同时还要获得规范性的异性恋身份和单独的性别身份。

以上方式将俄狄浦斯化作为语言和文化可理解性的先决条件；我们有很多理由拒绝这种看法。实际上，不少精神分析学说也拒绝这种模式，而允许有多种方式来重新表达俄狄浦斯情结，把它的功能限制在前俄狄浦斯时期。结构人类学的某些流派试图将把妇女当作财产进行交换的做法上升为文化前提，把异族通婚的要求与俄狄浦斯场景中的乱伦禁忌等同。别的文化理论对这种结构主义学说提出了疑问。实际上，戴维·施耐德、西尔维亚·亚娜基萨科（Sylvia Yanagisako）、莎拉·富兰克林（Sarah Franklin）、克利福德·格尔茨（Clifford Geertz）以及玛丽莲·斯特拉森（Marilyn Strathern）等人类学家已经清楚指出，结构主义无法解释与其提出的模式不相符合的亲缘体系。[1] 这些人的理论

---

1 施耐德，《对亲缘关系研究的批评》以及《美国亲缘关系》；西尔维亚·亚娜基萨科，《性别与亲缘关系：联合分析系列论文》（*Gender and Kinship: Essays Toward a United Analysis*）；莎拉·富兰克林及苏珊·麦金农（Susan McKinnon），《亲缘关系研究的新方向：一个核心概念的重新思考》（"New Directions in Kinship Study: A Core Concept Revisited"）（收于《当前人类学》），以及莎拉·富兰克林及苏珊·麦金农合编的《相对价值：重塑亲缘关系研究》（*Relative Values: Reconfiguring Kinship Studies*）；玛丽莲·斯特拉森，《礼物的性别：女人的问题及美拉尼西亚社会的问题》（*The Gender of the Gift: Problems with Women and Problems with Society in Melanesia*），以及《重造未来：人类学、亲缘关系以及新的生殖技术》（*Reproducing the Future: Anthropology, Kinship, and the New Reproductive Technologies*）；克利福德·格尔茨，《文化诠释》（*The Interpretation of Cultures*）。——原注

强调了不同于结构主义主张的交换模式，并质疑结构主义主张是否具有普遍适用性。有些学者，例如朱迪斯·斯泰西（Judith Stacey）和卡罗尔·斯塔克等研究亲缘关系的社会学家，以及人类学家凯斯·韦斯顿还强调指出，还存在别的各种亲缘关系，且它们背后的规则并不总是或只能追溯到乱伦禁忌。[1]

那么，在法国当前的辩论中，为什么结构主义的性别差异观点（它是根据妇女交换构想出来的）又"重新冒出来"了呢？为什么不同的知识分子——其中一些还是女性主义者——会宣称性别差异不仅是文化的根本，也是文化传承性的根本？为什么他们会宣称必须把繁殖保留为异性恋婚姻的权利，必须对非异性恋领养的可行形式和可承认形式设定限制？

在这个情形中，"过气"的结构主义重出江湖——要理解这个情况，关键是要考虑到，在列维-施特劳斯的理论中，乱伦禁忌的功能不仅是要保障异族通婚制度下后代的繁衍，而且还要通过强制异族通婚来维系"宗族"的统一性，因为这种禁忌是通过强制性异性恋而得以表达的。一名外来的妇女确保此地的男人会繁衍出和他们自己一样的后代。她通过这种方式保证了文化身份的复制。对1949年的列维-施特劳斯而言，这种意义模糊的"宗

---

[1] 朱迪斯·斯泰西，《以家庭的名义：重新思考后现代时代的家庭价值》（*In the Name of the Family: Rethinking family Values in the Postmodern Age*）以及《美丽新家庭：20世纪末美国家庭剧变的故事》（*Brave New Families: Stories of Domestic Upheaval in Late Twentieth-Century America*）；斯塔克，《我们所有的亲戚》；以及韦斯顿，《我们选择的家庭》。——原注

族"指的是一个"原始"的群体。但在1999年至2000年间，当欧洲疆界开放、新移民涌入之际，这个"宗族"概念为国家的文化统一起到了意识形态上的作用。因此，乱伦禁忌就和种族主义运动一起，致力于文化的复制，而在法国，它们合在一起，将法国文化与普遍性含蓄地等同起来。这是一个为"好像是"服务的"法令"，它确立了一个幻想——在这个幻想中，国家受到了不可逆的围攻。从这个意义上说，启用这个象征法令保护了法国文化的纯洁不受威胁，而这种威胁通过新的移民模式、种族通婚案例的增加以及国际疆界的模糊已经发生，并正在发生。的确，在一部很短的作品《人种和历史》(*Race and History*) 中，列维-施特劳斯重新阐述了他有关宗族形成的早期理论。即便在这部作品中，我们也能看到，种族身份的可复制性和文化复制联系在了一起。[1]列维-施特劳斯早期作品对文化复制的描述与他后期对文化身份和人种繁衍的思考之间，有没有联系？这些作品之间，有没有什么相互关联，能帮助我们解读目前法国对移民问题的恐惧和控制非异性恋亲缘关系的欲望之间发生的文化链接？如果说通过强制异性恋家庭制度来保护文化的做法是欧洲种族主义新形式的延伸，那么可以说，乱伦禁忌与杂婚禁忌已然合在一起发挥作用，尤其是在当代法国。

在列维-施特劳斯的理论中可以看到这种联系的影子，这就

---

[1] 参见列维-施特劳斯在《人种与历史》(*Race et histoire*) 中关于"民族中心主义"（ethnocentrism）的讨论（第19—26页）。——原注

部分地解释了，他的理论为何会在当前的辩论中还魂。列维-施特劳斯提出，乱伦禁忌是文化的基础，它要求异族通婚，即与本族之外的宗族联姻，这是不是说，应该将"宗族"解读为种族？特别是，在解读时，是否应该认为种族前提是通过控制种族的传承性来维持文化纯洁？必须与本宗族之外的宗族联姻，必须进行异族通婚。但是，异族通婚也应该有某种限制，也就是说，婚姻必须是宗族之外的，但并不是在某种特定的种族自我理解之外，或种族共性之外。因此，乱伦禁忌使异族通婚成为强制，但杂婚禁忌又限制了乱伦禁忌要求的异族通婚。所谓的文化被挤到了强制性异性恋和杂婚禁令之间的角落，这种文化浸染了作为欧洲主流的白人的忧虑和他们的身份观，它把自己当成普世文化来自我复制。

当然，对这种近年来出现的列维-施特劳斯模式，还可以用很多其他方式来挑战。这种模式在最近的政治辩论中奇怪地重出江湖，无疑会让人类学家觉得，一种过时的东西像幽灵一样登台了。有观点认为，一个文化中有可能共存着其他种类的亲缘关系。亲缘关系有时会例示一些规范化实践，对此也存在有别于施特劳斯模式的解释方法。然而，这些辩论都附属于一种亲缘论，这种亲缘论认为亲缘关系在一个文化中占据着主要地位，认为总体来说文化是一个单一、独立的整体。几年前，皮埃尔·克拉斯特（Pierre Clastres）以极尖锐的方式针对法国提出了这种看法。他认为，在任何社会，都不能根据亲缘关系的规则来制定可理解性的规则，因为文化本身不是一个独立的概念，而必须被视为从根本上浸透了权力关系，而权力关系是不能被简化成规则的。[1]但是，如果我们开始认识到，文化不是独立的实体或整体，各种文化之间的交换以及它们的各种自我限定、区分模式构成了它们的临时存在，并因此浸透了权力，那么，我们就被迫要重新思考关于交换的问题：这里的问题不再是把妇女作为礼物交换，从而定义并制造父系宗族的自我身份；这里的交换问题，是一套关于自我定义的、很可能不可预计的、会引发争议的实践做法，这些做法不能被简化成一种占据主要地位、作为文化根基的异性恋。如果要详述这一观点，可以像戴维·施耐德一样认为亲缘关系是一种"做法"（doing），这种做法并不反映某种已有的结构，而只能被看成是一种被实施的实践。我认为，这会帮助我们不再认为，一种假设存在的关系结构潜伏在任何实际社会关系中。摒除这种思考方式，我们就能考虑，各种模式的述行性做法如何让各种亲缘关系范畴运作起来，并让这些范畴发生转化及转移。

有些人认为，人们假设存在的异性恋是象征性的，而不是社会性的，因此，它作为一种结构，构成了亲缘关系的根基（因此，不论社会关系如何呈现、如何运作，它都决定了它们的性

---

[1] 参见皮埃尔·克拉斯特，《反对国家的社会：政治人类学论文》（*Society Against the State: Essays in Political Anthropology*）及《暴力考古》（*Archeology of Violence*）。如欲了解列维-施特劳斯之后亲缘关系的人类学方法动向，参见珍妮特·卡斯滕及斯蒂芬·休-琼斯（Janet Carsten and Stephen Hugh-Jones）合编的《关于家：列维-施特劳斯及其他》（*About the House: Levi-Strauss and Beyond*）。——原注

质)。这种假设存在的异性恋决定了亲缘关系总被视为异性恋关系。根据这样的规则,那些进入亲缘体系的非异性恋者,只有采用母亲或父亲的身份才具有意义。在重写根本的、普遍深入的象征规则方面,亲缘关系的社会可变性只具有很小的效力,或根本没有效力。有些假设把异性恋当作基础,这种做法是权力运作(以及幻想运作)的一部分。我们因此应该探究,这个基础如何参与创造了有关政权和民族国家的某种幻想。有些交换关系将文化当作一系列交易或翻译,这样的交换关系不仅是(或首先是)性的关系,但在涉及文化传承及复制时,它们确实对性甚为关注。我这不是说文化复制只能或从根本上只能通过儿童发生。我只是想指出,在文化复制中,儿童这个角色已经成了一个被性化的场域,它间接地提出了这样一个问题:通过异性恋繁殖是否真的会保证文化传承?这不仅是在问异性恋是否会为传递忠实于原样的文化而服务,也是在问文化是否会被部分地定义为异性恋本身的特权。

的确,对这整个理论体系提出质疑,不仅是对异性恋的基本规范提出质疑,也是在质询能否把"文化"当成自给自足的领域来讨论。我自己这样做了,通过公开的思考来展示,以这样的立场行事是怎样的过程,会有什么问题。但是,我也很清楚,我使用的这个词汇(即"文化")在意义上与从前已经不一样。这个词汇保留了一个过去的立场,我必须使用这个立场来展现它是什么样的、有什么局限,但在使用中我也悬置了这个立场。在异性恋与文化的统一性(统一性也暗示了纯洁)之间,没有功能性的关系。尽管我们可能想说，异性恋保障了文化的繁衍，而父系结构保障了文化以整体的形式繁衍，使其身份可以通过时间而得以复制，但是，同样真实的是，我们如果把文化构想成一种自给自足、自我复制的整体，就将异性恋自然化了，而整体来说，结构主义对性别差异的观点揭示了这种通过文化论题来巩固异性恋的做法。总之，异性恋建立了单一文化、单一文化又重建了异性恋，并使之自然化了——我们有办法打破这个怪圈吗？

人类学领域不再把亲缘关系视为文化的基础，但仍把它构想为一种文化现象，认为它与文化、社会、政治及经济等其他现象复杂地牵连在一起。比如，人类学家富兰克林和麦金农写道，亲缘关系已经变得与以下种种联系在了一起："国家身份及跨国身份的政治形成，劳工和资本的经济移动，有关宗教的各种宇宙论，人种、性别及物种分类学的等级制度，以及有关科学、医学和技术的各种认识论。"因此，她们提出，对亲缘关系的人种学研究已经发生了改变，以至于它现在的论题"包含了离散文化，全球政治经济动态，或是发生在生物技术及生物医学领域内的变化等"。[1] 而在法国那场辩论中，埃里克·法桑提出，既然"象征秩序"以必要和基本的方式把婚姻与亲缘联系起来，我们就应该把这种"象征秩序"，看成是对作为霸权制度的婚姻在发生历史性崩解（这一名称在法语中是 démariage）时所作的一种补偿性反

---

[1] 富兰克林和麦金农，《亲缘关系研究的新方向：一个核心概念的重新回顾》，第17页。亦请参见弗兰克林和麦金农，《相对价值》。——原注

应[1]。从这个意义上说，反对PACS，就是要让政府对婚姻和民族国家维系某种幻想，而在社会实践层面上，婚姻和民族国家的霸权都已经受到了挑战，且这种挑战不可逆转。

类似地，在富兰克林和麦金农看来，在亲缘关系的场域中，某些转移（displacement）已然发生，对生物技术和跨国移民的忧虑聚焦于此，并被否认。这在阿加辛斯基的观点中至少表现在两方面：她对法国性和性别关系的"美国化"表现出忧惧，这证实了她希望以非常"法国的"方式来组织欲望，而对象征秩序的普遍性的求助当然喻示着法国认为自己的民族主义事业是普世事业。类似地，她很怕男女同性恋采用繁殖后代的生物技术来造人，这说明她觉得这些做法"不自然"，最终将会导致一场大规模的造人社会工程。这种想法又一次将同性恋和法西斯主义的潜在复活联系在了一起。我们可能会好奇，究竟是什么技术力量在全球经济中发挥着作用？或者说，人类基因工程带来了怎样的后果，引发了当代文化生活中的种种忧虑？设想这样一个场景：在爱荷华一个寒冷的冬日，一对女同性恋中的一人在排卵的时候，从干冰中掘出精子来使用。如果我们把上述社会威胁（如果说它是种威胁的话）的来源等同于这样一种场景的话，这若不是一种幻觉，起码也是一种错位。

富兰克林和麦金农写道，亲缘关系"不再被构想为立足于一种单一、固定的'自然'关系概念，而被视为一种有自觉意识

---

1 法桑，《相同的性别，相异的政治》。——原注

的、多重碎片的组装"。[1]那么，很重要的似乎就是，把他们描述的这种组装工程的基础参考以下说法来理解：亲缘关系是一种做法（doing），一种实践，在其发生的过程中激发了意义的聚合组装（assemblage）。但如果有了这种定义，亲缘关系还肯定能与其他的群体实践行为及姻亲实践行为分得开吗？一旦亲缘关系被广义地定义为一种持久关系的模式，它就会失去自己的专指性。显然，不是所有的亲缘关系都是持久的，但不论怎样的关系，如果能有资格成为亲缘关系，就进入了具有持久性的规范或惯例，而规范是通过一再被恢复才取得持久性的。因此，规范要持久的话，不一定非要稳定不变；实际上，如果想要持久，它还绝**不能**稳定。这些关系易被自然化，且因为不可能抚平自然和文化之间的关系而一再被打破。而且，照富兰克林和麦金农的说法，亲缘关系可以给文化根源赋予意义。我会这样来描述：就像我们从列维-施特劳斯那里听来的一样，亲缘关系的故事是关于文化根源的一个寓言，是自然化过程本身的一个征候，这一过程以文化的名义发生，十分精彩却也危机四伏。因此，我们可以补充说，关于自然和文化的区别的辩论［如果动物、人、机器、合成物（hybrid）以及赛博格之间的区别不解决，这种辩论显然会激化］在亲缘关系问题上凸显了出来，因为即使是一种关于亲缘关系的极为文化主义的理论也是以一种失去可信度的"自然"为背景来构想自身的，因此，它和它声称要超越的东西之间保持着一种构

---

[1] 富兰克林和麦金农，《亲缘关系研究的新方向：一个核心概念的重新回顾》。——原注

成性的、定义上的关系。

我们可以看出，在全球经济环境中，亲缘关系如何迅速地失去了自己的专指性。关于这一点，考虑一下有关国际领养及人工授精的斗争，就明白了。有些新型"家庭"的结合关系不以生物为基础，有时候，这些"家庭"的形成受到了生物技术革新的影响，或受到了国际商品联系及儿童买卖的影响。现在还出现了控制基因资源的问题。有关这个问题，立法和司法需要对一套新的财产关系进行讨论。但是，象征秩序的崩溃也很明显地产生了有益的影响，因为把人和人系在一起的亲缘纽带可能并不比社群纽带强，它们可能是也可能不是建立在持续的或排他的性关系基础上的，而且可能包含了从前的恋人、非恋人、朋友以及社区成员。从这个意义上说，各种亲缘关系就来到了边界地带，对亲缘关系和社区关系的区别度提出了质疑，或要求重新构想友谊概念。这些都导致了传统亲缘关系的"崩溃"，不仅从定义上颠覆了生物关系和性关系的中心地位，而且赋予了性一个远离亲缘关系的空间，使得我们可以在婚姻框架之外来构想持久纽带，因而扩展了亲缘关系，将不可简化为家庭关系的社区纽带也纳入其中。

精神分析叙事、规范话语以及批评

不幸的是，人类学中被称为后亲缘关系研究（postkinship studies）的重要工作，在精神分析中尚未得到类似的革新性研究的呼应，而精神分析有时还依靠假设的异性恋亲缘关系来对主体的性形成进行理论化，尽管这个领域中也出现了一些重要成果，例如肯·科比特（Ken Corbett）的研究。[1] 一些人类学家不仅已经扩展了亲缘关系的意义和可能形式，而且已经就亲缘关系是否总是定义文化的关键因素提出了质疑。的确，如果我们对僵硬意义上的俄狄浦斯化成为文化本身的条件这一假想提出质疑的话，那么，当与先前的学说失去联结后，我们该怎样回到精神分析理论？俄狄浦斯情结不再是文化必不可少的东西，但这并不意味着俄狄浦斯情结就彻底失去了位置。这只意味着，以俄狄浦斯命名的这个情结可能会拥有一些不一样的文化形式，而不能再作为文化本身的规范性条件来发挥作用。俄狄浦斯情结可能会也可能不会普遍地发挥作用，但是，即使那些宣称它会的人也必须找出它究竟是如何作用的，而且这些人也不会认为它总以同样的方式作用。它具有普遍性——我承认自己在这个问题上是个不可知论者——但这并不能证实"它就是文化的条件"这样一种观点。这个观点声称，它知晓俄狄浦斯情结总是以同样的方式作用，即作为文化自身的一种条件来起作用。但是，如果俄狄浦斯情结被广义地阐释为指代"欲望三角性"的名称，那么，出现的显著问题就有：这种三角性采用怎样的形式？它必须以异性恋为假设吗？当我们开始在妇女交换及异性恋交换的假设之外来理解俄狄浦斯

---

[1] 肯·科比特，《非传统的家庭浪漫关系：规范性逻辑、家庭幻想以及初始场景》（"Nontraditional Family Romance: Normative Logic, Family Reverie, and the Primal Scene"，本文未发表），2000 年 6 月 11 日。——原注

情结时，会出现怎样的情况？

精神分析并不非要与以下反动论点联系在一起：文化以奉为真理的异性恋为基础。实际上，精神分析有很多问题可以探索，可以帮助我们理解，生活在规范性亲缘关系之外或生活在规范与"非"规范的混合中的人有怎样的心理生活：同性双亲家庭中的儿童在无意识中会获得什么样的同性爱幻想？那些离开了原生家庭或是通过胚胎移植或人工授精出生的儿童，会怎样理解他们的本源？他们拥有哪些文化叙事？他们对这些境况会有哪些特别的阐释？这样的儿童对自己本源的讲述——这样的故事无疑会被多次讲述——一定要与人类起源的单一版本相一致吗？还是说，我们会发现关于人的叙事结构不止一种，且我们不能将这些叙事简化为一个有关单一文化的故事？我们可能会认为，儿童需要一个理解自我的叙事，我们应该怎样修正对这种需要的看法呢？这样的叙事是如何被修正、被打断的？我们怎样才能知道，当异性恋不再是俄狄浦斯化的前提时，儿童会采用怎样的性别区分形式？

的确，这个时候，不仅精神分析需要重新思考它曾不加批判就接受了的文化观，新的亲缘关系和性结合形式也必须重新思考文化本身。当这些关系不能再追溯到异性繁殖时，自然与文化间的同族关系（homology，阿加辛斯基之类的哲学家支持这种关系）就会受到挑战。实际上，在她自己的作品中，这些概念并不稳定，因为，如果象征秩序决定了异性恋根源，而象征系统又使社会关系取得合法化，那么，为什么她会如此担心那些被认为不合理的社会关系呢？在她的假设中，不合理的社会关系具有挑战象征系统的能力，她还暗示说，象征系统不是在社会关系之前出现的，而且最终不能从那里独立出来。

很清楚，如果精神分析师公开宣称同性家庭与精神病脱不了干系，或会危害他人，那么，我们必须强烈反对他们这种控制公共话语的方式。做过类似宣称的不止拉康学派的人。在杰奎琳·罗斯的一次采访中，著名的克莱因学派分析师汉娜·西格尔（Hanna Segal）重申，"同性恋是对双亲的打击"，是"对发展的阻断"。她对两位女同性恋抚养一名男孩的情况表达了愤怒。她还说，她认为"成人同性恋心理是一种病态"。[1] 1998年10月的一次公开演说中，当被问起她是否赞同两位女同性恋共同抚养一名男孩时，她直白地答道："不。"就像很多人一样，要直接回应西格尔，坚持男女同性恋家庭的正常性，就要承认这场辩论的重点应该放在正常与病态的区别上。但是，如果我们试图进入正常性的厅堂，或者说，如果我们逆反这种话语，对自己的"病态"（它是恐同文化中唯一的"正常"地位）拍手称赞的话，我们并没有对决定性框架提出挑战。而一旦我们进入这个框架，在某种程度

---

[1] 汉娜·西格尔，《杰奎琳·罗斯对汉娜·西格尔的访谈》（"Hanna Segal Interviewed by Jacqueline Rose"）。西格尔评论道："一名真正的分析师能从内部了解到病情。他并不会觉得'你和我不一样，你是个变态'；他会这样认为：'对你是怎样到达这一步的，我知道一点点；我也曾到过这般田地，现在也有点这样。'如果他相信上帝，他会说：'我是因为上帝的垂怜才这样的。'"然后，西格尔又说道："你可以认为异性恋关系同样（甚至更加）变态、自恋，但它不是与生俱来的。异性恋或多或少可以是自恋的，它可能很不稳定，也可能不这样。而同性恋是与生俱来的。"第212页。——原注

上，我们就被它的条件限定；这意味着，当我们试图在正常的疆界内扎根时，我们会被这些条件限定，且受限程度与以下境况是一样的：我们认定我们无法进入正常的疆界，将自己永久地置于其外。毕竟，在宣称男女同性恋**无权**结婚的时候，就连阿加辛斯基都知道如何利用他们具有"内在"颠覆性的说法，因为从定义上说同性恋处于"制度及固定模式之外"。[1]

我们或许认为，这种双向思考只会将我们引向政治瘫痪。但是，让我们考虑一下在这样的辩论中采取单一立场会带来的更加严重的后果。如果我们采用这些辩论的措辞及条件，那么，我们在自述立场的同时也就认可了这种框架。这意味着，由于我们依靠这些措辞及条件来想象辩论的主题，要想改变这些措辞及条件，就会无能为力。实际上，有些时候，会出现一种更激进的社会转化，例如，当我们拒绝让亲缘关系简化为"家庭关系"，或是当我们拒绝用婚姻形式作为性领域的衡量标准时，就会这样。毋庸置疑，婚姻框架之外的个人和伴侣也应享有领养权和生殖技术使用权。如果让婚姻、家庭乃至亲缘关系成为性生活的唯一标尺，那么，进步的性政治肯定也会遭到严重限制。这些关于我们是否可以结婚、孕育或抚养孩子的辩论，已经限制了性领域。这很清楚地说明，答案不论是"是"，还是"不是"，都以危险的方式约束了现实。如果我们认定这些都是重要问题，并且清楚我们站在哪一方，那么，我们就接受了这样一个认知领域——它由

---

[1] 阿加辛斯基，《有关亲养的问题》，第24页。——原注

一种原初的失去（loss）建构，我们已无法叫出这种失去的名字，所以也无从哀悼。在这些规范条件下，性、亲缘关系和社群变得不可想象，成了激进的性政治所失去的地平线。在这无法哀悼的境地里，我们以"政治"的方式探索道路。

第六章　渴望获得承认

在她近来的作品中，杰西卡·本杰明（Jessica Benjamin）希望找到主体之间相互承认的可能性，为一种疗愈话语建立起哲学规范。她的著作很独特，总是根植于社会批评理论和临床实践。法兰克福学派对精神分析持有很强的理论兴趣，并产生了亚历山大·米切利希（Alexander Mitscherlich）和玛格丽特·米切利希（Margarete Mitscherlich）的重要著作《无法哀悼》（*The Inability to Mourn*）以及其他一些作品。但在此之后，该学派就很少有受过这种训练的批评理论家来积极实践精神分析，或综合批评思考和临床实践来取得理论上的贡献，而本杰明是少数做到这一切的人之一。承认（recognition）是她的哲学传承中的关键概念，它是从黑格尔的《精神现象学》（第111—119页）发展而来的，而这个概念在尤尔根·哈贝马斯（Jürgen Habermas）及阿克塞尔·霍耐特（Axel Honneth）的研究中又取得了新的意义。[1] 从某些方面说，本杰明的研究依赖于这样一个假设：承认是可能的，它是人作为主体取得心理的自我理解和接受的条件。

她几乎每部作品中都有几段话来说明什么是承认。这不是一

---

[1] 阿克塞尔·霍耐特，《为承认而斗争》（*The Struggle for Recognition*）；尤尔根·哈贝马斯，《交往行为理论》（*The Theory of Communicative Action*）。——原注

个主体对另一个主体的单纯呈现，从而使这个自我呈现的主体获得他者（the Other）的承认。承认是一个过程，在这个过程中，主体和他者认为彼此相互反映，但这种反映并不会使它们成为彼此（比如，通过一种合并性认同），或是通过投射来消灭他者的他者性。本杰明借用了黑格尔的承认概念。在她的使用中，承认是一种起规范作用的理想；作为一种追求对象，它指导了临床实践。"承认"这个概念的言下之意是，我们得把他者当作是独立的，但其心理建构方式又是共有的。对本杰明而言最重要的是，交流这个概念本身既是承认的载体，又是承认的样例；这个观点在某些方面呼应了哈贝马斯。本杰明认为，承认既不是一个人所做的行为，也不能被解释为一个让我们相互"看"与"被看"的事情。它通过交流而发生；这个过程主要是一个语言过程，但同时也不完全是语言过程。在这个过程中，主体被它们所参与的交流实践改变了。我们可以看出，这个模式如何为社会理论和治疗实践都提供了规范。本杰明的功劳在于她论述了一种有效跨越两个领域的理论。

她的理论的一个突出贡献在于，它坚持认为相互主体性（intersubjectivity）和客体关系（object relations）这两个概念并不一样，"相互主体性"在客体关系之上加上了一个外在的他者的概念，这个他者以互补的方式超越了客体的心理建构。这就是说，无论与客体之间的心理关系和幻想关系是怎样的，都应该从承认的动态角度来理解这种关系。与客体的关系和与他者的关系并不一样，但是，与他者的关系为我们理解与客体的关系提供了框架。主体不仅与客体形成了某些心理关系，而且主体自身是由并通过这些心理关系形成的。此外，这些不同形式是通过争取承认的斗争间接地建构起来的，在这一斗争中，他者要么会、要么不会与心理上代表着自己的客体分开来。这一斗争的特点是具有一种和他者进行交流实践的欲望；在这里，承认不是作为一个或一系列事件而发生的，而是一种不间断的过程，这个过程有着毁灭的心理危险。黑格尔认为，"否定"（negation）是"承认"摆脱不掉的危险，而本杰明保留了这个术语，用它来描述关联性的一个差异化方面：他者不是我，而这个区别会产生某些心理结果。处理这一否定事实有一些方法，但这些方法有问题，当然，弗洛伊德的攻击（aggression）概念和梅兰妮·克莱因（Melanie Klein）有关毁灭（destruction）的概念，部分地解释了这些有问题的方法。对本杰明而言，人在必要否定的基础上与他者形成心理关系，但并非所有这些关系都必须是毁灭性的。虽然试图控制和驱逐否定的心理反应是毁灭性的，但那种毁灭正是在承认的过程中需要解决的问题。因为人的心理生活的特点是渴望万能、渴望接触，所以它就游移于"和客体产生联系与承认外在的他者"之间了。[1]

从某种意义上说，本杰明向我们指出，从根本上（或者说不可避免地）构成了人的心理生活的正是这种游移或张力。但是，我们似乎也在一个规范下行动：这个规范假设客体关系会向承认

---

[1] 杰西卡·本杰明，《承认与毁灭》（"Recognition and Destruction"）后记。——原注

模式转化,而我们与客体的关系包含在我们与他者的关系之内。如果我们成功地实现这种转化,我们似乎就把这种张力带到了一个比上文提到的交流实践更灵活的概念中来了。本杰明坚持认为,"心理构成本来就很有问题、有矛盾",[1]而且她一直坚持这个看法。但由于心理具有矛盾的特征,要明白"承认"这个概念能够且必须具有哪些意义十分困难。承认既是我们应努力争取的规范,应该用来指导治疗实践的规范,也是当交流成为一种转化过程时采用的理想形式。然而,承认也是一个不断地面临毁灭的危险过程,而我得说,这一过程如果不伴随着毁灭的危险(这种危险具有决定性或具有构成新事物的潜能),就不是承认。尽管本杰明清楚地指出承认有毁灭的危险,对我而言,似乎她仍然坚持着一种关于承认的理想:根据这种理想,毁灭只是偶尔发生,是一种令人悲哀的情况,且通过治疗会得到扭转和克服,它并不是承认构成的本质。

我是这样理解她的研究的:如她所说,万能(omnipotence)和接触(contact)之间有张力,它在心理生活中是必需的,但人们总有办法来经历、对付这种张力而不必经历"分裂",且这些方法会使张力保持活力和产能。在她看来,我们必须准备好去克服各种分裂模式——这些模式让我们要么贬低客体来稳住自己,要么把我们的攻击投射到客体身上,以便使这种攻击不被人发现,从而避免在心理上造成恶果。在承认的过程中,攻击形

---

[1] 本杰明,《他者的阴影》(*The Shadow of the Other*),第2—3页。——原注

成了一种中断（break），对这些"崩溃"（break-downs，用她的话来讲），我们应该有所预期，但是，我们的任务是克服它们，努力让"承认"克服攻击。然而，即使是在这样充满希望的观点下，我们也能感到，承认和攻击不一样，或者说，至少承认可以不依赖攻击而存在。这就是说，有时候，和他者之间的关系会复归为与客体的关系，但和他者的关系可以且必须重新建立起来。这也意味着，虽然错误的承认（misrecognition）会时有发生，但这不像拉康说的那样是心理现实的一种构成性的或不可逾越的特点，而且，只要摆脱了错误的承认，承认就应该且能够宣告胜利。

在我看来，这种观点及其组成部分会带来某些后果；下面，我将把它们列举出来。如果毁灭性能变成承认的话，那么，承认就可以把毁灭性抛在后面。真的是这样吗？此外，如果我们否定了三角关系的其他形式，使得承认的过程本身构成了"第三因子"，那么，承认所采用的关系是二元的吗？除了俄狄浦斯化外，还可以有什么别的方法来构想三角性？而且，承认的二元模式能否帮助我们理解发生在二元之外汇聚的异性恋、双性恋和同性恋欲望？如果我们试图理解——举例来说——在跨性别情境中性别和欲望如何交锋，我们是否还会想坚持性别互补论？最后，我将回到黑格尔，看看他对自我的看法和本杰明的有什么不同，以理解主体中的分裂能否成为另一种承认模式的契机和推动力。

从互补性到后俄狄浦斯三角性

回顾以往，本杰明曾十分重视以二元关系为假设的互补性，但现在，她更多地关注三元关系。与二元结构相联系的第三因子是什么呢？如她较早的作品描述的，三元结构不能被简化为俄狄浦斯化（oedipalization）。二元结构最终被默许建立起来，并不是因为它对应了一个以父亲或母亲为爱的禁忌对象的所谓第三因子。相反，对本杰明而言，第三因子的出现并不以禁忌及其后果为焦点。这个焦点被放在了"[处于]兴奋状态中的双方"身上。这种状态就是第三因子，是被"共同创造"出来的："在任何一方的心智控制之外，我们发现了一个斡旋的场所，这是第三因子奏响的音乐，双方都能合上拍"。[1] 的确，对本杰明来说，第三因子构成了一种超验理想，是超越了表述（representation）的相互欲望所采用的参照点。第三因子不是具体的、索要欲望的他者，而是他者的他者。这个他者在构成欲望关系的同时也参与、激发并超越了这种关系。

在《他者的阴影》(*The Shadow of the Other*) 一书中，本杰明小心地将她的立场与德鲁西拉·康奈尔（Drucilla Cornell）的立场相区别，与任何受到列维纳斯式观点启发而认为他者是超验的或不可表达的立场相区别（第93页）。但在最近的作品中，她承认，这个他者处在心理客体之外，这就让她靠近了列维纳斯

---

[1] 本杰明，《这对你来说会怎么样？》（"How Was It for You?"），第28页。——原注

的立场，或许这告诉我们一名批评家很可能会认同从前反对过的观点。

对三元关系的这种处理方法令人愉悦，而我要坦白的是，我并不确定这种方式最终是否正确，或者说，它是不是我们应该追求的。然而，作为对关系（特别是作为对起到治疗作用的关系）充满信心的行为，它无疑很感人。但作为一种表示信心的行为，我们很难与之"争论"。因此，我在以下篇幅里想做的不是要反对这种令人愉悦的例子，而是希望从一些人一直关注的心理矛盾（ambivalence）问题的角度提出一些反驳意见。同时我认为，我们或许可以对三角关系（triangulation）及三元关系（triadic relation）（两者不尽相同）进行某些反思，即便这些反思不那么令人愉悦。或许，这并不会使我们又回到俄狄浦斯（及其异性恋的性别观点）的牢笼里去。最后，我想指出，以三元结构来展开对欲望的思考，能启发我们在思考性别问题时超越互补性，并降低互补性原则所隐含的异性恋偏见。

对于菲勒斯（phallus），我实在不感冒，且我的这种观点之前就公之于众，[1] 所以，我不认为我们应该回头再把菲勒斯当作欲望关系中的第三因子。我也不赞同下面这种说法：菲勒斯是欲望的主要或初始点，因而所有的欲望要么是通过认同、要么是通过对父性能指的模拟反映而延伸的。我明白，进步的拉康主义者急

---

1 朱迪斯·巴特勒，《身体之重》，"女同性恋的菲勒斯"（"The Lesbian Phallus"）一章，第57—92页。——原注

于对菲勒斯和阴茎（penis）作出区分，并宣称"父性"（paternity）只是一个隐喻。他们没有解释的是，让"菲勒斯"及"父性"能被安全使用的区分方式，依然依赖并重构了这些区分方式号称要克服的对应关系，包括阴茎与菲勒斯的对应，以及父性和母性的对应。我对颠覆性的意义重塑有一定信心，而且我赞同把对应关系的力量分散开来，从而创造出诸如女同性恋父亲（dyke dad）之类的类别。但我认为，优先把阴茎或父性作为最广泛、最激进的意义重塑对象是错误的。为什么要选择这些而不是别的词汇呢？当然，这些词汇的"他者"正是这里考虑的问题，而本杰明帮助我们从理论上想象了一个心理图景——在这个图景中，菲勒斯并不控制心理作用的轨迹。然而，虽然我们现在已经明白把事物简化为菲勒斯十分危险，但我们是否具备了重新想象三角问题的条件？

当然，把目光转向前俄狄浦斯（the preoedipal），就是要将欲望和母性联系起来重新思考，但这种转向让我们无意中陷入了二元结构的重建：这次我们的对象不是菲勒斯，而是母性，因为此时我们手头的两个选项分别是"爸爸"和"妈妈"。但还有别种方式来描述在欲望层面以及在性别和亲属关系层面上发生的一切吗？本杰明清楚地提出了这些问题。针对拉康式的女性主义对菲勒斯首要性的坚持，她提出的批评很大程度上针对的是它的异性恋假设，同时也针对它对性别的排他性思维逻辑。本杰明对"过度包容"（overinclusiveness）概念的使用暗示了，在前俄狄浦斯阶段，认同某种性别并不要求否定另一种性别，而具有前俄狄浦斯阶段特征的过度包容认同可以也应该存在于后俄狄浦斯的恢复中。[1] 在这一语境中，本杰明小心地允许若干认同同时存在，甚至提倡把以下观点作为一种治疗实践：在一种充满创造性张力的状态下，我们可以用看似不同的认同来生活。她还展示了为什么俄狄浦斯框架无法解释以下这种貌似悖论的情形：女性气质的男人爱上女人，或者男性气质的男人爱上男人。只要性别认同总是被认为是以欲望为代价的，那么，所谓协调的性别就可能被说成是必定和异性恋性取向相对应的。

对于这些观点，尤其是《他者的阴影》第二章《不确定内容的建构》中的观点，我很大程度上持肯定态度。尽管我对"过度包含"这个概念依然心存疑问（虽然我喜欢这条原则催生的后果），但我相信，在这本著作中，本杰明是朝着非异性恋精神分析的方向前进的（第45—49页）。然而，我确实也认为，第一，我们可以用有利的方式超越俄狄浦斯，重新思考三角关系的形成，或是将其重新构想为后俄狄浦斯式的替代品，来取代俄狄浦斯框架；第二，关于性别二态性的首要性，本杰明持有的某些假定限制了她的批评的激进程度；第三，过度包含的模式不能成为一种确认条件，来验证本杰明所坚持的相异性，因为这种模式抵制一种自我概念，根据这个概念，自我以迷幻的方式（ek-statically）[2] 涉入他者，通过各种认同而偏离了中心，而这些认同

---

1 本杰明，《客体如主体》(*Like Subjects, Love Objects*)，第54页。——原注
2 我在这里用了 ecstacy 一词的词根 ek-stasis，目的是像海德格尔那样指出，这个术语的原本含义暗示了一种置身于自我之外的状态。——原注

既不排除也不包含他者。

让我们先考虑一下形成后俄狄浦斯三角关系的可能性。我建议，我们以下面这个拉康的观点为出发点：欲望的结构从来都不只是二元的。我不仅想知道考虑这个观点时能否不提及菲勒斯，同时也想知道它能否超越拉康理论的范围，走向其他方向。让·伊波利特（Jean Hyppolite）在对黑格尔的《精神现象学》的评论中介绍了"欲望的欲望"这个概念；他想指出，欲望不仅追求自我更新（这是斯宾诺莎式的观点），还试图成为他者欲望的对象。[1]当拉康重新阐述伊波利特的这个观点时，他在语法上采用了所有格，以制造一种模糊："欲望是他者**的**欲望"（着重部分是我加的）。[2] 欲望的欲望是什么？很明显，它肯定是继续欲求着它自己；但不清楚的是，欲望着的欲望和被欲望的欲望是否相同。至少，它们因为同音而被联系在一起，但这里的意思是，欲望重复了自己；它追求自身的更新，但为了取得更新，它必须复制自身，以变成与曾经的自己不一样的某种东西。它不总是单一欲望，而是变成了自身的他者，以自身之外的形式出现。而且，欲望想要的是他者，而他者是欲望的一般意义上的对象。此外，欲望还想要他者的欲望，而这里的他者被理解为欲望的主体。这最后一种观点涉及所有格语法，这种所有格暗示他者的欲望成了主体欲望的

---

[1] 让·伊波利特，《黑格尔"精神现象学"的起源和结构》（*Genesis and Structure of Hegel's "Phenomenology of Spirit"*），第66页。——原注

[2] 雅克·拉康，《拉康选集》（*Écrits: A Selection*），第58页。——原注

样板。[1] 这并不是说，我想要他者对我有欲望，而是说，我想拥有他者的欲望，并以他者的欲望作为我的欲望的模板。当然，这只是众多观点中的一种。实际上，对这种见解，还存在别的解读方式，包括俄狄浦斯式的解读：我欲求着他者欲求的东西（第三种对象），但那个对象属于他者，不属于我；这种通过禁忌而产生的缺失（lack）是我的欲望的基础。另一种俄狄浦斯式的解读是：我希望他者对我有欲求，而不是对其被允许的欲望对象有欲求；我不想再成为欲望的禁忌对象。这后一种表述反过来就是：我想自由地欲求我被禁止拥有的对象，即我想把他者从他者那儿带走，也就是说，我想要**拥有**他者的欲望。

当然，拉康对这种观点的表述，部分来源于列维-施特劳斯有关女性交换的理论。男性部落成员交换女性，从而得以和其他的男性家族成员建立起象征关系。妇女被"欲求"正是因为她们被他者欲求。因此，她们的价值体现在交换价值上，虽然我们不能单纯用马克思对这个概念的理解来看待她们的价值。酷儿理论家伊芙·塞吉维克（Eve Sedgwick）在《男人之间》(*Between Men*)一书中问道，是谁在这样一种情况下欲求着女人？她是想指出，这种关系看起来好像是男人欲求着女人，但实际上暗含着两个男人之间的同性社会纽带（homosocial bond）。与菲勒斯中心论不同，她的观点认为我们不能认为同性社会关系以异性恋为代价；

---

[1] 拉康学派认为欲望是模仿地形成的，对这一观点，米凯尔·博尔施-雅各布森（Mikkel Borsch-Jacobsen）提出了激进的批评。请参见博尔施-雅各布森的著作《弗洛伊德式的主体》(*The Freudian Subject*)。——原注

相反，同性社会关系（与同性恋不同）正是通过异性恋关系表达出来的。对于我们对异性恋和同性恋二者的思考，对于我们对同性社会关系的象征特性（以及其中暗含的所有拉康式的象征）的思考，这种观点都产生了深远影响。这并不是说菲勒斯为某人所有而不为另一人所有，而是说它在一个异性恋和同性恋的回路中同时周旋着，因而把这个场景中每个"演员"的身份位置固定住了。当一个男人把女人送给另一个男人时，他也送去了自己的一部分，而收到她的男人同时也就收到了他。她在其中周转，但她是否最终被渴望得到？还是说，她只不过是通过成为两个男人欲望的代表例示了一种价值？在这里，这些欲望交汇在一起，但两个男人却没能相遇，潜在的同性恋亲密接触只能被中转传递、被搁置、被遏制。

我提出这个问题是因为异性恋和同性恋之间相互定义的方式很深奥且或许无可逃避，而在我看来，解读这种方式是不可能的。比如，在什么程度上对同性欲望的无力承认使得异性恋嫉妒复杂化了？[1] 让我们设想这样一个场景：一个男人的女性爱人想得到另一个男人，甚至"得到"了他，而第一个男人以自己为代价经受了这一切。那么，这第一个男人必须付出怎样的代价？在这一场景中，当他欲求着他者的欲望时，他的爱人的欲望就是代价吗（我们且想象这就是吧）？还是说，他的爱人另

---

1 关于嫉妒以及置换同性恋欲望的问题，请参见弗洛伊德的文章《嫉妒、偏执以及同性恋中的某些神经症的机制》("Certain Neurotic Mechanisms in Jealousy, Paranoia and Homosexuality")。——原注

找**男人**当情人是一种特权（我们且认为这是可能的吧）？当他为她的不忠发怒时，是不是因为她不愿作出和他一样的牺牲？而且，即使这种解读可能说明在这个场景中他与她有认同，但我们不清楚这种认同是如何发生的，或者说，即便的确是认同，我们也不清楚这究竟是不是一种"女性"（feminine）认同。他或许希望得到她在这个场景中的想象位置，但他把她的位置想象成什么呢？我们无法假设他把她的位置看成是女性的，即使在他的想象中她对另一个男人的态度是接纳性的。如果占据他自己嫉妒想象中心的是他的接纳性，那么，或许更合适的说法是，他把她想象成处在被动男性同性恋的位置上。最后，究竟有没有可能在这种情况下区分异性恋激情和同性恋激情？毕竟，他已经失去了她，而这激怒了他；她做出了他不能也不会做出的行为，这也激怒了他。

本杰明坚持说，我们没有必要非要将欲望和认同的关系当作是相互排斥的。很明显，这种观点给上述同时存在的激情提供了空间。但是，她是否给我们提供了一个方法，来描述异性恋如何变成同性情感的场所，或者说，同性恋如何变成通往异性恋情感的渠道？看起来，当这种二元结构被施加到性别上时，产生了一种性别互补性，而这种互补性没能让这种"二元"关系继续保持在二者之间。本杰明宣称，第三者是作为主体间的过程来介入的，是作为经历毁灭的"幸存"来介入的（这样的劫难是一种更具可活性、创造性的"否定"）。像她这样宣称，就已经让这个场景显得比可能的更好了。当然，她让我们了解到合并和毁灭是每种关系都面临的危险，但为了实现一种承认，使得相互联系的两个自我因为彼此之间的动态关系而转变，就必须处理这些问题。

但它们和那个第三者之间有什么关系呢？请注意，在这里，酷儿理论对"女性交换"的重新描述，并没有回到拉康式的女性主义对菲勒斯首要性的坚持上去。情况并不是由于那个欲望模仿地反映了一个人拥有菲勒斯的地位，一个人就会欲求他者的欲望。也不是说一个人欲求别的男人欲求的东西，以更加充分地认同男人。的确，如果说一种三角关系中的异性恋转化成了同性社会性（homosociality），当这种三角关系开始时，各种认同过程就制造出一种复杂性，而这种复杂性被一般的拉康式观点忽视了，或视为病态。如果说在逃避不了性别差异（假设这是异性恋的性别差异）的背景下欲望与认同成了互相排斥的两种可能，那么，我所描述的场景中的演员就可以被视为是在徒劳地试图占据位置，与一种让他们注定失败的象征体系斗争。因此，上文提到的那个男人不过是试图想象，在他的爱人与另一个男人的恋情中，自己处在她的位置上，并由此"拒绝"了性别差异。因此，以道德的名义把欲望归咎于疾病，又一次发生在了预先安排的性别差异好戏里。我相信，本杰明和我都认为这种方法站不住脚。

但我们究竟在哪儿出现意见分歧？首先，正如我上文已经指出的，这种关系不能脱离了它对第三者的指涉来理解，而第三者不能被轻易地描述为这个关系"过程"本身。我这并不是说，第三者被"排除"在这个二元关系之外，也不是说这个二元关系要成立就要先把第三者排除在外。没有哪一种第三者可以既作为一种构成性元素处于关系之中,同时又作为部分未实现的欲望和被禁忌的欲望对象处于这个关系之"外"。

因此,让我们以女性视角重新思考,把这个场景进一步复杂化。我们来想象她是一个双性恋,已经尝试着和"一号男人"建立了关系,暂时把自己对女性的欲望(多为对下体位的欲望)放到了一边。她没有找一个女人来做"第三者",而是找到一名男性(二号男人),并采取了"高高在上"的主动地位。出于讨论的方便,让我们姑且认为一号男人宁死也不愿自己的女友占据"上风",因为这对他而言太"古怪"(queer)了。因而,当他知道她在与另一个男人的关系中采用了在上的体位且可能对他进行肛交时,他出于好几个原因勃然大怒。但她究竟想得到什么?如果她是双性恋,那她正好就是一名和几个男人相交的双性恋。但或许她也是在演一出好戏,这场戏里爆发的嫉妒让他们之间的关系充满危机。或许,她这样做是为了摆脱这种关系,以使自己能自由地追求"与以上都无关的东西"。她在这个时刻强化了异性恋行为,我们是否可以把这种强化看成是达到以下目的的方法呢:(1)看着第一个爱人产生嫉妒,并刺激他产生更强的占有欲;(2)对第二个爱人占据上风,并满足她在与第一个爱人的关系中无法满足的欲望;(3)让两个男人互相对抗,让她有可能和一个女人建立关系,且在这个关系中她不会采用上位;(4)加强她的异性恋欲望,以驱除在女同性恋关系中占据下位可能带给她的种种心理危机。请注意,一种欲望很可能不为另一种欲望服务，并不能让我们说出哪一种是真实和正宗的，哪一种是伪装或偏差的。实际上，这个女人可能找不到"真正"的欲望来替代她经历的这个过程，而这一过程本身可能就是真实的一切了。但也有可能她和第二号男人之间的韵事间接地变成了这些情欲暂时交汇的场所，而要理解她，我们就必须接受这些情欲同时发出的、不一致的真相说法。当然，在大城市里，以下情况并不少见：以异性恋形式相交的男女友好地分手，以追求同性恋欲望。这不是说我了解这儿究竟发生了什么，或者说，了解作为朋友的男、女同性恋开始睡在一起时发生了什么。但我们似乎可以假设，同性恋和异性恋情欲出现了某种交叉，它们不是一根辫子上分开的两股，而是同时互为对方的载体。

我认为这在对跨性别的讨论中最为显著。跨性别人士的性取向究竟是同性恋还是异性恋是很难说的。"酷儿"（queer）一词之所以被广为使用，就是因为它适用于这些不可决定的时刻（这些时刻充满活力），但目前精神分析尚未尝试去理解这些文化产物（迄今为止，关于性取向的某些不确定的概念起到了构成作用）。我们只要看看那些处于转换中、身份还在获取过程中而尚未获得的跨性别者，就很清楚了。或者说，这对那些把转化视为永久过程的跨性别者而言尤其是这样。如果在这样的案例中我们不能明晰地指认性别，那我们还有什么参照点来判断性取向吗？在性别跨越（transgender）问题上，如果身体变性（transsexualism）不介入的话，就存在着各种跨越方式，且不一定产生稳定结果，这个时候，性别跨越（gender crossing）部分地构成了情欲化本身的条件。在电影《男孩不哭》(Boys Don't Cry)[1]中，性别跨越似乎既包含认同男孩，又包含欲求女孩，所以这里的跨越指的是从一名女孩到成为一名异性恋男孩的跨越。布兰登·提纳自认为是异性恋男孩，但我们也看到了若干去认同（disidentification）的时刻；在这些时刻，幻想破灭了。作为女孩就必须使用卫生棉条，把它们不着痕迹地处理掉以后，他的认同过程重新开始。每一天都必须重新组合，成为可信的幻想，一种推进相信的幻想。他的女友似乎并不知情，但这不过是迷恋中的不知情，是情欲化的不确定基础。即使这个女友宣称自己不知情，我们却一直不清楚她是否真的不知情；而当她宣称自己知晓一切时，我们也不清楚她是否真的知晓一切。实际上，这部电影最令人激动的部分之一，就是这个女友在知情的情况下重新完全投入到幻想中去。而最脆弱的部分之一，则是这个女友在知情的情况下似乎再也不能完全投入幻想。那种"否定"不仅使幻想成为可能，而且使之加强；在某些情况下，它甚至把幻想加强到了经受得住承认的地步。

类似地，我们也不能说，布兰登的身体处于这幅图景之外。我们不能认为，让幻想成为可能的是身体的置身事外，因为他的身体并没有不相干，只不过是遵循着幻想来扮演角色而已。这并不是对解剖的简单"否认"，而是出于相互的性爱幻想目的重新部署身体、身体的覆盖面及其弥补性延伸。扮演角色的有嘴唇、

---

[1] 《男孩不哭》(Boys Don't Cry)，1999年，二十世纪福克斯公司，导演金伯利·皮尔斯（Kimberley Peirce）。——原注

双手、眼睛、布兰登的身体在他／她的女友雷娜身上和体内的力量，以及手臂、体重和抽插。因此，这简直不是一幅"身体碎片"的简单图画，也可以说并不"可悲"。当他／她欲求他／她女友的欲望时，他／她想得到的是什么？布兰登占据着欲望主体的地位，但他／她并没有翻身仰面躺着，让他／她的女友吸吮他／她的假阴茎。或许这会太过"酷儿"，但这也可能会毁去使他们俩的幻想成为可能的条件。他／她在黑暗中使用假阴茎，以使得幻想能够最大程度实现，使得它的否定条件得到满足。没错，他／她占据了那个位置，而且，恰恰是因为他／她把这个位置占据得太好了，在电影中他／她才遭受了那些男孩的迫害和强暴。布兰登是女同性恋还是男孩？当然，这个问题本身以特定方式定义了布兰登的困境，虽然布兰登不断通过把自己塑造成男孩来回应这一困境。我们不能说，布兰登必须把自己塑造成男孩，就说明布兰登是女同性恋。因为，男孩们自然是把自己作为男孩来塑造的，而解剖生理总是要经历某种形式的"塑造"才能进入性别。

有的女同性恋做爱时，只用假阴茎进入女友体内，她的性行为看似如此地符合异性恋方式，以至于丝毫没有其他方式来理解的可能。那么，她究竟是男孩还是所谓"男孩"？如果我们这样问，是否会让问题变得容易一些？如果她说她只能作为"男孩"来做爱，那么，我们可以说，在床上（如果说不是在街上的话）她是跨越了性别的。布兰登的跨越（crossing）对文化的公共规范提出了挑战，因此，在性别跨越的谱系上，它占据了一个更为公共的地位。这并不仅仅关乎以某种特定的方式性交，还关系到如何以具有男性特质的性别（a masculine gender）出现。因此，在这个意义上说，布兰登不是女同性恋，虽然这部电影屈服了，想在他受强暴之后把他放回到那个位置上去，暗示说对女同性恋位置的回归（取得？）在某种程度上是由强暴促成的。于是，就像是那些强暴者所做的那样，这部电影试图把布兰登送回到与其解剖生理"相互协调"的女性身份中去。这种"相互协调"指的是根据已确立的文化规范，把解剖生理作为工具，从而制造出"女性"，并规范性别，尽管这一过程允许酷儿欲望的存在。我们可以猜测，布兰登只是想公开成为一名男孩，从而获得合法权利来建立他的性关系，但这样一种解释的假设是性别对性而言不过是一种工具。可对布兰登而言，性别有自己的快感，有自己的目的。认同过程的这些快感超越了欲望的快感，并且，在这个意义上，布兰登不仅仅是一名女同性恋，或者说，我们不能轻易地判定布兰登是一名女同性恋。

承认以及互补性的局限

在这里，性别互补（gender complementarity）这个概念对我们有什么帮助吗？本杰明写道："对性别互补的批评产生了一种必要的悖论：它一方面颠覆了女性特质和男性特质这对相反的范畴，而同时又承认人们免不了让这些概念组织他们的经验。"[1] 就

---

[1] 本杰明，《他者的阴影》，第37页。——原注

在这段话出现之前，她说道："如果我们不以男女之间的相反关系（在这个二元结构中，女性占据反向位置）为出发点，我们似乎就消解了我们对性别的各种范畴提出质询的基础。"但是，这些质询是什么呢？提出这些质询的方式真的正确吗？世上有那么多生命被区分了性别，当这些生命并不能采取男女二元结构时，我们做出男女二元结构的假设是否正确？如果纳入第三方能让我们看清贯穿异性恋关系的同性恋目的，那么，我们把这种关系视为一种二元关系是否正确？我们是否应该针对性别来提出以下问题：要付出什么心理代价，才能建立起规范化的性别？为什么假设了互补性就一定假设了一种自我参照的异性恋（在定义上，这种异性恋并不违背同性恋的目的）？如果说我们过去不能提出这些问题，难道现在它们不应该成为理论挑战的一部分，加入到争取建立一种关注性别政治和性政治的精神分析（这种精神分析既是女性主义的又是酷儿的）中去吗？

如果我们想做的是提供承认，如果我们相信承认是一个相互的过程，且在这个过程中它让自我脱离它们那种结合性、毁灭性的倾向去理解另一个自我（从伦理上看，这个自我和我们之间的区别必须标示出来），那么，我们以这样的方式提出这些问题是很重要的。我希望我已经说得很清楚，我并不反对承认规范，只要它是像本杰明书中描述的那样来发挥作用；而且，实际上我认为，对精神分析而言，这种规范很恰当。但我的确想知道，她对这种承认规则之下的可能性的描述中是否带有一种站不住脚的希望。而且，就像我上面指出的那样，我尤其怀疑她所描述的过度包容能否成为一种前提，在这种前提下，我们可以承认一个既没有被摈弃又没有被合并的单独的他者。

让我们首先看看，是否如本杰明所说的，否定能够干净利落地与毁灭分离。然后，我们来重新考虑一下黑格尔式的承认概念（这个概念强调其迷幻结构），并且探寻这是否和过度包容的模式相一致。它们能否促成承认？在这个伦理问题上，这些不同的模式是怎样、以什么形式起作用的？最后，我们要看一看，对于我们思考与身份有关的自我，这些不同的承认概念有些什么启示。

本杰明清楚地指出，自从《爱的镣铐》(The Bonds of Love)出版以来，她一直坚持"否定是承认的运动中的一个同等关键的时刻。任何对他者性的接受的要求都不能无视承认会无可避免地崩溃，变成控制"。[1]这是她1998年发表的立场。然而，从那以后，她已经偏移了这种"无可避免的崩溃"论。她早期的论点似乎认为承认的前提是否定性，而她现在的观点则似乎暗示说，否定性是一种偶然发生、降临到承认上的事件，但并不能定义承认。例如，她说"我们应该预期，在承认中会发生崩溃"，但那种"崩溃"可以被克服："毁灭继续着，直到生存在一个更真实的层面上变得可能。"承认就是这个真实层面被赋予的名字，被定义为毁灭本身的超越。接下来，它还被描述为一种"对话式过程"，在这个过程中，外在性（externality）获得了承认。这种情形下的分析者不是一种理想化，因为这样的话就无法将分析者从内在性

---

[1] 本杰明，《他者的阴影》，第83—84页。——原注

（internality）那里释放出来。在他或她打破理想意象或迫害式意象时，正是他者代表了一种对话性接触的"真实"出现，代表了本杰明口中"主体间共享空间"的产生。

我想问的是，主体间共享空间在它的"真实"模式下能否真的免于毁灭。如果它最终能免于毁灭，它会不会超越于心理之外，而不能为精神分析所用？如果把"第三因子"重新定义为对话性接触的和谐音乐的话，那么其他"第三因子"会怎样呢？打断了一场亲密接触的小孩，找上门或是打电话来的前恋人，无法保留的过去，无法容纳的未来，在不预期的情况下出现的无意识——这样一些所谓的"第三因子"会怎样呢？当然，它们都充满否定性，它们甚至是"毁灭"的源头，而这种毁灭无法在音乐般的和谐对话中完全被克服、否认、解决。这种音乐湮灭了什么不和谐的声音？为了存在，它否定了什么？如果这音乐是马勒的音乐，那又会怎样呢？如果我们认为关系中的问题不仅是用来制造互补性、不仅是把属于自我的东西投射到别人身上、不仅是合并另一个应被视为独立的他人，那么，就很难在结构上保持绝对二元性的那种承认模式。但是，如果我们认为对他者的欲望可能是对他者的欲望的欲望，而且，如果我们接受这种观点的多种模糊的表述，那么，在我看来，要承认他者，似乎就要求我们假设这种二元结构实际上和它看上去几乎不一样。如果各种关系主要是二元结构的，那么我就处在他者欲望的中心，而自恋从定义上就得到了满足。但是，如果欲望是通过不那么容易追踪的传达方式起作用的，那么，"我对于他者来说是谁"这个问题从定义上就有被置换的危险。一个人能把自己喜欢的他者从所有那些到这个他者这里驻足的他者中区分出来吗？一个人能把这个他者从心理凝缩和心理置换的整个历史中，或者说，从被抛弃了的客体关系（这些关系构成了自我）的沉淀物那里解放出来吗？或者，"承认"他者是否部分意味着对他或她的承认必须携带一个历史，而自己并不是这个历史的中心？这难道不是所有承认中必要的谦逊的一部分吗？这不是发生在爱情中的承认的一部分吗？

我相信本杰明可能会说，当一个人认出自己不在他者的历史中心时，这个人就认出了差异。而且，如果一个人不用进攻性的、绝对的毁灭来回应这一认识的话，那这个人就有能力认识到这种差异，且能把这一识别他者的特征理解为一种不会导致毁灭的"否定"（非我）关系。否定是那种活下来了的毁灭。但如果这是她的回应的话，那么在我看来，这似乎需要进一步认识到二元关系的必要崩溃，认识到崩解的产物不能被那个有限的结构容纳或压抑住。这种二元结构是一种获得，而不是一种假设。我们很难让它起作用，部分原因是它是在心理层面上获得的，而这个心理层面从根本上对它并不在意。如果否定是那种活下来了的毁灭，那么"存活"是由什么构成的？当然，这种表达暗示了，不论如何，"毁灭"被克服了，甚至是就此永远被克服了。但这到底有没有可能呢？也就是说，对于人类而言，这有可能吗？而且，对那些宣称从此一劳永逸地克服了毁灭并获得和谐的二元结构的人，我们会相信他们吗？起码我会保持警惕。

有的驱力论（drive theory）认为，攻击随时存在，并构成了我们是谁。我们无须因为毁灭性这个危险因素一直存在就非要接受这种驱力论。这种危险因素是人类精神生活永恒、无解的一个方面。因此，任何想要克服毁灭性的治疗规范都是以一个不可能的前提为基础的。现在的情况是，从她在毁灭和否定之间做出的区别中，本杰明希望衍生出一种伦理规则，这个规则是，我们必须不断挺过毁灭活下来，把它当作一种否定。这是一个不能间断的任务。但是，她援用的时间动态形式并不是一种重复自身的过程，不是一种必须把毁灭性不断地重新推上舞台的过程，不是一种预期了不可避免的各种崩溃形式的关系；相反，它是一种对话，它把张力作为"自身目的"来保持，是一种目的论，或者说，这一过程以克服毁灭为最终目的。

在《精神现象学》有关主人和奴隶的章节中，黑格尔介绍了承认这个概念，从自我丧失的角度讲述了和他者的首次接触。"自我意识……来源于自身……它已经失去了自我，因为它发现自己是一种其他的存在"（第 111 页）。我们可以认为，黑格尔只是在描述一种病理状态，在这个状态中，一种关于被他者吸收的幻想构成了早期的或原始的经历。但是，他说的远不止这些。他是在指出，不论意识是什么，不论自我是什么，它都只会通过自己在别人那里的反映发现自己。要做自己，它就必须经历自我丧失，而在经历了这种丧失以后，就再也不会"回到"曾经的自己。然而，在别人那里或作为别人而被反映出来，对于意识而言具有双重意义，因为意识会通过反映以某种方式重新得到自己。但是，由于反映是外在的，它重新获得的自己也来源于自身之外，因而它会继续丧失自我。所以，它与他者之间的关系永远是矛盾的。自我了解的代价是自我丧失，而他者既可能保障自我了解，又可能破坏自我了解。很清楚的一点就是，自我永远不会摆脱他者回到自身，这种"关联性"成为构成自我的要素。

在这最后一点上，本杰明和我意见一致。我认为，我们意见不一致之处在于我们理解这种关联性的方式。在我看来，黑格尔给了我们一个关于自我的迷幻式概念，这个概念下的自我必须处于自身之外，和自身决不雷同，从一开始就区分开来。一方面，这个自我在这边思考着自己在那边的反映，同时，它在那边也同样地被反映以及反映着。它的本体被不可逆地分开了。的确，在《精神现象学》中，不论出现怎样的自我，它总是在时间上偏离了它从前的样子；它通过和他者性（alterity）的接触而被改变，其目的不是要回到自身，而是要变成一个从来没有出现过的自身。差异将它抛给了一个不可逆的未来。如此说来，做自己，就是要保持和自己的距离：不是享受自我认同（黑格尔称之为自我确定）的特权，而是被投放到自身之外，成为自己的他者。我相信，这种自我的概念所强调的黑格尔观点，与本杰明著作中的黑格尔观点不一样。在这种理解中，"包含性自我"里的"包含"（inclusion）这个隐喻显然是不起作用的。我会解释为什么。

在《他者主体的阴影》（"The Shadow of the Other Subject"）一章中，本杰明对我和其他四位女性主义哲学家合写的《女性主义争论》（*Feminist Contentions*）提出了可能是迄今为止发表的对这本书最重要的讨论。她担心，我赞同的自我概念以排除（exclusion）

为前提（第102页），而且她认为我没有一个补充性概念来表达"包含"。她指出，如果我反对通过排除而形成主体的某些方式，那么，这就解释了我为什么会接受一种让排除可以被克服的规范性理想："只有包含，只有公开认可被拒绝的东西——简言之，只有**承认**（owning）——才能在外在性的领域中给他者在自我之外提供一个位置，才能在自我之外承认他者。"（第103页）当然，只要"包含"告诉我们"外在"是如何被承认的，一个隐喻式的问题就出现了。但这是否不仅是一个隐喻性问题？或者说，这个隐喻性问题是否为我们描绘了一个更大的理论难题？针对我在《身体之重》一书中提出的排除或贬黜（abjection）等否定形式，本杰明提出了"包含"的概念作为反面补充。但是，她保留了"外在"这个概念作为真实对话条件下出现的他者的特征。因此，我们如果把排除这个概念理解为开除、贬黜或否定的话，就留在了窠臼里，依旧把它理解为是分裂的一种互补形式，而在她看来这种窠臼通过一个被否定的投射彻底地遮蔽了他者。那么，他者只有在不再被"排除"的时候才能作为"外在物"出现。但是，他者在这个时候被"拥有"了吗？还是说，有一个解除拥有的过程使他者得以出现、重新开始？这是拉普朗什（Laplanche）的观点，列维纳斯和德鲁西拉·康奈尔也肯定会这么认为。[1] 这种运动超越了拥有和解除拥有的逻辑，把

---

[1] 参见德鲁西拉·康奈尔，《局限的哲学》(*The Philosophy of the Limit*)；埃玛纽埃尔·列维纳斯，《存在之外》(*Otherwise Than Being*)。——原注

他者带到了主体的自恋轨迹之外。的确,对拉普朗什而言,他者性是在有关拥有的问题之外出现的。[1]

我想指出的是,黑格尔用迷幻概念来构想自我,在某些方面呼应了那种认为自我不断迷失在他者(这个他者保障了自我的存在)中的自我概念。此处这个"自我"并不等同于主体,后者比喻的是有自主权的自我决定。在黑格尔的理论中,自我受制于他者,且在他者中陷入危险。在"主人与奴隶"一章中,当两个自我意识在"生死搏斗"中互相认出对方时,它们都看到了它们共有的力量,这个力量可以消灭他者,从而摧毁它们自我反省的条件。因此,正是在一个根本的脆弱时刻,承认(recognition)才变得可能,而需要(need)变得自觉。当然,在这种时刻,承认所做的就是抑制毁灭。但这也意味着自我不属于自己,而是在任何关系之前,就预先交付于他者,但他者终究也无法拥有它。要知道它与他者之间的关系具有什么伦理内容,就必须检视这个被"交付"的状态——这个状态是基本的、相互的。在黑格尔的理论中,认为自我"包含"了他者只是说对了一部分(在这里本杰明则会区分"包含"和"合并"这两个概念,而且会把它们当作是相反的概念)。因为自我总是自身的他者,因而既不是一个"容器",也不是能把他者们"包含"进自身范围的一个整体。相反,自我总发现自己是一个他者,它变成了自身的他者,而这是标明"合并"的反面的另一种方式。它并不把他者纳入,它发现

---

[1] 参见让·拉普朗什,《关于他者性的文章》(*Essays on Otherness*)。——原注

自己在一种不可逆的他者性的关系中被送到自身之外了。从某种意义上说，自我"就是"与他者性之间的关系。

本杰明有时提到一种"后现代"的自我构想，这种构想以自我的"分裂"和"去中心化"为假定特征。但是，我们并不清楚这些术语究竟是什么意思。有人宣称，我们先是有一个自我，然后这个自我开始分裂。这种说法并不靠谱，因为我在这里勾勒的自我从一开始就处于自身之外，是由本体论上的迷幻（ek-stasis）定义的，是由与他者的根本关系定义的——在这个关系中，它发现自己被模糊地安置在自身之外。我认为，这个模式可以用来驳斥认为主体自给自足的看法，或是用来驳斥认为所有的认同都具有合并性特征的看法。而且，从这个意义上说，这些看法和本杰明的观点相去无几。确切说来，这种"分裂"可能并非精神分析理论意义上的那种，但它可能是本体论上的分裂，且正是精神分析理论的分裂概念所依据并详细阐发的。如果我们假设先存在自我，然后它才开始分裂，那么，我们就假设了，在分裂前，自我的存在状态是自给自足的（我们可以说，这是阿里斯托芬式的神话，是从自我心理学的元心理学中捡回来的概念）。但是，这样做就未能在思考自我（自我必须保持不统一，且这具有伦理影响）时把握住关联性本身的本体首要性及其后果。

一旦我们这样来思考自我，就会看到，动词形式如何最接近地表达了这种根本的关联性。出于常识，我们会问：难道不存在一个会认同的自我吗？难道不存在一个表达哀悼的自我吗？难道我们不是都知道存在着这样的自我吗？但如果这样，习惯性的和前批判性的语法需求似乎就胜过了批判性思考的要求。谈论自我似乎是很正常的事，但是，我们能够确信自我在分裂之前是完整的吗？如果我们坚称有这么一个主体"进行"了它的分裂，这种说法意味着什么？在主体自身形成伊始，主体没有从任何事物那里分裂出来吗？难道主体形成的过程（这被理解为一种自我决定的活动）没有伴随着无意识的产生吗？而且，如果这个自我已经和分裂的自我存在距离了，我们应该如何理解对这样一个自我而言分裂意味着什么？是的，宣称主体分裂是可行的也是必要的，但这并不因此可以推出主体曾经是个完整的单一体或具有自主力。因为，如果主体是分裂了的且还在分裂中，那就有必要知道什么样的分裂是最早的、什么样的分裂是一个偶然的心理事件，以及那些不同层面的分裂如何相互联系（如果它们之间有任何联系的话）。

这种理解关联性的角度是从黑格尔那里衍生出来的，它认为自我从另一个自我那里寻求并提供承认。但另一种理解角度认为，这个承认过程正好揭示了自我总是已被放置在自身之外。这并不是特别"后现代"的观点，因为它是由德国唯心论以及更早的中世纪迷幻传统衍生来的。它仅仅是承认了处于关系中的"我们"并没有和这些关系分隔开，不能在关联性所要求的去中心化效应之外来思考自己。此外，定义我们的各种关系并不是二元性的，而总是指向一个历史遗存和未来（它们不由他者控制但又构成某种类似"他者的他者"的东西）。考虑到这一点，那结论就是，我们从根本上就"是"一个处于欲望时间链上的主体，这个时间链仅仅是时不时地和暂时地采用了二元的形式。我想重申的是，思考关联性时，去掉二元模式将有助于我们理解异性恋、同性恋、双性恋欲望中的三角呼应，让我们更好地理解性和性别间的复杂关系。

我们应该感谢杰西卡·本杰明，是她在哲学和精神分析缝隙中开始了这场关于性别和性的最重要对话。现在，让我们再次思考一下，如果相互承认所涉及的不仅仅是相关的两个人，意味着什么。

第七章　乱伦禁忌的窘境

　　本章将讨论两个问题，它们不仅让人对精神分析理论产生不满，而且正是作为精神分析令人不快的内在内容出现的。这两个问题就是乱伦和规范性亲缘关系。它们主要通过乱伦禁忌而联系在一起：一方面，通过这种禁忌起到的约束作用而产生联系，另一方面，通过这种禁忌引入并合理化的东西而产生联系。对乱伦和亲缘关系，我要分开进行评论：一方面，我的评论与当代关于乱伦的争论有关，涉及乱伦能否被概念化以及如何概念化；另一方面，我的评论涉及乱伦禁忌与异性恋形式的规范性亲缘制度之间的关系。我想指出的是，作为一种理论和实践，精神分析很可能会因为重新考虑乱伦和亲缘关系、考虑它们之间的关系问题而得以复兴。一方面，精神分析理论认为，在俄狄浦斯关系中，儿子对母亲的乱伦之情被幻想化了，且引起了恐惧，因此禁令出现了，强迫儿子去爱一个母亲之外的女人。另一方面，弗洛伊德的作品对女儿的乱伦情感着墨较少，但她放弃了自己对父亲的欲望，最终和母亲认同，并转向孩子，将其视为崇拜物或阳物替代。在结构主义语言学的语境中，这种原初的乱伦禁忌变成了一种渠道，催生了性认同、男女特质分化以及异性恋的确立。通过对性别和性的规范化，精神分析理论已经给我们描绘出了这一路径，但即便如此，它也一直坚称它描述的这种"发展"并非万无一失。因此，精神分析理论给我们提供了，或者说，为我们上演了一出好戏，描述了性规范化的形成，以及这种规范化会如何不可避免地偏离正轨。

在这个关于生长的故事里，乱伦一般被描述为一种应该受到惩罚的幻想。当代社会对乱伦的讨论中出现的主要问题之一是，它究竟是真实的还是幻想出来的，以及我们应该如何从认识论的角度来区分这两种情况。对一些人而言，这个认识论难题的答案在于是否存在假的记忆，以及我们该如何看待第一人称对所谓童年早期经历的叙述。对另一些人而言，关于乱伦的"现实"问题和记忆史撰写方面的更宽泛的问题相关，也就是说，问题在于历史"事件"能否与对它们的阐释分开，相应地，创伤事件的不可否定性（比如对欧洲犹太人的灭绝）能否自信地面对修正主义历史学家对历史的改写。

这些问题因为创伤研究［卡鲁思（Caruth）、费尔曼（Felman）和劳布（Laub）］的发展而进一步复杂化了。这一领域的观点认为，从定义上说，我们无法通过表述或回忆去捕捉创伤。也就是说，一切记忆都是假的，而且任何用叙述重塑过去的努力都是徒劳。

对乱伦问题而言，关键在于记忆、事件和欲望之间是什么关系：事件是**先于**记忆而发生的吗？还是说记忆回溯性地设定了事件？或许这只是以记忆的形式出现的一种愿望？有些人想要强调乱伦作为家暴形式很普遍，这些人常常会认为这是一种事件，而且，它如果是一种记忆的话，也是一种对事件的记忆。有时这会以十分教条的前提出现：要使乱伦看起来是一种真实的创伤，我们就要把它看作是一种事件。然而，这种看法恰好受到了上述创伤研究观点的挑战。这些观点认为，创伤的标志和证明正是它对事件叙述结构的抵触。

有些人担心会出现虚假控诉，而且他们还相信当前社会有制造这种虚假控诉的趋势。这些人可以反对或支持某种精神分析角度。例如，他们可以坚持说，乱伦要么是一段通过治疗唤起的记忆，要么是一种被变形为假记忆的愿望。有一种精神分析方法试图弄清，乱伦只是一种愿望还是一种变形为记忆的愿望。这种观点认为，有关乱伦的叙述性报告所对应的是一种心理事件，而不是一种历史事件，且这两种事件是分得开的。在精神分析范围内，存在着第三种立场，它认为创伤和叙述不相容。也就是说，只要乱伦以创伤的形式出现，它就不可能恢复为事件；作为创伤，它不可能被记住或被叙述，所以就不会以记忆中的事件或可叙述事件的形式出现。因此，对历史真实性的诉求，并不能通过建立乱伦的事件结构来获取。相反，当乱伦**无法**作为事件来描述时，这种不可描述性恰恰证明了它的创伤本质。当然，这样的"证词"在法庭上很难被证实，因为法庭判案依据的是事件的经验状况。反过来，创伤会破坏经验主义。

因此，乱伦造成的创伤要么被看作是残忍地施加在儿童身上的，要么被看作是对儿童欲望的利用性刺激，或被看作是儿童的经历中或成人对童年的记忆中完全不可表述的部分。而且，只要精神分析认为乱伦幻想及其禁忌是性别分化（以及对性别的性规范）过程的产物，我们就很难区分以下两种乱伦：那种在心理的性别分化中占据重要地位的创伤幻想，以及那种显然应该被标记为虐待的创伤，后者被认为与心理发育和性发育都毫不相关。

这些观点可以引发普遍争议。从精神分析角度看（要强调的是，这种角度并不统一、和谐），有几个迫在眉睫的问题。有些观点针对的是乱伦行为以不必要且不可接受的方式造成的创伤，而另一些观点则认为乱伦禁忌及其创伤影响的持续存在是性别分化的一部分，是成人的性成熟道路上必须经历的。在不贬抑前一种观点的同时，我们该如何看待后一种观点？就像我们不能假定所有有关乱伦的声言都是真实的，我们也不能把所有关于乱伦真实性的说法简化为幻想破灭后的症状。我们的任务在于，弄清那些属于童年性欲的乱伦情欲是如何通过乱伦行为（这些行为越过了禁忌界限，而这些界限本应被牢牢守住）而受到了利用。此外，要理解这种做法引起的创伤，就不能忽视心理痛苦，也不能因为缺少经验证据或缺少叙述史就认为创伤仅仅存在于幻想层面。创伤理论认为创伤让我们无法表述，如果这种看法是正确的，那我们就无法直接通过表述来给创伤性乱伦的心理和社会状况下定论。我们只能依靠对各种省略、空白、缺失的解读，这就意味着精神分析必须重新学会解读支离破碎的叙述。

我想简单地重述一下和这一系列认识论问题相关的两个要点。首先，事件和愿望之间的区别有时不像想象的那么明晰。我们没有必要把亲子乱伦看成是父亲或母亲对孩子单方面的施为，因为不论发生的是什么，都会被记载在幻想的范围内。实际上，要想知道乱伦是怎样的暴力，并区分作为侵害的乱伦和非侵害的乱伦，并没有必要把孩子的身体完全看作是受外界影响的一个表面。当然，令人担忧的是，如果乱伦只是利用或激起了孩子的欲望，就多少会动摇我们把亲子乱伦看成是侵害的理解。因此，把孩子的身体物化为被动的表面，就会在理论层面造成对孩子进一步的剥夺：对心理生活的剥夺。也可以说，这造成了对另一种秩序的剥夺。毕竟，当我们思考乱伦会是一种怎样的剥削利用时，往往被剥削利用的正是孩子的爱。如果我们忽视孩子的爱和欲在和成人的创伤性乱伦关系中会受到什么影响，那么，我们就无法描述那种创伤的深度和它可能造成的心理影响。

有人可能会说，事件总是在心理上记录了的，因此，严格地说，事件和它的心理呈现分不开。也就是说，如果事件能被叙述出来，那叙述的内容正是二者的混合。但是，这种方法并没有考虑不可叙述的东西。这些东西不能用故事、报告、语言表述来呈现。对于既不是事件又不是记忆的创伤，它与愿望之间的关系不一定很明晰。承认这种侵害的严重性（这在伦理上是必要的）并不需要强迫主体证明"事件"的历史真实性。这是因为，创伤的标志正是没有办法证明历史真实性，也就是说，什么是历史性的、什么是真实的都变得不可知、不可想。

从临床的角度可以说，创伤究竟有没有发生过并不重要，因为重要的是在解读报告的心理意义时不要去判断它的真实性。但是，如果事件发生的模糊性正是它的创伤作用的一部分，那么，我们真的能把心理意义的问题与"事件"分开吗？情况可能是，不可想象的正是被推翻的幻想，或是父母实施的（想要实施的）行为，抑或是它们在事件中的汇聚。

可想象、可叙述和可理解的事物的限度是由什么构成的？**"想象中的真实"的限度**又是由什么构成的？我认为这些都是精神分析一直在探询的问题，因为它依赖于一种分析性的倾听形式，或者说，它依赖的形式或"解读"方式想当然地认为，可想象事物的领域取决于将不可想象或很难想象的事物排除在外（或者将之压抑或约束）。

当然，这不是说我们不能想象、不能讲故事、不能表述，而仅仅是说，不论用什么样的故事和表述来说明这种不是事件的事件，都会犯下用词不当的错误，将其不恰当地说成是事件。在这样的叙述中，我们要读取的是说不出来、只能暗示的东西，是已有的表达中的未言之义。重要的是这样一种解读形式：它并不试图找出事件的真相，而是询问没有发生的事情对真相问题产生了什么影响。因为，那种侵害的部分结果恰恰是让真相显得越发不可捉摸；这是这种侵害特有的认识论暴力。那么，坚持证明真相恰恰是忽略了这一侵害的这种结果，即把真理的可知性投入到持久的危机中。

因此，我不断地强调，这里讨论的前提是"当乱伦是一种侵害时"。也就是说，我认为，有时候乱伦并不是一种侵害。为什么我会这样说呢？我的确认为，有些形式的乱伦可能不一定会造成创伤，或者说，它们是因其引起的社会羞耻感才具有了创伤性。但我最担心的是，"乱伦"这个词涵盖的内容太多，它所代表的对性规范的偏离很容易就会和其他形式的偏离混淆起来。乱伦被视为可耻，这让表达它很困难。但是，究竟在什么程度上，乱伦被视为一种可怕的、令人厌恶的性越轨（且区别于异族异性恋关系的性越轨行为）？针对不符合规范的性行为的禁令也会被用来制定规范，以监督、维护异性恋亲缘关系。有趣的是，尽管乱伦被认为是对规范的偏离，但是有些理论家，比如琳达·阿尔科夫（Linda Alcoff），认为乱伦是一种支持家庭父权主义的行为。但在精神分析内部，尤其是在结构主义精神分析理论内部，父母的地位是通过乱伦禁忌而分化出来的。乱伦禁忌存在的前提是家庭结构已经存在，如果没有一个家庭概念，我们怎么能够理解禁止与自己家庭内部成员发展性关系的禁令？但在结构主义内部，母亲和父亲的象征性地位仅仅是通过这种禁忌来稳固的，所以说，这样的禁忌是通过对同族性关系的禁止来创造出母亲和父亲的地位。有些拉康学派的分析者把这些地位看成是不变的、必要的，认为它们在心理上占据位置，每个儿童都拥有它们，或可以通过进入语言来获取它们。

尽管我在别的地方也研究过这个复杂的问题，但是，还是有必要指出，这种地位的象征意义并不被视为等同于它的社会地位，而且，在象征层面，亲养结构和家庭结构的社会可变性并没有反映在"父母"这个持久存在的二元结构里。有观点认为，亲属关系是通过语言手段和象征手段（二者都是非社会性的）而创造出来的，我相信这种观点忽视了亲缘关系是一种有条件的社会行为。在我看来，母亲或父亲的象征地位，无一不是对有条件的文化规范的理想化和僵化。把这些可变的规范看作是文化及心理健康的前提，就是将对性别差异的精神分析与它的社会环境彻底分开了。这就为规范性概念设了限，只承认已经写进文化普遍法则中的那些概念。

有些法则把乱伦禁忌当成象征性的家庭结构基础并对其加以保护，这些法则不仅认为乱伦禁忌具有普遍性，而且认为它具有必然的象征性结果。这种法则的象征性结果之一就是男女同性恋收养、单身母亲家庭以及两个父亲或两个母亲的混合家庭等形式无法实现，因为在这些形式中象征地位被打散了，并以新的社会形式表达出来。

如果一个人坚持让这条法则继续发挥象征作用，那么，在我看来，这即使不是不可能，也很难把乱伦行为想象成一种真实存在。而且，如果这样，虽然不是不可能，但我们很难用挑战异性恋规范性的方式来构想父亲、母亲或双亲的心理位置。对异性外族通婚普遍性的挑战无论是来自内部（比如通过乱伦），还是来自对性的非主流社会组织形式（比如男女同性恋、双性恋以及非单配形式），如果我们认为性的可理解性是由有效的乱伦禁忌决定了的，那么，上面这些规范偏离中的任何一种都不会得到承认。从某种意义上说，正是约束乱伦的法则否定了乱伦，而且那些不遵循规范的性形式也会变得难以理解（有时甚至被视为会引发精神病，比如有些持结构主义观点的精神分析家就认为，同性双亲抚养可能会使这种环境下长大的孩子患上精神病）。

精神分析家有时候认为，尽管乱伦禁忌的目的是促成异性异族婚姻，但并不总能奏效，而人类性行为中的各种倒错和物恋证明这种象征性规则并不总是能完全维持我们的性生活秩序。这个观点要我们相信没有谁能真正遵循这种规范，而精神分析认为所有人都是变态或物恋者。这种看法的问题在于，规范的形式不论多么不可行，都被当作是不变的，因此，虽然这种构想让我们所有人都变得一样的离经叛道，但它并没能真正打破制定了单一且不变的规范并定义了对它的种种偏离的那种概念框架。也就是说，同性恋抚育权或双性恋还没能被承认，没有被当成一种完全能被理解的文化形式，从而脱离它们的异类地位。类似地，也没有办法区别偏离了规范的行为，例如女同性恋和乱伦行为。

只要存在被乱伦禁忌规范禁止或不承认的爱情形式，那么同性恋和乱伦就一定是这样的形式。就同性恋而言，它被否认的结果是正当的爱情不被承认；就乱伦而言，结果就是创伤遭遇不被承认，虽然我们也应该看到并不是所有的乱伦行为都会造成创伤（比如18世纪文学中的兄妹或姐弟乱伦常常以美好的田园诗形式出现）。但不论是让一种非规范的性形式合法化还是非法化，至关重要的是，我们的理论框架没有事先封闭各种可能性。如果我们认为，从定义上看，性的某些形式不可理解或从未存在过，那么，就会出现在我们使用的理论语言中复制各种否认的危险，而这些否认本来应该由精神分析揭示出来。

对于那些以列维-施特劳斯的分析为基础的结构主义精神分析家来说，乱伦禁忌制造了符合规范的异性恋亲缘关系，且将与之不符的爱情形式排除在爱与欲的世界之外。就乱伦而言，如果一名儿童的爱被剥削利用了，他／她可能再也不能找回这种爱，或再也不能把它当作爱了。这些都是不同形式的痛苦，同时它们也干扰对爱的坦承。不论多痛苦，不能承认自己的爱就会产生精神忧郁（melancholia），它是一种有别于丧失之痛（mourning）的压抑状态，且是爱恨交加的（ambivalent）。那么，如果亲缘关系构成了结构主义所说的文化理解的条件，那这种亲缘关系又是怎样被一种打破社会关系界限的爱否定的？这里出现了另一种用词不当。因为，如果乱伦禁忌是用来把主体安置于异性恋规范中的，且就像有些人说的那样，如果这种安置是一种条件，目的是建立象征上或文化上能被理解的生活，那么，同性之爱就是在可理解的世界中出现的无法被人理解的东西：这种爱不能被冠以爱的名称，且它在亲缘关系结构中没有位置。

当乱伦禁忌以这样的方式阻碍了一种非乱伦的爱时，就产生了一个爱的幽暗境界。尽管受到阻碍，这样的爱还是以一种暂停存在的方式坚持着。忧郁就出现了，它在过得下去的日子之外、在爱的领域之外陪伴着日子和爱。

因此，我们有必要重新思考乱伦禁忌：它有时挑战了侵害，而有时又成全了侵害。反对乱伦禁忌会很不讨好，不仅是因为这样常常会让那些不具同意能力之人遭受剥削，而且也因为这样做会暴露规范性亲缘关系中的不正常，而这种不正常也可能被用来反对亲缘关系的狭隘，强迫对其规则进行修正、扩大。如果精神分析在理论和实践上都将亲缘关系的异性恋规范作为其理论化的基础，如果精神分析认为，这些规范与文化理解度是共延的，那么，它也就变成了在文化层面上制造精神忧郁的工具。或者说，如果精神分析认为乱伦因为受到了禁忌的控制而无法存在，那它对心理痛苦放弃了哪些分析责任呢？我们的生活中不需要这样的东西。

第八章　身体的告白

在本章，我打算通过告白（confession）这个具体的行为来考虑语言、身体和精神分析之间的关系。[1]可能你已经知道，这种行为并不简单；但我认为它和临床实践之间有着一种至关重要的关系。在流行文化中，治疗师的办公室经常被作为一个人进行告白的场所。在《性史》第一册中，米歇尔·福柯提出，精神分析源自告白，在福柯的追随者中，这种对精神分析的看法被广为接受。[2]

现代政治权力的组织体系保留并重新使用了来自基督教制度的一些元素，因此，一种福柯称为"牧养权力"（pastoral power）的东西就延续到了晚期现代的机构中来了。福柯用这个术语暗示，一个阶层的人照料并管理了他人的灵魂，承担起对他们的道德引导，并且能了解、引导他们的良知。按照福柯的说法，在基督教中，牧师（pastor）这个概念暗含的意思是一个人具有关于受他管辖的人的确切知识，而管理和控制受管辖者的方式正是把这种知识运用到他身上。因此，牧养权力是一种权力形式，通过

---

[1] 本文在1999年春旧金山举办的美国心理协会分会（第39分会）上宣读过。——原注
[2] 在《会讲话的身体的丑闻》（*The Scandal of Speaking Body*）一书中，绍莎娜·菲尔曼（Shoshanna Felman）对身体和语言之间的关系提出了一种不同的精神分析方法。如果想了解我对这个问题的更多看法，请参见我为该书撰写的前言。——原注

这种形式一个人的灵魂得到了管理。如果一个人宣称自己真的知晓他人的灵魂,而且认为自己处在将灵魂指引到良知和救赎的位置,那么这个人是极具权力的,而且只有受过良好训练的人才能取得这个位置。如果灵魂以这种方式受到管辖,那么,通过接受灌输给他们的关于他们自身的知识,这些被管辖者承认了牧师拥有一种权威的真理话语,这种话语决定了他们究竟是谁,同时他们也学会用同样的真理话语来谈论自己。

福柯的《性史》第一卷认为,让我们逐步受控于这样的权威话语的方式正是告白。我们讲述自己想了、做了什么,然后这些信息就成为对我们进行阐释的材料。它使我们对行使牧养权力之人的权威性话语敞开心扉。在告白中,我们显示出我们并没有真的受到压抑,因为我们把隐藏的东西公开了。实际上,"性受到了压抑"是一个假设,它的目的是让你去揭示性。这是一种强制性的揭示,它依赖并利用了"性受到了压抑"这个假设。照福柯看来,我们说性受到了压抑只有一个理由:只有这样,我们才能将它堂而皇之地摆上台面。因此,正是"性受到了压抑"这种想法为我们的告白铺平了道路:我们最甘之如饴的正是我们的告白。[1]

为什么?为什么我们要煞费苦心、困难而勇敢地对别人讲述我们的欲望,并期待得到他们的回应?福柯把分析者想象成不带

---

[1] 参见米歇尔·福柯,《主体和权力》("The Subject and Power"),第208—228页。——原注

感情色彩的裁判，一名能够给予判断并施行控制的"专家"，他获取告白，以使受分析者服从规范性判决。福柯最终放弃了他关于牧养权力的说法。在他晚年的作品中，他重返古罗马晚期有关告白的历史，却发现告白并不只服务于管理及控制的目的。在《自我阐释学的开端》（"About the Beginning of the Hermeneutics of the Self"，1980）[1]一文中，他对自己的早期观点进行了"自我批评"（第161页），重新考量了塞涅卡（Seneca）作品中的告白的作用。福柯宣称，他发现了一种与透露"深层欲望"不相关的告白（第167页）。这种告白通过语言"以一种真正的生活方式，改变了单纯的知识和简单的意识"（第167页）。据福柯说，在这个例子中，"真理……不再由它与现实的关系来决定，而成了信条的内在力量，且必须在话语中得到发展"（第167页）。在这里，告白不再通过"压抑假说"来发挥作用（关于这种假说的详述，见福柯《性史》第一卷）。没有什么欲望是被压抑规则按下去了的；相反，实际情况是，自我通过他人在场的协助和语言的协助在话语中形成了。福柯写道："自我不是什么等着被发现的东西，也不能作为我们身上的一个隐秘部分来解读。相反，自我不是被发现的，而是通过真理的力量形成的。这种力量在于导师话语的修辞品质，而这种修辞品质部分取决于弟子的解说——他必须解释他的生活方式距他知道的真理之道有多远。"（第168页）

---

1 关于福柯对忏悔和压抑的早期观点的一个更完整的描述，参见米歇尔·福柯，《性史》第一卷第一章。——原注

在对神父约翰·卡西安（John Cassian，他是早期教父之一）的研究中，福柯讨论了告白是如何被构建成"永恒的言语实现"（第178页）的。这种言语实现的目的是，将人对自己的依附转变成对人之外的事物、对上帝的依附。福柯写道，从这种意义上说，"言语实现是一种自我牺牲"（第179页）。据福柯说，对卡西安而言，告白中的这种牺牲是对欲望和身体的放弃。他写道："我们不仅必须把这种牺牲看成是生活方式的巨大改变，也应该把它看作是以下常规的结果：只有当你消失或是消灭自己的真实身体和真实存在时，你才会成为真理的化身。"（第179页）这样的告白会彻底否定意志的主体。然而，由于这种告白是通过言语实现的，它也被视为一种阻碍了意志的言语实现形式。

福柯早期曾认为，牧养权力由统治和控制的目的来定义。而在上面这种告白形式中，这种早期观点就显得偏颇。我们可以把自我牺牲看成是受权力驱使的，看成是一种遏制策略，但这样做就误读了它的欲望和成就。关键不在于挖出欲望，并把它们暴露给公众，而在于通过言语实现本身来建构起关于自身的真理。前者依赖的是压抑假说，而后者则强调口头语言的述行力量（performative force）。在这后一种情况下，告白者的角色有些微不同："用言语来持续表达最难以觉察的思维活动，正是阐释者要扮演的角色"，因为阐释者专注于那些"难以觉察的活动"，不是为了发现预先存在的真理，而是要使自我远离自身。从这个意义上说，牺牲的目的，或者说，以神圣的方式重新建构自我的目的，意味着"敞开自我，使之成为一个可以无限阐释的疆域"（第180页）。

如果说福柯对牧养权力的早期看法不完整或是错误的，且如果我们继续把精神分析看作是牧养权力的后继者，那我们该如何看待牧养权力在精神分析中的延续方式？告白者在牧养权力范围内的作用，不再被主要看成是受控于扩大权力的欲望，而是通过言语实现的过程促进转变和皈依，使得自我对阐释开放，且实质上是在牺牲后开放自我重塑。

福柯认为，作为牧养权力的后继者，精神分析利用告白来加强自己的控制和权力。但是，如果福柯的这个看法错了，那为什么人们还会如此费力地去倾听他人艰难讲述的欲望呢？如果人们见证他人的告白并非简单地为施虐欲所驱使，那我们该怎样理解那种倾听的目的？而且，如果问题不在于找出"发生之事的真相"，也不在于把被分析者的语言当成是对应着一系列内在、外在事件，那么，在这种交流中，语言的作用是什么？

当然，这并不是说精神分析只倾听对欲望的描述。我们可以说，在他们的工作环境下，大多数治疗师和分析师并不会去判断受分析者的诉说是否真实。的确，寻找意义和寻找真相是很不一样的两件事，而找到意义的方式之一就是不要去做会影响交流的判断。我觉得，告白很值得研究，不仅仅因为在精神分析场景下它构成了关于一个人有过什么欲望和行为的交流，也因为讲述本身构成了另一种行为，在分析场景下，这种行为给被分析之事赋予了某种真实性，同时也把分析者构想成这个欲望场景下的倾听者。[1]如果被分析者对分析者努力讲述的是一种欲望,那么,攫住讲述过程的则是另一种欲望。因为,当讲述发生时,被分析者渴望分析者的倾听,并期待或担心分析者对自己所说一切会有怎样的反应。这样,告白不仅将已经存在的欲望或已经完成的行为带到分析者面前,而且也改写了这种欲望及行为。当它们被陈述给分析者听的时候,它们已经发生了改变。

我们让告白看起来更戏剧性一点。福柯的早期作品认为,发生在分析过程中的情形是,人们得以讲述他们隐秘的欲望,他们获得了谈论性话题的许可。尽管这可能不是福柯着意要提出的精神分析观点,但他还是指出,人们的最大乐趣就在于谈论性:此时,言语表达就成了性的舞台。我由此提出问题:谈论性的乐趣究竟是性的乐趣还是言谈的乐趣?如果这是两种不同的乐趣,那么,它们是不是偶然联系在一起的?告白的内容是什么?是一件事、一种欲望、一种焦虑,还是一种持久的罪恶感,得用告白来安抚?当告白开始的时候,它通常聚焦在一件事上,但这件事也可能只是被用来隐藏告白欲的根源。对告白者的最初假定是,有件事需要用言语来公开——我们就从这里开始讨论吧。在讲述时,被分析者把告白的内容想象为一件事、一件与欲望有关的事、一种性行为。但这样的话,讲述就成了新的载体,而讲述的行为变成了一种新行为,或者说,旧行为获得了新生命。也就是说,告白者不仅做了这件事,还把这件事讲了出来,而这种讲

---

[1] 福柯,《宗教与文化》(*Religion and Culture*)。——原注

述是在另一人**面前**和**对**这个人的一种间接讲述。这种讲述假定承认的存在，并要求得到承认，让被讲述的行为变得公开化、为人所知、成为真正发生过的事情。因此，在精神分析场景中的告白里，讲述就变成了和被讲述的行为不一样的一种身体行为。但这两者间存在什么样的连续呢？躺在分析室沙发上的身体也是做出行为的身体，但在沙发上，已经发生了的行为是用言语传达出来的，与此同时，身体又发生了新的行为，而这个新的身体行为就是讲述本身。对行为的讲述能否把行为带进分析者和被分析者之间的互动呢？这个身体呢？身体是行为所指的对象；正是这个身体的活动被报告、被传达、被交流。但在告白中，身体再次发出行为，显示出身体行动的能力，并且，除了它实际所说的内容以外，这个新的行动还宣告了身体主动的、性的存在。它的言语成为这个身体的新生命。尽管发生过的事情会因为被说出来而变得更加真实，但事情一旦被讲出来，它也奇怪地过去了、完成了、结束了。这可能就是为什么告白几乎总是发生在事后，为什么它们总被拖延，直到讲述者做好准备，愿意舍弃牺牲品时（讲述有时会暗暗透露这个牺牲品是什么）。

当然，如果有东西要告白，就说明要说的话已经埋在心里一段时间了。有东西要告白，就说明这番话还没被讲出来，虽然已经埋在心里，几乎已经以言语的形式存在了，但还没有被讲出来，因为讲述者以某种方式拖延了告白。但这也意味着，这些言语还没有为分析者述行地展开（performed），还没有作为材料呈上去。这些言语以及它们描述的行为，还没有成为弱点暴露在他人的目光之下（一旦暴露，他人的目光可能会对言语和行为进行重新阐释）。因此，意义原本是高度灌注在行为中的，但此时，这种意义还没有成为事件，因为事件的意义需要由多主体间的相互作用来构成。这个秘密侵蚀了分析场景中的多主体间达成的假定，但它也能成为一个新的事件，要让这个事件成为分析的材料，条件只能是让告白迫使这个秘密曝光。不过，也可能等到告白发生时，对它的拖延产生了新的负罪感和悔恨。

让我用索福克勒斯（Sophocles）的戏剧《安提戈涅》（*Antigone*）为例，提出另一个观点。在这部戏里，安提戈涅在国王克里昂（Creon）面前告白说，她违反了他的法令，埋葬了她的哥哥波吕涅克斯（Polyneices）。[1] 确切地说，安提戈涅的罪行不是一种性犯罪，虽然她和波吕涅克斯关系亲密，但这种关系如果不具有乱伦意味的话，就不是性犯罪。她有罪，是因为她违反了克里昂颁布的法令。法令规定，任何埋葬她的哥哥波吕涅克斯的人都会被判处死刑。但她有没有别的罪因呢？她公开的滔天大罪是否掩盖了其他这些罪因？当她告白时，是否加重了她的罪行？她的罪是否变得比她原先所为更严重？她的告白事实上是否加重了她的罪行？

你会记得，安提戈涅是通过她的行为被介绍给读者的：她挑战了克里昂的君权，违抗了他的法令的权力，而这个法令是强制

---

[1] 在《令人担忧的忏悔：法律和文学中对负罪感的讲述》（*Troubling Confessions: Speaking Guilt in Law and Literature*）一书中，彼得·布鲁克斯（Peter Brooks）就"忏悔究竟'做'些什么"做了极有趣的讨论。——原注

性的，直接禁止任何人埋葬她哥哥的尸体。[1]安提戈涅因此嘲弄了克里昂的权威；她在言语上挑战他，且并没有否认她就是犯下罪行之人。她说："我承认我做了这件事，我不否认。"（第43页）"是的，我承认。""我说是我做的。"就这样，她回答了来自另一个权威的问题，承认了这个权威对她的权力。"我不否认我的行为"的意思是"我不否认"，我不会因受到强迫而否认，我拒绝因为受他人的言语强迫而否认，我不否认的是我的行为。这样，这个行为就变成了她拥有的东西，只有在她拒绝被逼供的语境下，它才具有意义。也就是说，宣称"我不会否认我做的事情"就是拒绝表演否认，但这并不是对行为的承认。说"是的，我说我做了这件事"则承认了行为，但在这样宣称的同时另一种行为也发生了，即公开自己的行为；这种公开是一种新的罪行，它加重并替代了旧的罪行。

事实上，安提戈涅的行为从一开始就是模糊的：不但她安葬哥哥的挑衅行为是模糊的，她回答克里昂问题的言语行为也如此。因此，她的行为是语言行为（act in language）。用语言公开一个人的行为，从某种意义上说是对这个行为的最终完成。在这个时刻，她身上有一种过度的男子气，即所谓的傲慢（hubris）。有趣的是，就在人们认为她严重挑战了克里昂的那一刻，出现了至少两个困扰人们的问题。首先，她开始变得像他。两人都试图

---

[1] 引用索福克勒斯的剧作《安提戈涅》时，本文采用的所有引文都出自洛布古典书系。以下讨论的部分观点在我的作品《安提戈涅的诉求：生死之间的亲缘关系》中已经出现过。——原注

在公共场合展现自己的行为,想得到公众对他们行为的承认。其次,她在他面前对他讲述,因此,他就成了她的告白的预设听众,成了必须存在的特定听众。因此,虽然她强烈地反对他,但是她也需要他在场。她是否像他呢?她是否通过告白更紧密地把自己和他联系在了一起?

她的第一种行为可是够糟糕的。她犯了法,埋葬了哥哥。她以一种更高的法则的名义、以一种不同的判断依据做了这件事,但她无法说清她依据的法则究竟是什么。但是,当她开始告白(就是说,当她开始用语言来行动)时,她的动机似乎发生了改变。她的言语本该被用来强调自己的权力,但在这里,有些新的东西被揭示出来了。尽管她使用语言来招认她的行为,来显示一种"男人样的"、不拘的自主权,但是,她只能通过体现她所挑战的权力规范来完成这个行动。实际上,赋予这些言语行为以力量的正是权力的规范化运作——这些言语行为体现了这种权力,但并没有成为这种权力。

安提戈涅行动的方式被认为是男人式的,这不仅是因为她的行为挑衅了法律,也因为她在违抗法律时采用的语气是法律式的。她不仅做了拒绝遵从法令的事,而且因为拒绝否认她的行为再次挑战了法令,因而从克里昂那里挪用了权力的言辞。她的能动性正是通过拒绝遵从他的命令而实现的,而这个拒绝的语言采用的正是她所违抗的君权的那套说辞——毕竟,他就是君权的样板。他认为他的话会管制她的行为,但她却公然回嘴,不仅挑战了他的君权的言语行为,还维护了自己的主权(sovereignty)。她的声明就成了一种行为,重申了它所肯定的行为,通过语言实现了对行为的承认,由此延伸了反抗的行为。但悖论的是,这种承认在实现的那一刻需要牺牲自主权:通过挪用他者(即她所对抗之人)的语气,她维护了自己,因此她的自主权是通过挪用她所对抗的权威语气来完成的;这种挪用的内部既有对那个权威的抗拒,又有对它的吸收。

可以看出,在她的公开对抗中,她的动机中还掺杂了别的东西。在对抗克里昂的时候,她变得很像被她亲手埋葬了的哥哥。她重复了哥哥的挑衅行为,在对挑衅的重复中巩固了对哥哥的忠诚,并把自己放在可以代替他的位置上,因此取代甚至完全占据了他的位置。也就是说,通过一种暴力替代,她攫取了他的位置,打着忠实于他的名义征服了他。她通过对男性气概的征服而获得男性气概,但她恰恰是通过对男性气概的理想化而征服它的。有那么一刻,她的行为让她成了波吕涅克斯的对手,且拥有绝对优势。她问道:"除了将哥哥安葬,我难道还有什么办法获得更大的荣誉(kleos)吗?"

因此,如果我们认为她是出于对哥哥持久的爱才做出这样的行为,她自己的言谈却使她的行为的表面动机让人起疑。可以说,她的行为从安葬哥哥开始,但是她的告白激化了这个行为。安提戈涅用表面看起来很单纯的告白来获取权力,并导致了自己的死亡。看起来她是挑衅了法律,但是她也让自己被判了死刑。她为什么会做出这种必定让自己走向死亡的事?她为什么要用行为和言语招致这最致命的惩罚?

在《源自负罪感的罪犯》("Criminals From a Sense of Guilt")一文中,弗洛伊德告诉我们,有些病人会做坏事是因为这些行为是被禁止的,而"对这些罪人来说,死刑是一种解脱"。[1]病人会因为这些行为得到解脱,是因为现在"他的罪恶感至少附着在某种事物上了"。弗洛伊德认为,"在罪行发生之前,罪恶感就已存在,它不是由罪行引起的;相反,罪行是因为罪恶感的存在而产生的"。他接着又说,这种不知为什么会存在的"模糊的罪恶感"可以"追溯到俄狄浦斯情结,它是对两大犯罪意图(弑父和与母交媾)的反应"。接下来,他又猜想,"人类的良知现在以遗传的心理力量出现,是通过俄狄浦斯情结获得的"。这里,弗洛伊德罕见地提到了尼采,而后者把那些因负罪感而犯罪的人归类为"苍白的罪犯"。对这个问题,我们可以在别的地方进行讨论。

我在这里感兴趣的是,弗洛伊德认为两大犯罪意图——弑父和与母交媾——源自俄狄浦斯。但是,虽然安提戈涅是俄狄浦斯的后人,但她却有着不一样的犯罪意图:她想犯下一种罪,其含义可能很模糊,却适合受到死刑的惩罚。如我们所知,安提戈涅在喊出她是为了"最亲爱的哥哥"才犯罪的时候处于一种尴尬的境地中,因为她哥哥不仅包括波吕涅克斯,还包括同样被杀的厄忒俄克勒斯(Eteocles),以及她母亲伊俄卡斯忒的儿子俄狄浦斯(伊俄卡斯忒后来也成为他的妻子)。她爱她的哥哥,所以安葬了他。但这个哥哥究竟是谁?作为她的哥哥,波吕涅克斯是否带有

---

[1] 西格蒙特·弗洛伊德,《源自负罪感的罪犯》,第332页。——原注

俄狄浦斯的影子？要知道，后者也死了，也没有得到安葬。她爱哥哥，其实也就是说，她想和他"躺在一起"、追寻死亡，而她把死亡当成是能让她永远和他在一起的"婚房"。她是乱伦的产物，但在她的欲望中，乱伦扮演了什么角色呢？她实际犯下的罪行是如何把这个犯罪意图掩盖了的？她的罪行十分模糊，这种模糊是否说明，其实还存在有另一桩罪，一种鬼魅般、征兆性的罪行？她犯下了埋葬波吕涅克斯的罪行，而告白让她罪上加罪，最终招致她所期待的死刑；在她犯下这一切时，她的另一桩罪行难道不是不为人知且一直被隐藏？到底是她的罪行还是她父亲的罪行让她应受到死刑的惩罚？既然他们似乎都遭受了类似的诅咒，那么，最终有没有办法区别他们的罪行？惩罚究竟是赎罪的方式，还是使这样一个奇幻场景成为可能的方式：在这个场景中，她最终从文化禁忌中解放出来，可以自由地和她的兄弟们永恒共眠。

本章开始时，我将讨论的重点放在了告白上，将它看作一种行为，认为它能改变它所讲述的欲望，尤其是在分析的场景下；而在本章结束的时候，我则希望强调以下观点：告白不仅"改变了罪行的主体"，还能成功地掩盖与一个人的具体行为不相干的负罪感，并使之合理化。安提戈涅用告白坦白了她的所作所为，但它并没有清楚地泄露她的欲望。她用告白来领受克里昂的惩罚，并用它来加速自己的死亡。尽管它看起来像是无辜者的挑衅，但实际上它应该是一种自杀行为，是被模糊的负罪感驱动的。回过头来看，告白制造的这一系列结果显示出对惩罚的欲望，想要最终解脱负罪感的欲望。所以，分析者很有必要了解，这种告白是为了让克里昂有所反应，或者说，是为了激惹他。

福柯认为，告白只是（且一直是）分析者用来控制、解读被分析者灵魂真相的手段——这种观点无疑是错误的。但福柯可能只是在表达人们对分析的恐惧，因为在分析中，分析者被认为具有牧师和法官的色彩，而被分析者可能会觉得告白会招致无法避免、一再重复的惩罚。当然，关于分析的这种想象应该被引入分析场景中来，我们要解读它的特点，尤其是那些自卫性的特点。克里昂不是分析者，但对他的惩罚的预期塑造了告白的欲望——至少是福柯构想的那种对告白的欲望。讲诉罪行也因此成为另一种行为，一种新的行为，而这种行为要么对抗、要么屈从于一种惩罚性的法律。但是，这种法律并不知道应该怎样对付人们对法律的幻想。将自我表达视为告白的人，可能会像安提戈涅那样期待惩罚的实现和外现。负罪感是作为一种心理惩罚形式运作的，它先于罪行、先于对罪行的告白而存在。当面对分析者的裁判威胁时，负罪感在这个时候就清晰显现了。但清楚的是，只要言语以告白的形式出现，它就会提出身体是否要被惩罚的问题。由模糊的负罪感引发的告白会以那种言语形式出现，它一方面恐惧着惩罚，另一方面又去招致惩罚。正因为这样，如果一名分析者发现自己像一名聆听告白者或是像克里昂，那么，他/她就会拒绝那种荣誉，而把告白的言语当成是一种要求帮助解除诅咒的请求，而这种诅咒有时几乎一定会带来致命的结果。

后记：言语行为和移情

分析性言语多半是修辞性的。我这样说的意思是，在考虑分析中所说的话时，我们并不总是或只是关注它想要说什么，也要考虑讲述过程本身传达了什么、讲述的模式或言辞传达了什么、措辞本身又传达了什么。当然，这件事做起来很要求技巧，因为被分析者一定程度上总是希望自己的动机受到尊重，而分析者将注意力放到言语行为的模式、后果、时间及方式时实际上是以礼貌的方式忽视了讲述者的动机。通过聚焦言语的修辞问题，分析者发现了超越甚至否定了讲述动机的东西。我认为，这种对言语的反应有风险，可能会做出自己本不打算去做的事，可能产生种种后果，这些后果会超出分析者自己的意图，有时则混淆其意图。

可以说，在移情的情况下发生的言语行为是一种交流内容，但是它也可能展示或激发另一系列意义，这些意义与被讲述的内容可能有关，也可能无关。当然，对于应该如何对待"内容"或言辞的表面意义，存在很多不同观点。但很清楚的一点是，内容，或者说，讲述者希望传达的意义，是不会被完全压制或完全超越的，因为一个人如何讲述这个内容，或者说对这个内容的讲述本身，都会对内容作出评价，同时也就评价了内容背后的意图。因此，从这个意义上讲，我们必须把讲述者着意传达的意义、讲述的模式以及无心产生的效果合起来作为一个特别集合体来考虑，虽然言语行为的各个方面在不同的关系中会显得很不一样。

在这种情况下,言语行为的某个方面就变得格外重要,即讲述是一种身体行为。它是一种发声过程,要求喉、肺、嘴唇和嘴都一起参与。任何被讲述的东西不仅通过了身体,而且构成了身体的某种展现。我不是说嘴的样子看起来会怎样,虽然我可以想象这在某些治疗过程中可能有意义,尤其是当客户面对着治疗师时。但是,讲述是一种从身体发声的过程,是对身体单纯的肯定,它让身体的在场获得了特殊的肯定。我在讲述我想说的东西,但这个过程中存在着一个身体,且如果没有身体,这个讲述就无法发生——这是生活既无奈又深具活力的实际一面。当然,我们也有办法,在使用言语的时候不让身体作为一种条件,就好像意义是从一个没有身体承载的头脑发出来,并被传达到另一个没有身体承载的头脑去那样。但这仍然涉及了身体,只是把身体想象成一种脱离实体的东西。

在有关性的告白中,讲述者通常会讲述身体做了什么或经历了什么。讲述被牵扯到了它所传达的行为之中,因为讲述本身正是身体做出某种行为的另一种方式。可以说,讲述是另一桩身体行为。而讲述自己行为的身体正是做这个行为的身体,这就意味着讲述的过程伴随着对这个身体的展现,这或许可以说是在讲述过程中将罪行以身体形式呈现出来。讲述者可能是在传达过去发生的一些事情,但讲述者做的不止这些:在讲述的过程中,讲述者展现了做那些事的身体,而同时它还在做一件事,即展现正在讲述的身体。这个例子中暗含着一个问题,一个关于言谈是否会被接纳的问题，但是，因为言谈是身体行为，这就出现了另一个问题：身体本身是否也会被接纳。

因此，移情显然就是一个关于语言是如何被交换的问题。然而，因为语言是被讲出来的，这就总牵涉到身体如何协调这种交换，即使这些身体只不过是坐着或是静静躺着。奇怪的是，口语总是靠身体呈现的：它们要么是试探性的，要么是强制性的；要么是诱惑的，要么是内敛的；或者同时具有这些特征。分析者为被分析者准备的沙发并没有将身体挡到游戏之外，但它的确造成了身体一定程度上的消极，让身体暴露，让它充满接受性。这意味着，处于那种姿势中时，身体无论能做出什么行为，都将通过言谈来实现。

如果移情是爱的一种形式，或者至少体现了某种与爱的关系，那么，我们似乎可以进一步说，这种爱是在语言中发生的。这不是说语言取代了身体，因为情况并非真的如此。口语是一种身体行为，同时它也是对身体的一种借代。发声的喉与嘴成了使整出戏得以上演的身体部件；身体所给予以及接纳的并不是一种触摸，而是一种身体交换的心理轮廓，这种心理轮廓将它所代表的身体牵扯进来了。如果没有这暴露的一刻，这个将意图之外的东西呈现出来的一刻，那么也就不会有移情了。当然，这样的呈现不会被刻意表达，因为它与意图之间总是存在着某种至关重要的距离。我们可以将这种呈现视为发生在精神分析实践核心之处的告白：事实上，我们总会呈现出超出意图或不同于意图的某种东西，我们将自己身上并不知晓的一部分交给了另一个人，这个人会将之归还，但我们事先无法预料归还的方式。如果这个告白发生在精神分析中，那么，与福柯在他的早期著作中说的不同，在这样的一刻，我们其实不见得会变得脆弱，从而屈从于他人的控制。而就像福柯在对卡西安的讨论中意识到的，言语实现会造成某种剥夺，会割断对自我的依附，但不一定会由于这个原因而将依附完全牺牲。这个"关系性的"瞬间为讲述提供了结构；一个人对着另一个人讲述，或是在另一个人在场的情况下进行讲述，而有时，不论这个人在不在场、在不在意，这种讲述都会进行。而且，具有优先权的自我不是在这样一个时刻被发现的，而只是通过讲述以一种新的方式在对话中变得精雕细琢了。在这些言谈场景中，对话者双方都会发现，他们所说的东西在一定程度上不受他们控制，但同时也不会因为这样就完全失去控制。如果讲述是一种"制造"（doing），如果在这个过程中被制造的一部分是自我，那么，对话就是一种一起制造、一起生成（becoming）的模式。在这个交流过程中，某些东西将得以完成，但只有到结束的一刻，才会有人知道，究竟什么东西或什么人被"制造"了出来。

第九章　性别差异的结束？

我不知道用千禧年来标志时代，或者说，用它来标志女性主义时代是否有意义。但是，对女性主义进行整体评估是很重要的，尽管这种评估不可能尽善尽美，也没有必要尽善尽美。没有谁的视野可以涵盖全球女性主义，也没有谁的女性主义定义会永远不引发争议。我认为以下观点是正确的：每个地方的女性主义者都是为了替女性寻求更大的平等，寻求更公正的社会和政治制度。但是，当我们走进任何场所，思考我们的意图、思考我们应该怎样行动时，一个难题马上就摆在面前：我们应该使用怎样的术语？平等是否意味着男人和女人应该受到完全一致的对待？对这个问题，人们看法不一。法国平权运动主张，这样的平等概念并不合适，因为妇女在当前政治形势下遭受着种种社会不公。关于何为正义、如何取得正义，我们同样看法不一。正义是否意味着"公平对待"？它和平等这一概念有区别吗？它和自由之间有何关联？人们希望得到哪些自由？它们有何价值？在女性中，关于应如何定义性自由以及性自由能否具有有意义的国际表达，意见很不一致，我们应怎样看待这种分歧？

在这些论争之外，我们还面对着这样一些问题：女人究竟是什么？我们应该怎样使用"我们"一词？什么人可以使用这个词？以谁的名义使用？看起来，女性主义一团乱麻，无法使术语稳定，以形成有意义的纲领。有些批评认为，女性主义对种族问题和全球不平等问题（这种问题决定了女性主义在欧美的表达）缺乏关注。这样的批评对女性主义运动是否具有广泛的联合力量提出了质疑。在美国，保守的右翼滥用性骚扰条例，对职场性关系进行迫害式的调查，给左翼女性主义者造成了严峻的公关难题。实际上，女性主义**和**左翼势力之间的关系是另一个棘手的问题，因为目前出现了支持商业的女性主义形式，它关注如何实现妇女的创业潜力，这就借用了源自早期进步的女性主义运动的自我表达模式。

有人可能会因此感到绝望，但我认为，它们正是本世纪初最有趣、最具创造力而又尚未解决的那类问题。我们不能为女性主义设定一套普遍适用的假设，然后再以这些假设为出发点有逻辑地创立一个系统。相反，女性主义是一个运动，而要让这个运动前行，靠的正是让这些假设获取批判的关注，以明晰女性主义的意义，并且磋商各种相互矛盾的阐释——这些阐释代表着有关女性主义定义的各种不可压制的、并不和谐的民主观点。作为一项民主事业，女性主义必须放弃下面这种看法：我们能够对某种事物达成根本一致。也就是说，我们必须承认，我们最重视的价值观念中的每一个都会引发争议，而且它们总会成为政治争议的场所。听起来，我好像是在说，女性主义从来都不能由某种事物发展而来，它只能迷失于对自己的思考，永远不能超越这种反思，积极地与世界互动。正好相反，正是在政治实践的参与过程中，这些形式的内部分歧出现了。而我要特别强调的是，要想保持这场运动的生命力,就要抵制想将这些分歧统一起来的欲望。

女性主义理论和作为社会运动的女性主义之间不存在绝对的不同。如果没有运动,女性主义理论就失去了内容,而运动不论朝哪个方向走,不论以什么样的形式出现,都和理论活动相关。理论作为一种活动并不局限于学术界。当一种可能性被想象时,当集体反思发生时,当对价值观、优先权和语言的争议出现时,理论活动也就发生了。我认为,克服对普遍批判的恐惧很有价值,这也有助于维系民主价值,使由之产生的运动能够容纳对根本问题的各种矛盾阐释,而不是去消除它们。作为第二波浪潮中姗姗来迟的人,我带着这样一个假设看待女性主义:在全球环境下,我们不能对未经争议的假定达成一致。因此,不论是从实际上看还是从政治上看,压抑分歧都没有价值。问题是,怎样才能最好地利用分歧?怎样才能使之最具创造力?我们要以怎样的方式承认"我们是谁"这个问题本身的复杂性?

在本章中,我将讨论一系列相互矛盾的概念:性别差异(sexual difference)、性别(gender)和性/性向(sexuality)。本章的标题似乎是说,我宣布了"性别差异"的结束(它被假设为一种客观存在),或是说,我把"性别差异"作为一种有用方式从理论上介入女性主义问题中去。但实际上,本章标题援引了一个怀疑论问题,关注性别或性问题的理论家常常被问起这种问题。这是一种挑战,我希望能够理解它,并做出回应。我的目的不是要赢得争论,而是要试着理解为什么这些概念对那些使用它们的人来说如此重要,当这些概念发生冲突时我们该怎样去调和。在这里，我对牺牲一种框架而采用另一种框架的理论理由，以及对这些概念在不同语境下具有的开放或限制的可能性，都很有兴趣。

我提出"性别差异的终结"这个问题，目的并非要寻求这种终结。我甚至不打算列举理由，来说明为什么我认为那样的框架或者那样的"事实"（这取决于你怎么看）不再值得追求。我认为，对许多人而言，性别差异发挥了实际的结构作用，并不是一个人想不要就不要，或是仅仅靠争论就会消失的，对它甚至不可能以什么合理方式来驾驭。它更像是一种必要背景，衬托了以下种种可能性：思考、语言或作为机体活在这个世界上。有些人对它存有异议，然而，他们在论争中反对的结构正是使他们的争论成为可能的东西。这个问题有时会招来讪笑或轻蔑的回应：你以为你可以终结性别差异，但你那种想要终结它的欲望正好进一步证明了它的持久力和效应。性别差异的维护者们曾援引精神分析详细论述过的著名的女性"抗议"。正是以这样的方式，女性的抗议在得以表达之前就被击败了。对女性特质概念的挑战变成了彻底的女性行为，这样的抗议被当成证据，用来证明它的挑战对象的存在。我们是否应该把性别差异看作是事先就已将我们击败的一种框架？任何反对它的话都成了间接证明，证明它构建了我们要说的话。是不是它从根本上决定了任何一种意义的形成都要依赖一种根本性的区别或结构命运？

伊利格瑞清楚地指出，性别差异并不是一种事实、一种根基，也不能依据拉康式的说法把它当成一种顽固的"真实"。相反，它是一个问题，一个我们这个时代的问题。作为问题，它还没有得到解决，还没有或永远不会被当成一种主张来阐述。它不以事实和结构的形式存在，但它萦绕不去，让我们疑惑，却永远不会也不可能彻底解释清楚。如果就像伊利格瑞在《性别差异的伦理》(*The Ethics of Sexual Difference*)中所说的，性别差异是我们这个时代的问题，[1]那么，它不是众多问题中的一个，而是语言内部的一个无解的厚重时刻，而且它标志了属于我们的当代语言图景。和德鲁西拉·康奈尔一样，伊利格瑞的头脑中有一个伦理观念，它并**不源自**性别差异，而是性别差异概念意义本身提出的问题：如何超越这种他者性？如何在超越的同时又不越过这种他者性、不去驯化它的意义？我们应该如何与这个问题永远无解的特性相协调？

伊利格瑞没有对性别差异提出附和或反对，而是试图思考性别差异提出的问题，或者说，思考性别差异问题**本身**。我们自己提出了这个问题，也被问起这个问题，而对我们而言，这个问题的无解形成了某种历史轨迹。对这个问题的附和与反对充分表明这个问题持久存在，而伊利格瑞认为这种持久性不是永恒的，而只属于**这个时代**。伊利格瑞通过这个问题来思考现代性，也就是说，对她而言，这个问题标志着现代性。因此，这个问题实际上引出了对时间的思考，它不会很快有答案。这个问题揭开了一个无解的时代，并标志着这个无解的时代正是我们这个时代。

---

1 露西·伊利格瑞，《性别差异的伦理》，第3页。——原注

我认为，对许多人而言，对女性主义来说，这个时代很悲哀。我们甚至可以说，这是一个失败的时代。一位朋友问我，在女性主义理论课上，我现在会教些什么。我发现自己的回答是，女性主义理论唯一的任务就是对女性主义受到的挑战做出回应。我认为，回应这些挑战并不是要以防守的方式捍卫术语和使命，不是去重复自己已经知道的东西。相反，这种回应具有别的含义——这种回应服从于重新表述的要求，而这种要求是由危机引发的。我想说，一味坚持理论模式和偏好的术语，以性别差异为基础来捍卫女性主义，或是为了维护这个概念而反对有关性别、性、种族的诸多观点或文化研究的诸多总括性观点，就没什么意义了。我从伊利格瑞的观点出发，是因为我认为她使用性别差异这个概念时并没有将它当成是根本性的。性别差异不是一种前提、一种假设、一种用来建立女性主义的根基。它和我们已经接触过并知晓的情况并不一样。相反，作为激发女性主义思考的**一个问题**，它不可能被清晰陈述，而会让陈述语法为难，且多多少少一直会是一个永恒的问题。

当伊利格瑞把性别差异问题当作是我们这个时代的问题时，她似乎是在讨论现代性问题。我承认，我不知道现代性是什么，但我知道，很多知识分子面对这个概念时都很激动，他们要么维护它，要么诋毁它。那些被认为与现代性对立或被看成是后现代的人，常常被视为具有以下特征：他们"质疑或揭穿诸如理性、主体、真实性、普遍性、历史进步观等概念"。我总是注意到，在这类概括中，"质疑"的意思被当成是"揭穿"（而不是其他意思，例如"使之重获活力"），而问题本身的情况却从未得到足够的学术讨论。如果我们要质疑这些概念，是否就意味着这些概念再也不能被使用了？这是不是说，理论后现代主义的超我禁止我们再使用这样的概念，或者说它们已经被宣布为生命力已经耗尽、已经终结？还是仅仅是说，这些概念起作用的方式与从前不一样了？

几年前，我有个机会讨论了利奥·博萨尼（Leo Bersani）的著作《同人》（*Homos*）。我意识到，博萨尼不再确信他是否能把女同性恋者看成女人，而我发现自己在打消他的疑虑，声称没有谁能发出禁令不让使用那个词。关于这些术语的使用，我当然没有什么疑虑，并稍后会在本章中讨论我们如何在质疑普遍性概念的**同时**继续使用这些概念。例如，如果主体这个概念不再是前提、假设，这并不是说它对于我们就不再有意义、不应该再被使用了。相反，这只是说，这个概念不再仅仅是一块我们依赖的积木，不再是政治论争中不被质疑的假设。正好相反，这个术语本身已经变成了理论关注的对象，一种我们被迫要加以说明的东西。我猜，这种观点使我置身于现代/后现代的分水岭——在这个分水岭上，上述概念还在被使用，但不再被当成是基础概念。

其他人提出，现代性所有的关键概念都是以对妇女及有色人种的排除为前提的，这些概念受阶级意识影响很深，具有强烈的殖民色彩。但是，正如保罗·吉尔罗伊（Paul Gilroy）在《黑色大西洋：现代性和双重意识》（*The Black Atlantic: Modernity and Double-Consciousness*）中所做的那样，我们很有必要加上这样的看法：与这些排除进行斗争的结果常常让我们重新启用现代性的这些概念。正是通过这种挪用，我们才能进入现代性，并改变现代性的各种参量。自由因此开始意示它从未意示过的东西，而正义则接纳了在它以往的定义下不可能涵盖的东西。[1]

排除性的现代性的概念能被用于进步的用途，类似地，进步的概念也能被用于倒行逆施的目的。因此，我们在政治运动中使用的术语会被右翼挪用，或被用于蔑视妇女，但我们使用那些术语并不算越轨。这些术语从来没有被最终和完全局限于单一用途。重新启用术语，就是要揭示这些常常被滥用的词语可以获得一种意料之外的进步可能性。这些术语不属于具体哪一个人。它们具有自己的生命和目的，超越了对它们有意图的各种使用。它们不应该被看作是败坏了的东西、不应该与压迫史绑得太紧。同时，我们也不应该认为它们具备某种纯粹的意义，一种可以从它们在政治环境的各种使用中提纯出来的意义。如此看来，我们的任务就是要迫使现代性的各种概念接受它们传统上一向排斥的概念，目的不是要努力驯化、中和这些新近被承认的概念。这些概念应该为现有政体保持其问题性，应该暴露这个政体的普遍性主张有何局限，迫使对其参量进行激进的重新思考。如果一个概念传统上被一个政体排除在外，那么，要让它成为这个政体的一部分，就必须使这个概念的出现威胁到这个政体的和谐，且这个政

---

[1] 吉尔罗伊对这个问题更详细的论述，见本书《哲学的"他者"能否发言？》一章。——原注

体不必消灭这个概念就能挺过威胁。然后，这个概念会为这个政体释放一种不同的时间性，为这个政体建立起一个未知的未来，让那些试图护卫其传统疆域的人产生焦虑。如果存在着一种不依赖基础论（foundationalism）的现代性，那么这种现代性的操作依靠的基本概念就不是事先就完全确立了的。这种现代性为政治设想了一种完全无法预期的未来形式——一种希望与焦虑的政治。

那种阻止开放性未来的欲望可以是很强烈的，它威胁说，开放的未来会带来丧失，一种对事情会怎样（必须怎样）的确定感的丧失。但重要的是，我们不能小看这种想要阻止未来的欲望，不能小看焦虑的政治潜力。[1] 这就是为什么某些提问会被认为很危险。想象一下这样一个情景吧：我一边读着书，一边在想，我可不能质询这里出现的一些问题，因为问这些问题就是在质疑我的政治信仰，而质疑我的政治信仰会导致这些信仰的解体。在这种时候，对思考的恐惧，或确切地说，对问题的恐惧，就在道德上上升为对政治的维护。而政治就变得要求一定程度上的反智。不愿在所提出问题的基础上重新思考自己的政治观，就是选择一种教条立场，而这种立场会让我们付出生命与思想的代价。

对一个像女性主义这样的术语提出疑问，就是要询问它如何起作用，它承载了哪些投入，它要取得什么目的，它经历了哪些变化。虽然术语的意义会发生变化，但这不是说我们因此就不再使用它。如果一个术语变得有问题，这是否意味着它不再能被使

---

[1] 我感谢霍米·巴巴（Homi Bhabha）提供的这个想法。——原注

用，且我们只能使用那些我们**已经知道如何操控**的术语？为什么对一个术语提出疑问会被视为等同于对它的使用发出禁令？为什么我们有时会觉得，如果一个术语被从其根基挪开，我们就不能生活、不能生存、不能使用语言、不能为自己说话了？这种和根基的固定联系行使了怎样的担保、遏制了怎样的恐怖情况？是不是在这种基础模式中，诸如主体和普遍性之类的术语是被假定了的，而这种"必须"的假定具有**道德**意味？是不是这样的假定采用的是强制形式，就像某些道德禁令一样，是对我们最恐惧的东西的防御？我们难道不是被一种道德强迫麻痹了吗？它阻止我们质疑术语，而去冒险实践那些我们怀有疑问的概念。[1]

对基础原则和方法的热情有时会干扰对当代政治文化的分析。为了揭示这种干扰如何产生，我打算检视旨在捍卫政治斗争理论基础的做法，看看在当代公共文化中这样的尝试如何常常与某些关键的政治能指背道而驰。对我来说，最令人疑惑的一方面是"性别"这个术语对女性主义而言所处的地位，另一方面则是男女同性恋研究。在我那些做酷儿研究的朋友那里，我惊讶地发现（这听起来可能很天真），一种建议男女同性恋研究采用的方法接受下面这种看法：女性主义的研究对象被认为应该是**性别**，而男女同性恋研究把**性**和**性／性向**当作其"恰当的"研究对象。我们被告知，性别不可与性／性向相混淆。从某种角度上说，这

---

[1] 这个讨论的一部分曾出现在《煽动性言语》一书的《间接的言论控制和散漫的能动性》（"Implicit Censorship and Discursive Agency"）一章中。——原注

似乎是正确的，但是想象一下，当我听到梵蒂冈宣布性别一词应该从联合国的非政府组织关于妇女地位的论坛中剔除时，我有多吃惊。梵蒂冈的理由是，这个词完全就是同性恋的标志。[1]还让我着急的是，我的一些做女性主义理论研究的熟人对性别这个概念嗤之以鼻。他们认为，和性别这个术语相比，性别差异是更好的选择，因为"性别差异"揭示了一种根本的差异，而性别表明的仅仅是一种构建的或可变的效应。

1995 年在北京召开的联合国妇女大会上，出现了对学术信仰的另一种挑战，特别是这样一个问题：在国际人权工作内部，对普遍权利的诉求处于怎样的状况？尽管很多女性主义者总结说，普遍性一直都是某种帝国主义认识论的幌子，但在国际人权阵营内部，坚持普遍的性自主权和性向相关权利的辞令（它们对文化结构和差异不敏感）展现出了毋庸置疑的力量。

我们先来看看在联合国这次大会上对性别这个词让人讶异的使用。梵蒂冈不仅把性别一词斥为同性恋的标志，还坚持说论坛的语言必须返回到生物性别一词上去。很明显，这是试图在女性特征和母性之间建立一种连接，并将之作为一种自然的、神授的必需。1995 年 4 月底，在北京举办的非政府组织会议筹备会上，在天主教廷的指使下，几个成员国试图将"性别"一词从行动论坛中剔除，并用"生物性别"一词来代替。筹备委员会的一些人

---

1 参见《教会在为抗击五种性别而备战》（"La Chiesa si prepara alle gueere dei 5 sessi"），《共和国报》（*La Repubblica*），1995 年 5 月 20 日。——原注

将此称之为一种"侮辱性和贬低性的做法，打算逆转妇女取得的成果，威吓大家并阻碍更大进步"。[1]他们又写道："'生物即命运'这种观点把妇女和女童定义为、局限于、简化为一系列物质性的性特征。我们不会屈从于外力，回到这样的观点上去。我们不会让这种事情发生——不论是在家中、在工作场所、在社区还是在我们的国家里，都不会让它发生，当然也包括联合国，因为这是全世界妇女寻求人权、正义和领导的地方。"这项声明提出：

> "性别"一词的意义已经发展变化了，和"生物性别"一词有了区别，以表达这样一个事实：女人和男人的角色和地位是社会性地构建起来的，且会发生改变。在眼下的语境里，"性别"揭示了女性一生扮演的角色以及我们的需要、关注、能力、生活经历和理想的多样性……"性别"这个概念深嵌于当代社会、政治和法律话语中。它已经被整合到联合国系统的概念规划、语言、文件和计划中去了。将性别视角引介到联合国活动的各个方面中，是过去会议通过的一个主要决议。在第四届世界大会上，这一点必须得到重申和加强。[2]

---

[1] 《IPS：洪都拉斯女性主义者和教会》("IPS: Honduras Feminists and Church")，国际出版服务（IPS-Interpress Service），1995年5月25日。——原注

[2] 《性别非正式接触组织报告》(*Report of the Informal Contact Group on Gender*)，1995年7月7日。——原注

这次辩论让《纽约时报》的罗素·贝克尔（Russell Baker）开始考虑这样一个问题：性别一词是否已经取代了生物性别／性一词，以至于我们在涉及自己的性生活时会告白说，我们和某人发生了"性别"关系。

当性别在联合国的讨论中被强化为同性恋的代码时，酷儿理论和女性主义等专项领域朝着截然不同的方向走去，至少在表面上是这样的。讲究方法的酷儿理论家提出的类比认为，女性主义关注的是性别，而男女同性恋研究关注的是性和性／性向，这个类比似乎离上面提到的辩论相去甚远。但令人惊异的是，在一种情况下，性别似乎象征着同性恋，而在另一种情况下，它似乎又与之相反。

很遗憾，学术辩论和这些术语在当代政治中的使用很不一致。然而，我想说的不仅仅是这个，而是想指出，那种想和性别保持距离的企图标示出了两种政治运动，且这两种运动在许多方面都截然相反。在国际辩论中，梵蒂冈抨击了"性别"一词的使用，因为他们认为（1）它是同性恋的一个代码，（2）它提供了将同性恋理解为一种性别的方式，使其在男性、女性、双性和变性中占有一席之地，或者说，它威胁着要干脆取代男性和女性的位置。梵蒂冈恐惧的是——在这个问题上他们引用了安·福斯托-斯特灵[1]的话——同性恋意味着性别种类的繁增（《共和国报》

---

1 参见安·福斯托-斯特灵,《五种性别：为什么男性和女性是不够的》("The Five Sexes: Why Male and Female Are Not Enough")。——原注

宣称，在美国，性别种类已经上升到了五种：男性、女性、女同性恋、男同性恋和变性人士）。这种将同性恋视为繁增的性别的观点似乎建立在这样一种看法的基础上：同性恋者多少已经偏离了他们的生物性别，不再是男人或女人，而我们所理解的性别与同性恋极不相容；的确，这种不相容如此之强，以至于同性恋自己必须成为一种性别，因而最终完全取消了男性和女性之间的二元对立。

有趣的是，梵蒂冈似乎和那些认为酷儿研究和女性主义研究是不同方法的人拥有某种共同假设：梵蒂冈害怕性／性向会取代生物性别（后者是生殖目的和异性恋的必要条件），而那些认为酷儿研究和女性主义之间存在方法差异的人则认为性／性向可能会取代性别。特别是同性恋，它把性别抛在了背后。二者不仅是可分的，而且它们之间存在互不相容的冲突，在这种冲突中，酷儿情欲渴望着一种超越了性别的乌托邦生活，正如比迪·马丁（Biddy Martin）令人信服地指出的那样。[1] 为了恢复生物性别的重要性，梵蒂冈试图消解性别，而重视方法的酷儿理论却是为了凸显情欲而试图消解性别。梵蒂冈担心情欲会和生物性别分开，因为这样的话就会引入一种新的性实践观念，这种观念不以繁殖（繁殖被假设为自然天性）为目的。从这个意义上看，害怕性别的梵蒂冈也害怕情欲与生物性别脱离，并因此也害怕酷儿理论。

---

1 比迪·马丁，《出乎寻常的同性恋者和对普通的恐惧》("Extraordinary Homosexuals and the Fear of Being Ordinary")。——原注

而酷儿方法论则坚持情欲，甚至在《男女同性恋研究读本》(*The Lesbian and Gay Studies Reader*)一书中公开宣称对"情欲与性"的坚持。这样的看法也就将性别驱逐出去，但这里的理由仅仅是性别代表着女性主义及其假设的异性恋。[1]

在这两种情况下，辩论的焦点都在于术语的使用，在于"性别"一词能否被允许作为非政府组织会议的论坛语言出现，在于"性取向"能否成为联合国大会决议最终语言的一部分（第一个问题的答案是"是"；第二个问题的答案是"否"，而有关性自主权的语言被认为是可以接受的）。对诸如性别、性取向，甚至普遍性等概念含义的争论出现在了公开场合上，而1995年7月还举行了一个特别的联合国会议，讨论应如何理解"性别"一词的含义。

我的观点是，关于性别，没有什么简单的定义能满足我们的需要。与其费心找寻严谨且可行的定义，更重要的是要有能力通过公共文化来追踪这个概念的轨迹。"性别"这个概念已经成为各种利益竞逐的场所。让我们以美国国内的情况为例。在这里，性别常常被看成是缓和女性主义的政治维度的方式，性别成了有关男性特质和女性特质的无关痛痒的标志，被看成是可在女性主义框架之外来研究的建构、简单的自我生产，或者某种被制造出来的文化效果。我们再来看看以下把性别研究专业作为堂堂正正

---

[1] 亨利·阿比洛夫（Henry Abelove）、米歇尔·埃纳·巴拉勒（Michele Aina Barale）和戴维·M.霍尔珀林（David M. Halperin）编，《男女同性恋研究读本》。——原注

的学术领域来引介的方法：拒绝卷入反对女性主义的辩论，以及在东欧建立性别研究的院系、中心（在东欧，处理"女性主义"和处理马克思主义国家意识形态分不开，因为在这样的意识形态下，人们认为只有在实现了共产主义目标的基础上才能实现女性主义的目标）。

就好像性别领域内部的争斗还不够一样，在学术界，针对这个概念被过度赋予社会学意义的价值，欧美理论视角提出了质疑。因此，人们之所以以性别差异的名义挑战性别，恰恰是因为性别这个概念支持了男性特质和女性特质的社会构成观点，从而置换或贬低了性别差异的**象征**地位和女性特质的政治特殊性。我此处指的是娜奥米·绍尔（Naomi Schor）、罗西·布拉伊多蒂（Rosi Braidotti）、伊丽莎白·格罗兹（Elizabeth Grosz）及其他人对这个概念的批判。

与此同时，性别差异这个概念在酷儿理论的某些主流模式那里也不受青睐。确实，即使当酷儿理论试图说明女性主义犯下的年代错误时，女性主义也被描述为一项坚决关注性别的事业。我相信，在批判性的种族研究中，几乎不会提到性别差异这个概念。[1]

---

[1] 尽管女性主义是关键，而且诸如"妇女"甚至"妇女主义"（womanism）之类的概念常常占据中心位置［比如在金伯莉·克伦肖（Kimberle Crenshaw）和松田麻里（Mari Mastuda）的作品里］，但是，重点还是常常通过种族化被更广地放到了那些在结构上被贬低、被边缘化的人的认知观点上。对从属地位的社会特性的强调几乎是绝对的，尽管也有例外，比如，某些精神分析试图阐明种族化的心理机制，在种族化（转下页）

但这种性别差异到底是什么？它可不是什么简单的事实性（facticity），也不仅是事实产生的效应。如果说它和精神有关，那么，在某种尚未得到解释的意义上，它也具有社会性。近期的许多研究试图发现精神结构是如何被牵涉进社会权力的运作中的。我们应该怎样看待这种联系或分离？这和性别差异概念的理论化有何关联？

在理论的重要性上，是性别差异高于性别，性别高于情欲，还是情欲高于性别？我想指出，对这些问题的争论，总与一个永恒的难题发生交叉。这个问题是性别差异提出的：我们应该如何确定生物性、精神性、话语性及社会性的边界？如果说梵蒂冈想要用生物性别的语言来替代性别语言，那是因为他们想让性别差异重新生物化，也就是说，他们想建立"生殖是女性的社会命运"这样一种生物学上的狭隘观念。然而，举例来说，当罗西·布拉伊多蒂坚持认为我们应该回到性别差异的概念上去时，这种建议和梵蒂冈的回归号召很不一样。如果对她而言，性别差

（接上页）过程中，"被归为某一种族"被看成是一种质询，会产生鲜明的心理影响。我认为，这后一个问题的重要之处在于，这让我们能在当代种族研究的领域内回归到法农（Fanon）的理论。在他的理论中，重点并不在于狭义上的社会性，而在于一种能以社会性方式表达的想象，在于对各种种族预期的镜像般的制造，在于视觉上的疏离和种族能指的真切运作。周蕾（Rey Chow）的作品中出现了性别差异，但这个概念的出现是为了强调法农对种族歧视的抵制中出现了厌女。一个更近的例子是，霍米·巴巴在对白人男性主体所做的法农式的分析中提出，分裂应被理解成与恐同相关，在这样的情形下，和他者性之间的关系（这种关系受到了威胁且外化了）把同性恋和性别差异同时拒之门外。——原注

异作为一种差异不可简化为生物、文化或社会构建，那么，我们应该怎样理解性别差异究竟是怎样存在的？或许情况恰恰是，性别差异在本体意义上的存在方式总是很难确定。[1] 性别差异并不完全是既定的，也不完全是构建起来的，而是两者兼有。这种"两者兼有"抗拒任何清楚的"区分"。因而，性别差异是作为一种"分裂事物"来发挥作用的，但是，对那些彼此重合且十分模糊的概念来说，更重要的不是究竟是男性特质还是女性特质，而是构建的问题。被构建的东西必须先于构建过程而存在，虽然我们只有通过构建才能接触到这个预先存在的时刻。

照我看，在性别差异这个论题上，关于生物和文化之间关系的问题一再被提出；提出这个问题是必须的，也是可能的，但严格说来，它无法得到解答。性别差异被看作一个边界概念，它具有精神、肉体和社会等层面。这些层面不会完全互相融合，但也并不因此可以彻底区分。作为一种漂移不定的边界，性别差异是否反复动摇，一方面要求重新表达这些概念，一方面又不去寻求一种终极感？那么，它是否并不是一种东西、一种事实、一种假设，而是一种要求，一种对不会完全消失也不会清晰出现的重新表达的要求？

对性别差异的这种思考对于我们对性别的理解会有什么作用？我们所说的性别是不是性别差异的一部分［此处所说的性别

---

[1] 这个想法来自《精神分析与女性主义批评词典》(*Psychoanalysis and Feminism: A Critical Dictionary*) 中德布拉·吉茨（Debra Keates）关于性别差异的词条。——原注

260

差异是以社会的（因而性别也就是性别差异中社会性的极端部分）、可协商的、构建起来的形式出现的］？这些正是梵蒂冈试图交还给"生物性别"、交还给自然这个场所的东西——在这个场所，自然本身被认为是固定的，没有商量余地。梵蒂冈的这种企图是否和那种试图靠文化资源或某种难以置信的意志来制造性别的计划一样不可实现？酷儿要么无视性别，要么将它作为某种不属于自己、只属于别的研究（比如女性主义研究）的对象，将其归入已经被取代的过去。这样的做法难道不是想使性别差异静止不变，把它当成可以从情欲那里干干净净剥离出来的东西？对性别的制约从来都是异性恋中心论的规范性运作的一部分；如果坚持性别和情欲在根本上是分离的，就错失了分析恐同力量具体是如何运作的机会。[1]

---

[1] 我在别的地方详述过用这种方法来理解性别和性／性向之间的分离关系对我而言有什么理论难度。但我要试着再次简要地概括那场争论。尽管"性／性向"已经被当成是男女同性恋研究的适当对象（类似于女性主义的适当研究对象被认为是"性别"），但在我看来，大多数女性主义研究似乎并不符合这种描述。女性主义大多坚持认为，性关系和性别关系尽管不是因果地联系在一起的，但在结构上也是以重要的方式相联的。如果认为女性主义仅仅关注性别问题，那我们就在几个重要方面误判了女性主义历史。

在对女性主义特性的正统描述中，激进女性主义性政治的历史已经被抹去：

1. 在女性主义框架内部发展起来的各种反种族歧视观点（在这些框架中，性别并不比种族问题更重要，或者说，性别并不比殖民立场问题或阶级问题更重要），包括社会主义女性主义、后殖民女性主义、第三世界女性主义等所有运动，都已不再是女性主义的中心或适当关注点。
2. 麦金农对性别与性的阐述已经变成了女性主义范式。她把性别理解为（转下页）

在其他一些地方，将性别和邪恶的女性主义目的相联系的做法沿着其他路线继续着。梵蒂冈以一种令人不安的、反帝国主义话语似的说法指出，性别来自西方女性主义中颓废的脉系，并被强加给了"第三世界国家"（该术语常和"发展中国家"一词互换使用）。

很明显，1995年联合国妇女大会上，性别的确成了一些女性主义者的聚焦点。但是，当一个洪都拉斯妇女团体反对将一个极端保守的基督教代表团任命为9月会议上洪都拉斯政府的代表时，性别问题更加让人不安了。在拉丁美洲主教会议主席奥斯卡·罗德里格斯（Oscar Rodriguez）的领导下，出现了反对被打上"西方"标签的女性主义的企图。这一企图受到了该国草根运

（接上页）"女人"和"男人"等范畴；她认为，在对性的社会组织方式中（这种组织总被假设为是异性恋的），这些范畴反映了被压迫和压迫的位置，并将它们制度化了。对她的研究提出强烈反对的女性主义观点在定义上已经不再被视为属于女性主义了。

3. 性别被简化成了生物性别（有时甚至被简化成对生物性别的指定），被认为是固定的或"天生"的，而对生物性别和性别之间区别的论争史已经从视野里消失。
4. 性别在对性的制约中起到的规范性作用受到了否认。
5. 不论是在哪一个框架中，性别规范在性方面的种种争论不再是分析的"对象"，因为这样的争论跨越并模糊了这种分析涉及的各个领域，而这种研究男女同性恋的方法则努力将这些领域分开。

在那些使用性别这个范畴的女性主义者和那些滞留在性别差异框架内的女性主义者之间，存在着显著差异。这场有关"女性主义是什么"的构想在学术上站不住脚；它把上面提到的显著差异抹去了。如果我们接受白人女性主义把性别当成一个孤立的分析范畴，那我们会怎样理解黑人女性主义的历史及其广阔的交叉性？——原注

动组织的反对，其中包括声量极大的洪都拉斯妇女权利中心。[1]和教会相关的国家机构采用了一种反文化的帝国主义语言，来解除自己国家妇女的权力。除了宣称北京会议代表的女性主义是一种"死亡文化"，将"母性视为奴役"，这种尚未获得名称的女性主义还宣称北京会议关注的问题代表了一种假女性主义（在对它自己的父权主义的道歉信中，梵蒂冈也试图区分两种女性主义，一种忠于妇女尊严的本质，另一种则会摧毁母性和性别差异）。罗德里格斯和梵蒂冈都以"不自然的性别"（即同性恋者和变性人士）为靶子。妇女权利中心回应道，它并不想摧毁母性，只是为了母亲不再受到凌虐而斗争，而北京妇女大会的中心议题不是所谓"不自然的性别"，而是以下两个问题："结构调整计划对妇女经济地位的影响，以及针对妇女的暴力行径。"很重要的是，代表洪都拉斯的基督教团体还呼吁反对堕胎，明确地把所谓"不自然性别"、对母性的摧毁以及对堕胎权的提倡联系在了一起。

性别最终被获许留在论坛语言中，但是论坛规定"拉斯比"（lesbian，女同性恋）一词必须放在"括号里"使用。实际上，我在旧金山看到一些准备会议的代表，他们穿的T恤上印着放在括号里的"拉斯比"一词。当然，括号表示的是它里面是有争议的用语，关于它应如何适当使用尚未达成一致。尽管括号是用来解除这个词的力量、质疑其资格的，但是，它们最终使这个术语变

---

[1] 国际出版服务第三世界新闻社（InterPress Third World News Agency），www.ips.org.——原注

得语义复杂,因为它具有不确定性,使它获得了某种超可见度。

"拉斯比"一词从被放到括号中使用最终发展到被完全从语言中剔除。但是,这个策略的成功似乎只能让我们怀疑这个词会出现于别的语言场景中:通过性别这个词,通过关于母性的话语,通过提及性自主权,甚至是通过"其他状况"(这些状况为权利遭受侵犯提供了基础)——"其他状况"是不能被直接命名的一种状况,但是,正是通过这个短语的间接性,拉斯比被标示出来。这种状况是"他者",它在这里不可言说,它被指明不可拿来谈论,甚至并不成其为一种状况。

在这次国际会议的话语框架内,很有必要探寻究竟是什么使对女同性恋权利的接纳与不自然性别的制造相联系,与对母性的摧毁相联系,以及与一种死亡文化的引入相联系(这种"死亡文化"可大致理解为反生命的文化,这是大家熟悉的、右翼对"支持堕胎选择权"的一种译法)。很明显,那些以此反对女同性恋权利的人(还有人会以别的理由反对女同性恋权利)要么认为女同性恋不是母亲,要么认为,即使她们可以是母亲,她们仍然参与到对母性的摧毁中去了。那就这样吧。

我认为,很重要的是,我们可以在这个场景中看到,几个难以彼此分开的问题同时出现了。有假设认为性别是同性恋的代码,认为引入女同性恋就是引入一种新性别,这种新性别是非自然的,它摧毁了母性,且与女性主义为生殖权而进行的斗争相关;从本质上看,这种种假设既恐同又厌女。而且,有观点认为,性权利是西方强加的看法。这种观点被国家-教会联盟采纳了，也受到了美国代表的附和，被有力地用来对付拉丁美洲草根阶层妇女运动在会议上代表妇女作出的种种宣言。因此，我们看到教会-国家联盟针对妇女运动的意识形态权力的高涨，而这正是通过利用来源于这些运动的反帝话语而实现的。

教会-国家联盟试图恢复和维护传统的族群纯洁，由此来阻碍性自主权的种种要求。大会上形成了一个女性主义联盟与之对抗，寻求一种语言，来支持生殖权、婚姻中不受暴力对待的权利，以及女同性恋权利。

值得注目的是，在这两个会议上，性取向问题并没有像梵蒂冈假定的那样接管了"性别"一词；"性取向"在法律上、医学上都是个陌生术语。国际男女同性恋人权组织努力想使这个词和"拉斯比"一起作为基础词汇，来定义针对妇女的人权侵害。

值得注意的是，联合国妇女大会确实取得了对语言的一致意见。这个语言在修辞上十分重要，因为它代表了对这个问题的主要国际意见，能被不同国家的政府和非政府机构使用，以推动和大会的行动论坛第96段的措辞相一致的政策：

> 妇女人权包含了她们自由地、负责地控制和决定与她们的性/性向相关的事情的权利，包括性健康和生殖健康，以及不受强迫、歧视和暴力。要取得男女间在性关系和生殖问题上的平等关系（包括对对方完整性的尊重），就必须相互尊重，性行为中双方知情同意，并共同分担对性行为及其结果的责任。

最后，很重要的一个任务是探询联合国语言本身的情况。这种语言应该由国际共识（不一定是全体一致）加工而成，它应该代表就以下问题达成的共识——普遍接受的诉求是什么，普遍承认的权利是什么。如果"普遍性"一词所容许的内容取决于所达成的"共识"，那么，这似乎消减了普遍性本身的部分力量，但也可能没有。这个过程假定，什么可以、什么不可以被包括进有关普遍权利的语言里去，并不是一次就定下的，我们此时并不能完全预料它未来的情形。联合国的审议成了公共仪式的场所，在这里，就普遍性的界限达成的共识被一再地表达出来。

"普遍性"的意义随文化不同而不同，"普遍性"具有特定的文化表达，这些表达与它所宣称的跨文化地位相矛盾。这不是说我们不应该提及普遍性，也不是说对我们而言普遍性已经变得不可能。把普遍性用括号括起来仅仅是说表达普遍性具有文化条件，这些条件并不总是相同，而正是通过不那么普遍的文化条件来表达，这个词才获得了意义。只要存在禁令不许采取普遍性态度，就会遇到这样的悖论。因为，在一种文化中，有些权利被认为应该普遍赋予大家，而在另一个文化中，同样的权利却体现出了对普遍性的限制，也就是说，"我们如果把那些权力赋予那些人，就是在削弱我们理解中的普遍性的根基"。在我看来，这在男女同性恋人权的领域中变得尤其清晰；在这里，"普遍性"是一个引发争议的概念，各个政府、各种主流的人权组织对以下问题都表示过疑虑：男女同性恋者是否应该被涵盖到"人"的范围里？如果假设他们有权利，那么，在决定普遍权利范围的现有习俗中，这些权利能否找到合适的位置？

梵蒂冈认为，接纳女同性恋权利是"反人类"的；对我而言，这一点都不奇怪。或许这说得没错。把女同性恋接纳到普遍性的疆域里，或许就是要消解现有的"人"的概念，但这也可能是超越传统界限来对人这个概念进行想象。

在这里，普遍性这个概念不是建立什么的基础，也不是让我们得以前行的一种预设；这个词已开始让很多人反感，它威胁着要在人的概念中把"他者"包括进去，而"人"原本正是作为"他者"的反面而被定义的。从这个意义上说，在这种更为激进的用法中，"普遍性"挑战并摧毁了一贯被接受的基础。"普遍性"成了一种反基础的东西。宣称一套权利具有普遍性（即使决定普遍性范围的现有习俗预先排除了这个观点），这种做法仍然不仅会摧毁普遍性的概念，而且会承认它的"构成性外在"（constitutive outside），而这样做就走向了同化**现有**规范的反面。我坚持认为，这样的宣称有激发、要求彻底重新表达普遍性的危险，会迫使普遍性走进括号，让人不知道它是什么，不知道它在未来（我们无法完全预先决定这个未来会怎样）的意义会涵盖什么。

被排除在普遍性之外而又依据它来提出要求，这是在表达某种述行性的矛盾（performative contradiction）。这可能会显得愚蠢、对自己不利，就好像这样一种要求只会招致嘲笑。但是，也可能会有另一种赌运，结果可能是修正普遍性的历史标准并对其加以细化，以适应未来的民主运动。说普遍性尚未得到表达，就是坚持认为这种"尚未"是对普遍性的适当理解：还没有被普遍性"实现"的东西从本质上构成了它。普遍性正是通过挑战它的**现有**形式才开始得以被表达的，而这种挑战源于没有被它涵盖的人，他们没有权利占据这个"谁"的位置，但仍然要求普遍性将他们包含进去。从这个意义上说，被排除在外者构成了普遍化的临时界限。这一次，括号从"拉斯比"上脱下来，但又被安到"他者之位"上去了，而这个"他者之位"是我们使用的语言的他者——正是这种他者性设定了什么可被言说。它出没在言说性的边界内外，威胁着要通过那些并不总能让人察觉出来的替代进入可言说的世界中去。尽管性别不是同性恋进入联合国官方语言的途径，性自由（sexual freedom）却的确成了一个这样的术语，把女同性恋和异性恋妇女汇聚在一起，给自主权赋予了价值，并拒绝回到生物命运论上去。女性主体的性自由挑战了支持普遍性的人道主义，这说明，我们可以思考各种社会形式（例如父权异性恋家庭），思考它们如何依旧支持我们对普遍性在"形式上的"构想。人似乎必须先变得对自己陌生了，甚至变得可怕，才能在另一个层面上重新成为人。这样的人的概念不会是单一的，不会有什么最终形式，但是，它会不断地磋商性别差异问题，且协商的方式不会对情欲的社会组织方式产生自然或必然的后果。我坚持认为这个问题是开放的，且将会持久存在。我希望由此指出，我们无法决定性别差异是什么，而只能让这个问题保持开放、有活力、不下定论并充满希望。

回应罗西·布拉伊多蒂的《变形记》

《变形记》(*Metamorphoses*)是布拉伊多蒂在女性主义理论方面的第三部著作,前两本书是《不和谐的样式》(*Patterns of Dissonance*)和《游走的主体》(*Nomadic Subjects*)。我们要谈的是这部两卷本著作的第一卷[第二卷将由政体出版社(Polity Press)出版]。在进入这本书的细节之前,让我们先来看看这本书企图说明些什么问题。它把德勒兹式的身体观和生成观放到一起研究,并以女性主义视角来审视性别差异和女性生成(the becoming of Woman)。它对电影做了锲而不舍的哲学批评和文化批评,尤其关注在生产和消费的特定社会条件下电影中的身体、机器和动物如何以各种方式混杂在一起。这不仅坚决捍卫了伊利格瑞,也在启发伊利格瑞的读者以其他方式来解读她。尽管这个文本从德勒兹的视角对精神分析观点提出了异议,但它也利用了精神分析对主体的描述,强调了主体和它自己的精神构造之间的非偶然关系,强调了无意识愿望的持续,以及无意识目标的文化构造和社会构造。这个作品也彰显了一种对精神分析的信仰,相信它可以一直用来治愈某些种类的心理痛苦。如果在读这本书之前我们就意识到把德勒兹和拉康合在一起是一件难事,用女性主义来解读这两位作者(且这种解读坚持性别差异的首要性)是很困难的,或者说,把所有这些深奥的理论与对某些流行电影的文化分析结合到一起是很有难度的——我们这样想无疑是正确的。但是,这个文本确实以某种方式把各种观点合并到一起,而这种合并是为了服务于一种肯定的理论（a theory of affirmation）。这种理论不仅试图挑战黑格尔的否定理论，而且指出了一种激进主义的可能性，且这种激进主义不需要主体采取自由主义的本体论。

这个文本还针对技术提出了复杂而精到的批评，拒绝返回技术革命之前的过去。相反，布拉伊多蒂认为，在性别差异问题上，用哲学方法来对待生命起源的问题，对技术干预身体生活和生殖生活具有具体的道德意义。布拉伊多蒂认为，人道主义对动物、人和机器所做的区分已经崩解，与此同时，她也警告我们不要以为我们能够朝**任何**方向肆意地制造和转化身体。尽管讨论转化（transformation）是她这个文本的任务，而且可以说是这个文本所行之事，但是，我们不能认为布拉伊多蒂构想的具体形状的变迁（nomadology）或变形（metamorphosis）可以无限地进行下去，是没有限度的。有些模式的转化与身体有关，并通过身体发生，但布拉伊多蒂认为，除这些模式外，还存在别的模式，它们的目的是要压制身体生活，或是超越身体差异的种种参量。布拉伊多蒂从伦理和政治的立场反对后面这种模式。比如说，布拉伊多蒂认为以下情况都符合菲勒斯中心论（phallogocentrism）的目的：把"转化"构想为对性别差异的克服，通过它来重新树立有控制力的、自主的阳性形式，并以此消除性别差异，消除阴性的特定象征范围（特定的象征性未来）。类似的，她反对因身体恐惧（somatophobia）而对身体进行技术重塑，以彻底逃避身体经历（对布拉伊多蒂而言，差异和身体不仅仅是转化发生的条件，也正是转化发生的载体和工具。没有它们,常规意义上的转化就不会发生)。

布拉伊多蒂对转化的看法不仅和某种哲学背景有联系,也构成了她自己的哲学贡献中最重要的一面。她关于具身化(embodiment)的观点是一种行动主义理论(a theory of activism),或者说,是一种执行行动的理论(an activist theory)。它既从哲学上也从政治上同时解析了转化。一些针对后结构主义的批评家认为,如果没有确定、单一的主体,"能动性"(agency)就不存在,而布拉伊多蒂则指出,活动力(activity)、肯定性和改变环境的能力都来自一个多重构成的、四处移动的主体。布拉伊多蒂沿袭了由斯宾诺莎到德勒兹的发展轨迹,这个轨迹涵盖了对精神分析理论的某种解读,并似乎也用到了一些尼采。这种思路认为,生活下去的意志(即对生活的肯定)是通过多重性运作而发生的。多重效应的动态交互作用带来了转化的发生。有人认为多重构成的作用者(agent)是散漫的,但是,对布拉伊多蒂而言,多重性能让我们理解各种力量的相互作用,以及它们如何激发生活新的可能性。多重性并不预示着能动性的死亡,而恰好正是它产生的条件。如果我们不理解多重性力量如何相互作用,并创造出生活的活力,那么,我们就无法正确理解行动从何而来。

转化由各种力量的运作产生,而其中一些力量是无意识的,它们通过身体方式起作用,因而创造力和某种新事物的出现是一种活动的结果,而这种活动在有意识的主体出现前就有了,但并不完全外在于这个主体。先于我存在的某种东西构成了我，这是一个悖论，而这个悖论表达的观点是主体不能被简化为意识。我们这里说的不仅仅是一种主人似的主体（即那种知晓并能对行动做出决定的自由个人），因为主体不仅能发出行动，也可能以各种方式受到行动的影响。对布拉伊多蒂而言，"主体在性别差异中被制造"的观点似乎是说，其他身体作用于一个身体，产生了某种转化的可能性。这让身体进入生活，被生活吸引，而此处生活的含义必须和我们试图描述的动态转化一起理解。

有些人想要知道在动态的全球网络中转化会是什么样的，对这些人来说，上述这种哲学观点与全球视野及文化事业都特别相关。例如，有人可能会从马克思主义角度指出，社会世界是一种集合与被集合的结果的总和，而我认为布拉伊多蒂会反对这种静止的观点。她会去探寻不同的技术网络和经济网络如何决定和制造了不同转化的可能性。但还是要注意，我们必须明白，要让这种转化发生，我们必须把与身体有关的过程当作它的前提条件和场所。对布拉伊多蒂来说，和身体有关的过程必须依据性别差异来详加说明。此外，性别差异代表了一种未来象征，这种象征把"非一"（not-one）当成是生活本身的条件。

某种程度上，在我还没完全意识到的情况下，我就已经写了一些布拉伊多蒂的立场所会反对的作品。就像布拉伊多蒂一样，我代表了一种女性主义的后结构主义，而且我们有相似的责任感。但是，我的后结构主义倾向于研究不同文本、不同问题。后结构主义不是什么单一的东西；它不是一种一元事件，不是一套一元文本，而是范围广阔的作品，这些作品是在费尔迪南·德·索绪尔（Ferdinand de Saussure）、法国黑格尔研究、存在主义、现象学以及不同形式的语言形式主义的影响下出现的。我觉得可以说，就像布拉伊多蒂那样，我有时驻留在关于缺乏（lack）的宗教理论里，我还关注着黑格尔意义上的否定的作用，这两个概念都让我去思考诸如抑郁、哀悼、良知、负罪感、恐怖等问题。我认为出现这一切是顺理成章的：一个犹太女孩，背负着大屠杀背景影响的心理包袱，在一个颇早的年纪坐下来阅读哲学，特别是，她是为了躲避暴力而开始阅读哲学的。这也可能是因为我对有关生存的问题常常颇为关注，因为我从来都不确信我的性别或性向——不论这些术语的意思是什么——会让我免遭不同形式的社会暴力。生存和肯定是不一样的概念，但没有生存就没有肯定（除非我们认为某些自杀行为具有肯定性）。没有生存，主体就一无所有；但只有生存是不够的。[1]当布拉伊多蒂思考痛苦、苦难和局限性等问题时，她找到了跨越这些问题的方法，采用了一种既能克服被动又不会采取奴役和控制形式的行动方式。这种方式极其艺术，是通过努力找寻肯定和转化的可能性才打磨出来的。这些可能性存在于一些不一定危险但困难的事物中，比如涉及身体的新技术、全球交流网络，以及跨国移民和迁移的模式。

---

[1] 普里莫·莱维（Primo Levi）的作品《缓刑时刻》（*Moments of Reprieve*）一再地展示了生存和肯定之间的区别。——原注

我想，关于强制移迁，必须问的问题有：那些被强制移迁的人会经历哪些形式的损失？那些在一个国家不再有家、在新国家里也尚未有家的国籍不明之人会经历怎样的不和谐感？殖民还在继续，它会产生什么形式的痛苦和苦难？像那些目前生活在占领区的巴勒斯坦人一样，在自己的家园里流离失所是怎样一种情形？

我认为布拉伊多蒂一定不会把这些苦难情形**当成是**苦难本身，相反，在方法上，她会试着把这些破裂和流动的场所看作前提条件，在这些条件之下会产生新的可能性。从这个意义上说，她的解读采用的批评模式努力寻求产生转化的可能场所，努力让看起来像是陷阱或死胡同的东西变得开放，并在其中找到产生正面效果的新的社会条件。破裂状态或者流离失所的状态当然会是一种苦难场景，但是这也可能成为一个场所，让新的能动性成为可能。如果失去让人类交流成为可能的近距离和隐私性，我们可以为之悲痛，但我们也可以想一想，全球网络会带来怎样的转化可能性，以及全球联盟会有哪些可能性。

我认为，这个文本中没有一个详细纲要来阐述什么应该转化、应该如何转化。相反，通过解读，通过不懈地追寻流动性、生成性事物，这个文本本身例示了转化是如何发生的。一方面，布拉伊多蒂反对左翼的这样一种悲观论调：社会过程已经完成了一切肮脏的交易，这些一度有效的过程留下的毫无生命力的结果构成了我们的生活。另一方面，她反对这样一些能动形式：它们通常建立在菲勒斯中心论的控制模式上，要么否定身体，要么拒绝性别差异，并因此（用她的话来说）无法理解生活本身如何要求多样性运作。

当然，布拉伊多蒂和我的立场之间还有一些没有解决的问题。我打算以问题的形式来表达它们；我希望，就像别的文章那样，这篇文章会成为进行中的批评对话的一部分。

性别差异

布拉伊多蒂认为，理论家之所以常常拒绝性别差异概念，是因为女性特质本身的意思经常被贬低。她不喜欢对这个词的贬抑使用，但认为这个词本身可以有一种不同的未来。这可能是真的。但是，认定那些反对这种框架的人就是在贬低女性特质或者认为女性特质只能有贬义，是否公平？说那些不接受这种观点的人就是反对女性甚至是厌女，是否公平？对我而言，在未来象征系统中，女性特质有多种可能。正如布拉伊多蒂自己宣称的那样，在这种象征系统中，女性特征不再是一种东西，或是只遵从菲勒斯中心论手段设计的单一规范。但是，为了这种女性多重性的出现，思考性别差异的框架是否必须是二元的？为什么性别差异的框架不能越过二元性、进入多元性？

布齐欲望

作为上述言论的结语，我们来看看以下问题：有的女人可能会爱上女人，甚至爱上我们称之为"女性特质"的东西，但同时她们又无法用女人这个范畴来理解自己这种爱，或是不能将其理解为女性特质的一种变化形式。[1]如有些人所说，布齐欲望可以被体验成"女人欲望"的一部分，但它也能被体验成，或者说，能被称为和解释为男性特质的一种，只不过它不存在于男人中。针对欲望和性别问题有很多研究的方法。我们可以立即责备布齐群体，说她们/我们只是反女性而已，或者说我们否定了一种主要的女性特质，但接下来，我们就会面临这样的窘境：大体上（但不单纯如此），布齐深深地——虽说不是致命地——为女性特质所吸引，而且从这个意义上讲，深爱着女性特质。

我们可以延伸布拉伊多蒂的框架，认为这种对布齐的否定意见证明了过分狭隘地把女性特质当作菲勒斯中心论的工具——也就是说，女性特质的条件限制它实现它的全部可能——会出现什么情况；这个框架也让我们看到，布齐欲望应该被描述为女性欲望的另一种变化形式。这最后一种观点寻求更加开放地来描述女性特质，这和菲勒斯中心论论点正好相反。这种观点在第一种立场（这种立场简单地把自我怨恨和厌女心理归咎于欲望的主体）上有了改进。但是，如果布齐欲望中有男性特质成分的话，也就是说，如果只有"男性特质"一词才能让这种欲望被人理解的话，那我们为何羞于承认男性特质可以以各种方式出现在女性身上，而且女性特质和男性特质并不只分别属于性别不同的身体？

---

[1] 参见朱迪斯·哈博斯坦，《女性的男子气》。——原注

情况为什么不该是下面这样的呢——我们处于性别差异的某个边缘上，在这里，性别差异的语言不一定够用，且在某种程度上，这是因为身体由多重力量构成，并构成了多重力量？如果欲望的这种特别构建超越了二元框架，或者否定了它的规则，为什么这不能是关于力量的多重运作的例子呢？布拉伊多蒂在别的地方接受了类似的例子。

德勒兹

布拉伊多蒂提到我1987年的作品《欲望的主体》(*Subjects of Desire*)，来证明我抗拒德勒兹。但她得知道，每年我都会收到若干文章和评论，声称我的学问是德勒兹式的。我想，对她而言这个说法很可怕，但是我希望她能看到，斯宾诺莎的天然发生力（conatus）这个概念一直是我作品的核心。像她一样，我支持去制度化的哲学（"少数"哲学），且我也在失败了的辩证法中寻找新的可能性，来超越辩证法自身。但我承认我不是一个好的唯物主义者。每次写关于身体的文章，我都写成了关于语言的文章。这并非是因为我认为身体问题可以简化为语言问题；身体问题不是语言问题。语言来自身体，就像某种发射一样。身体是发出语言的基础。身体承载着自己的符号、自己的能指，且它对此通常无意识。德勒兹反对精神分析，布拉伊多蒂却不。对德勒兹而言，精神分析似乎以缺失（lack）为中心问题，但我却愿意聚焦于否定性（negativity）的问题。我反对德勒兹的一个原因在于，我在他的作品中找不到对否定的关注，且我担心他对否定性问题疯狂抵御。布拉伊多蒂以一种新的方式把德勒兹和精神分析再次联系在一起，因而提供了一种阅读德勒兹的新方法。但德勒兹抵制无意识，而精神分析强调无意识（我认为这是正确的），布拉伊多蒂该如何调和这个矛盾？

言语、身体和述行性

在我看来，述行性并不局限于言语行为（speech acts）。它和身体行为（bodily acts）相关。二者间的关系很复杂，在《身体之重》(*Bodies That Matter*) 一书中，我将之称为"交错"（chiasmus）。身体的生活中总有一部分不能被完全表述，即使它作为语言的条件、作为语言的激发条件也是这样。

总的说来，我赞同绍莎娜·费尔曼《会说话的身体的丑闻》一书的观点。在这本书中，她附和拉康，宣称身体引发了语言，而语言承载了各种身体目的，并进行了种种身体行为，而那些用语言来达到某些有意识的目的的人并不总能看到这一点。我认为，这种移情不仅对治疗很重要，对语言的理论思考（这由移情引发）也很重要。我们说话，并用所说的话来表达某种意思。但是，我们也用我们的言语做事情，而我们做了什么、如何用语言施动于他人并不等同于我们有意识地传达的意思。正是在这个意义上，对身体的意义塑造超越了主体的意图。

异性恋

说我反对它是不对的。我只是认为，异性恋不只属于异性恋者。此外，异性恋常规不等于异性恋规范；我担忧并批判的是异性恋的规范性。无疑，有异性恋行为的人对异性恋规范性会持有各种批判的、喜剧式的看法。在一些地方，我曾尝试着要阐明什么是异性恋抑郁，即在异性恋中出现一种对同性吸引的抗拒，并以此来巩固性别规范（"我是个女人，所以我不想卷入同性恋"）。我想说明的是，对某些形式的爱的禁止如何制造了一种关于主体的本体论真理："我是个男人"中的"是"包含了"我不能爱上男人"的禁令，所以，这种本体论的主张携有禁令本身的力量。但是，这只会发生在抑郁的情况下，而且这不是说所有的异性恋都是这样构成的，也不是说，除了无意识的否定外，某些异性恋者就不会对同性恋问题持一种清楚的"无所谓"态度（这个观点来自伊芙·科索夫斯基·塞吉维克）。我也不是说，我支持一种以同性恋为先、为主的发展模式，在这种模式中，爱受到了压抑，结果才出现了异性恋。但让我觉得有趣的是，弗洛伊德自己的假设似乎会引出这样的结论。

例如，我完全赞同布拉伊多蒂以下这个观点：孩子爱着母亲，但母亲的欲望已有他属，有欲望的主体所面对的正是这样的三角关系。如果这就是布拉伊多蒂对俄狄浦斯情结的理解的话，那么，我们俩都不抗拒这样的俄狄浦斯情结，虽然我们也有区别：她**不会**通过缺失这个概念来解读俄狄浦斯情结，而我在描述强制性异性恋时，会引入禁止这个概念。有的模式将儿童的异性恋倾向视为先天，只有依据这个模式，才能提问异性恋是如何形成的（比如，在《性学三论》中，弗洛伊德就是这样问的）。换句话说，只有主张异性恋的初始性，才会引发"是否之前有同性恋存在"这个问题，因为这就有必要描述异性恋是如何建立起来的。我批评这些发展观，是为了说明关于异性恋倾向的理论如何假定了对它不利的东西——也就是说，它来自一个前异性恋的性爱史。如果存在我们称为俄狄浦斯化的三角关系的话，那么，这个三角是在一系列禁令或限制的基础上出现的。虽然我承认这个三角无疑是欲望的一种条件，但我还是很难接受这种三角。我的这种困扰正说明它确实在发挥作用，因为，从精神分析角度看，正是它把难度引入欲望的。然而，最让我感兴趣的是如何从异性恋初始论或异性恋普遍论中将俄狄浦斯观点祛除。

摹　仿

布拉伊多蒂曾讲述，她在伦敦当代艺术学院很高兴地看到有件艺术品含有这样一句话："反讽的摹仿不是一种批评"。我不知道这个说法是否正确。这样一种观点是否涵盖了露西·伊利格瑞在《另一个女人的反射镜》(*The Speculum of the Other Woman*)中使用的批判性摹仿？布拉伊多蒂是不是想放弃伊利格瑞的理论中进入了哲学语言的那一部分（这一部分理论深入到哲学语言的术语中，像它的幽灵，展现被堵住的女性特质，并以一种破坏性书写来质疑男性哲学自成一套的权威)？为什么这种摹仿不是批判性的呢？我认为，如果我们认为这种摹仿只会带来奴性的道德观，只会接受和增强权威的规矩，那么我们就错了，因为伊利格瑞对那些规矩的处理方法不是这样的。她将它们反为己用；当妇女没有位置时，她为她们找到了位置；她揭露了某些话语对异己的排除；她还揭示出那些缺席的场所是可以被调动的。这里出现的声音"附和"着主人的话语，但这种附和却也说明这种声音的存在，说明某种表达力量还没有被湮没，说明这种声音像镜子一样反映了使它湮没的那些言辞。某种东西坚持着，努力活下去，而当主人的言辞被反抗湮没的人说出来时，听起来就不同了：在这个人的言说、背诵中，言辞原本的湮没作用被削弱了。

英美和欧洲之间的区分

布拉伊多蒂认为，欧洲女性主义屈从于美国女性主义霸权。我想，她所批评的还包括白人女性的理论。对她而言，为了研究移民、欧洲新种族歧视、生殖技术的伦理问题以及环境政治等诸多重要问题，维护一种欧洲女性主义是很重要的事情。对美国女性主义者和理论家来说，在考虑他们的第一世界特权时，既不带有自我夸大的罪恶感，又不矫揉造作地低调，是出奇地困难的。理论来自不同地方，而"地方"这个概念在欧洲又处于危机之中，因为，在欧洲，在有关谁属于、谁不属于欧盟的争论中，在有关移民（尤其是比利时、法国、荷兰等国）法规以及伊斯兰社群、阿拉伯人和北非人的文化影响的争吵中，边界这个概念已经受到了很大挑战。我是美国人，但我的训练根植于欧洲哲学。仅仅几十年前，我的家庭还把自己当成是欧洲犹太人。在我的成长过程中，身边的大人说着几种我不懂的语言和口音浓重的英语。我去德国学习唯心主义哲学时，我祖母认为我是"回到"了我的归属所在，而且这是件好事。她的兄弟们在布拉格受的教育，而且她知道那儿有一个德国犹太学术传统。我花了太多个礼拜天阅读本雅明（Benjamin）和肖勒姆（Scholem），很可能这种传承（可以追溯到德里达）比美国社会学和人类学对我更重要。我听布拉伊多蒂讲英语，了解到意大利语是她的母语（虽然她在澳大利亚生活了很多年），而且我注意到她的英语说得比我快。当我细想这一点时，我敢打赌她在美国女性主义者圈子中的朋友比我多。

我的德语不算差，而且我花在与哈贝马斯信奉者争论上的时间比大多数人想象的要多。在我们之间有一种跨越大西洋的交流：我们都处在跨越中。布拉伊多蒂已经向我们展示这是一个怎样的过程，以及我们栖息的多重地点如何为转换制造了新场所。那么，我们可以轻易就回到欧洲和美国的两极对立中去吗？很明显，美国对阿富汗和伊拉克的战争在许多进步的美国人中激起了对欧洲左翼的向往，虽然这种向往很天真，且往往忽视了目前席卷欧洲的民族主义新浪潮，以及针对新移民的广泛的制度性种族歧视。但是，为了标示出美国在女性主义领域中的霸权作用，我们无疑有必要区别欧洲和美国。但目前似乎更重要的是，要想到那些被遗忘在图景之外的女性主义——这些女性主义源于底层（subaltern），源于"发展中"国家、南半球、亚洲，源于美国和欧洲内部的新移民群体。

如果美国女性主义表现出对性别问题的沉迷，那么，这种"美国"女性主义是和社会学——社会构建理论——联系在一起的，而差异原则就很可能失去其意义。但也许我们最重要的任务，是去思考关于身体的争论，因为"文化构建可以完全消除性别差异和身体过程"的说法可能正确，也可能不正确。如果那种"驱动力"是文化和生物的汇合，那这种"驱动力"就意味着，以身体的名义说话的人和以文化的名义说话的人之间有可能进行有效的交流。如果差异不是异性恋规范的代码，那么它就需要表达出来，这样，差异就可以被理解为一种力量，它打破了有关身份的假设表现出来的一致性。如果新性别政治反对将二态性理想化，那么，它是否也反对给性别差异本身赋予首要地位呢？如果有关身体的技术（外科手术、激素、运动）能产生新的性别形式，这是否恰恰服务于对身体进行更加彻底的控制？还是说，这造成了抹杀身体的危险？很关键的是要让这些问题保持开放。只有这样，我们才可能在理论上和政治上形成广阔的联盟。我们希望我们划出的界线能被跨越，而这种跨越——正如任何漂移不定的主体所知晓的那样——建构了我们。

第十章　社会转化问题

女性主义研究的是性别关系的社会转化。尽管有些人并不喜欢"性别"这个词，但对上述这一点，或许大家都同意。可是，女性主义和社会转化之间有什么关系，终究还是一个有争议的问题。有人可能会觉得这种关系应该是很明白的，但是某种东西还是让这个问题变得很晦涩。别人把这个问题抛给我们时，是希望我们清楚作答：我们对这个问题怀有哪些假设？对这些假设，我们不能想当然。我们可以用完全不同的方法来想象社会转化。我们可以想象女性主义会怎样、应该怎样去改变这个世界。社会转化是什么？什么样的实践是转化性的？对这些问题，我们可以有截然不同的看法。但是，理论与转化过程之间有何联系？理论本身是不是一种转化性实践且会产生转化效应？对这样的问题，我们也必须有一个看法。

在以下讨论中，我想说的是，理论本身具有转化力量。我在这里先把这个观点摆出来。但大家也必须明白，我并不认为理论是社会转化和政治转化的充分条件。除了理论，还必须有别的东西参与进来，比如社会层面和政治层面上的各种干预，包括行动、可续的人力、制度化下的实践等——这一切与理论的展开不一样。但我还想加一点：所有这些实践活动都以理论为前提。在社会转化的过程中，我们都是外行的哲学家，事先构想了一个世界图景，构想了什么是对的、什么是正义的、什么是可恶的，构想了人类会采取怎样的行动、能够采取怎样的行动，并构想了什么是必要而充分的生活条件。

女性主义研究有很多关注的焦点问题，而我认为，这些问题中没有哪一个称得上最重要，称得上起着决定意义。但我还是想指出，生命/生活问题是不少女性主义研究（尤其是女性主义哲学研究）的中心。关于生命/生活，我们可以用种种方式来质询：什么是美好生活？构想美好生活的过程中，人们会如何将女性的生活排除在外？对女性而言，什么是美好生活？这些问题都很重要，但是，有一个问题优先于这些问题，即生存问题本身。如果思考什么样的女性主义思想与生存问题相关，我们就会发现另一套不同的问题：谁的命是命？谁才有活下去的特权？我们怎样判断生命何时开始、何时结束？我们怎样把生命放在一起相互比较？生命是在什么条件下、通过什么手段形成的？生命诞生时有谁会在意？谁会照料孩子的生命？当生命即将消逝时，谁会照料它？谁会照料母亲的生命？它有什么最终价值？在什么程度上，性别——和谐的性别——可以保证人活得下去？那些不遵循已有性别规范的人会面临怎样的死亡威胁？

女性主义总在思考生死问题。这说明在一定程度上女性主义是哲学研究。它探讨我们如何组织生活，给生命赋予怎样的价值，如何保卫生命、抵御暴力，如何迫使世界及其制度容纳新的价值观。这就意味着，在某种意义上，女性主义哲学追求的目的与社会转化的目的是一致的。

我心目中不同性别之间的理想关系应该是什么样的？作为规范、作为体验的性别应该是怎样的？它应该遵循怎样的平等和公平？如果我把这些问题说清楚，那一切都会容易得多。要真这样，那就容易了。要真这样，你就会知道什么样的规范指引了我的思考，你就能判断我究竟有没有达到我的预定目标。但这些事情于我并不简单。对我而言，问题不在于我是否固执，或者我是否执意要让问题变得晦涩。很简单，我的问题源于这样的双重真理：为了要活着，为了要好好活着，为了能够知晓朝哪个方向努力才能改变我们的社会世界，我们需要规范；但同时，我们也会受困于规范，它们有时会对我们施暴，而为了社会公正，我们必须反对它们。这可能让人有些不解，因为很多人会说反抗暴力必须以**规范的名义**来进行，这是一种非暴力的规范，一种关于尊重的规范，它引导或强迫我们尊重生命。但要知道，规范性也具有这种双重意义。一方面，规范性指的是那些起引导作用的目标和热望，是我们相互行动和相互说话所依据的强制性规则。作为一种前提，它需要我们普遍遵循它，它指引着我们行动的方向。另一方面，规范性指的是规范化的过程，即特定的规范、观念和理想如何支配具体生活，如何给正常的"男人"和"女人"设定强制性标准。在这第二个意义上，我们可以看到，规范决定了什么是"可理解的"生活，决定了什么是"真正的"男人和"真正的"女人。如果我们违背这些规范，就很难说我们是否还能活得下去、是否还应该活下去，我们的生活是否还有价值、是否可以有价值，我们的性别是否真实、是否能被视为真实。

好的启蒙思想家只会摇着头说，想要拒绝规范化，就只能以另一种规范的名义来进行。但是，这种批评家还得考虑一下规范化和规范性之间有什么关系。把人和人联系起来的是什么？为了找到一种共同纽带，我们会采用怎样的言语形式和思考形式？当我们讨论这些问题的时候，我们无可避免地要诉诸社会地构成的关系，这样的关系历经时间而形成，它们把那些不符合规范的生活方式排除在外，从而给予我们一种"共同"感。在这个意义上看，我们把"规范"视为把我们联系到一起的东西，但我们也会看到"规范"仅仅是通过一种排他手段才创造出了一致性。我们很有必要思考这个问题，即规范的双重性问题。但在本章里，我首先想讨论决定性别的规范，而且我特别想探究，这些规范如何在限制生活的同时又让生活成为可能，它们如何预先决定什么样的存在方式让人活得下去、什么样的存在让人活不下去。

我将通过重新检视《性别麻烦》一书来完成第一项任务（在这本书中，我第一次论述了我的性别理论）。我想通过暴力问题来直接思考性别理论，探究当下的性别暴力图景，在未来能否转化为社会生存的可能性。然后，我想讨论规范的这种双重性，以说明我们一方面不能缺少它们，另一方面也不必认为它们的形式与生俱来、无法改变。的确，即便我们少不了规范，我们也很难就这样接受它们。我想在本章结束的时候讨论这个悖论，以阐明我认为女性主义理论会发挥哪些重要的政治作用。

《性别麻烦》及生存问题

写这本书时，我比现在年轻好几岁，在学术界还没有稳定的地位。这本书是为几个朋友写的，在我的想象中，可能会有一两百个人去读它。我当时有两个目的：第一，揭露我认为女性主义中广泛存在着的以异性恋为标准的性别歧视；第二，试着想象一个世界，在那儿，即便有些人不完全遵循性别规范，在生活中对性别规范深感困惑，但他们仍然可以认为，他们不仅活得下去，且这种生活值得某种承认。但让我更坦率一些吧。我是想依据某种人文主义理想让某种可被视为性别麻烦的东西获得理解和尊严，但我也想让它从根本上动摇女性主义和社会理论对性别问题的思考方式，发现这些理论令人兴奋的一面，理解性别麻烦是什么样的欲望，理解它所激发、传达的欲望。

因此，让我再考虑一下这两个观点，因为它们在我头脑中都已经发生了变化，并且，正因为这样，它们迫使我重新思考"变化"这个问题。

首先来看看女性主义。那时，我觉得它沾染了怎样的异性恋中心论（heterosexism）？而现在我又怎么看待这个问题？那时，我把性别差异理论视为一种异性恋理论。而且，除了莫尼克·维蒂格（Monique Wittig）外，我认为其他法国女性主义学者在考虑文化的可理解性时不仅假设了男女间存在根本差异，而且还复制了这种差异。这种理论源于列维-施特劳斯、拉康和索绪尔，而在其发展过程中，又与这些大师的理论产生了种种决裂。毕竟，最终是朱丽娅·克里斯蒂娃（Julia Kristeva）指出，拉康没有给符号系统（the semiotic）留出空间，而且她不仅把这个领域作为对象征系统（the symbolic）的一种补充，而且认为它消解了象征系统。再比如，西苏（Cixous）把女性书写看成是让符号移动的一种方式，且这种方式是列维-施特劳斯在《亲缘关系的基本结构》的结尾处无法想象的。而在伊利格瑞的想象中，物件合到了一起。在描述那些纠缠在一起以至于无法区分（无法区分并不等同于"相同"）的嘴唇时，她甚至含蓄地在理论上构想出了女性之间的某种同性爱。那时，我们可以看到，这些法国女性主义者已经进入一个区域，一个对语言和文化具有根本意义的区域，他们宣称语言是通过性别差异形成的。相应地，说话的主体在与性别（the sexes）的二元关系中产生，而且，正如列维-施特劳斯勾勒出来的那样，通过交换妇女，文化获得了定义，而男女之间的差异则发生于基本的交换层面，正是这种交换使得沟通本身成为可能。

要理解这种理论对那些用过它，甚至今天还在用它的人有什么好处，我们就要理解，当女性主义的研究方向改变后，出现了以下巨变：女性主义研究从分析各个领域或生活空间内的妇女"映像"转向了在文化和人类交流的基础上进行性别差异分析。突然之间，我们具有了根本的重要性。突然之间，人文科学少了我们就不能进行。

而且，我们不仅具有了根本的重要性，我们还在改变着这个根本。新的书写出现了，新的交流形式出现了，而且，针对被父权象征系统彻底束缚的各种交流形式，新的挑战出现了。此外，让妇女作为礼品聚到一起的新方式，以及建立联盟和生产文化的新模式、诗学模式也都出现了。我们就好像是面对着父权理论的框架，同时也在其中进行干预，以新的形式制造出超越父权规则的亲密关系、联盟和交流，但也对它的必然性和极权诉求提出挑战。

这听起来不错，但也给我们中的许多人造成了困难。首先，不论是父权还是女性主义形式的文化模式，似乎都认为性别差异是稳定不变的。而对我们中有些人而言，之所以会有性别麻烦，就是因为存在对性别差异本身的论争。许多人会问自己是不是女人；有些人这样问，是为了能被包含到这个范畴中去，而有些人这样问，则是想知道，除了这个范畴外，还有什么其他可能。在《这是我的名字吗？》("Am I That Name?")一文中，丹尼丝·莱利（Denise Riley）写道，她不想为这个范畴耗尽一切，但谢莉·莫拉加（Cherríe Moraga）及其他人也开始理论地思考布齐、法玛等范畴。他们质疑布齐身上体现的各种男性特质是否总是由一种已经确立的性别差异决定的，或者说，这些范畴是否质疑了性别差异这个概念。[1]

法玛这个范畴提出了一个重要的问题：它作为一种女性特质，是不是相对于在文化中已经确立了的男性特质而获得定义

---

[1] 参见霍利博（Hollibaugh）和莫拉加，《我们在床上与什么滚在了一起》("What We're Rolling Around in Bed With")。——原注

的？它是不可改变的规范结构的一部分吗？还是说，它从构成规范结构最重要的条件那里对规范结构本身发出挑战？如果诸如布齐、法玛之类的概念不再是对异性恋的男、女性特质的简单复制，而只是暴露了它们假设的意义其实毫无必要，会出现什么情况？的确，《性别麻烦》一书被引用最多的观点如下：布齐、法玛之类的范畴不是对貌似更初始的异性恋的复制，相反，它们显示这些所谓的初始范畴（即处于异性恋框架中的男女）只不过是以类似的方式构建的、是述行地构建起来的。因此，我们并不能通过所谓的原件来解释看起来是复制品的东西。我们应该认为，原件和复制品一样发挥着述行作用。通过述行，主要的和非主要的性别规范都变得平等了。但是，其中的一些述行构建的东西会声称拥有自然的地位，或者声称拥有象征上的必要地位，而它们是通过隐藏它们被述行构建的过程来达到这个目的的。

我会再回到述行理论，但让我先解释一下，我是怎样重新理解在结构主义的女性主义理论与后结构主义的性别麻烦理论之间有何矛盾。

在第一种情况下，我试图阐明从性别差异到性别麻烦的转移，或者说，从性别差异理论到酷儿理论的转移（"性别麻烦"并不等同于酷儿理论，因为前者只是后者的一部分）。在这种描述中，性别差异是一种决定如何进入语言和文化的范畴，而性别则是一个社会学概念，它以规范的面目出现；这二者间有一种滑移。性别差异不等同于女性、男性等范畴。我们可以认为，男、女作为社会规范存在，而根据性别差异的观点，它们给性别差异提供了内容。比如，许多拉康学说的追随者和我辩论说，性别差异只具有一种形式上的特性，性别不能从性别差异概念本身得出什么有关社会角色或意义的东西。的确，他们中的一些人从性别差异身上剥去了任何可能的语义，只把它和语义学的结构可能性联系在一起，但并不赋予它任何合适的或必要的语义内容。实际上，他们甚至认为，如果一个人认为性别差异不仅是在特定文化、社会场景中具体化的，而且还被消减为具体实例，那么这个人就该受到批判，因为这犯了一个根本性错误，把区别这个概念根本的开放性破坏了。

这是对我的一种回应方式，采用这种方式的人是那些形式主义的拉康学说追随者，包括琼·考普耶克（Joan Copjec），查尔斯·谢泼德森（Charles Shepherdson），以及斯拉沃热·齐泽克（Slavoj Žižek）。但除此之外，直接或间接地挑战了我上述看法的还有一种更强势的女性主义观点。罗西·布拉伊多蒂是这些人中最有活力、最有说服力的，我在本书《性别差异的结束？》一章中分析了她的近作。[1] 我认为她的观点如下：我们必须维系性别差异的框架，因为它揭示了父权统治的文化现实和政治现实，因为它提醒我们，不论性别如何改变，都不会彻底挑战这些改变所处的框架，因为这种框架在象征层面持续存在着，而干预这个层面更为困难。卡罗尔·安·泰勒（Carol Anne Tyler）等批评家认

---

1 亦请参见我对罗西·布拉伊多蒂的采访，《以别的名字命名的女性主义》（"Feminism By Any Other Name"）。——原注

为，相对男性而言，女性更难进入到逾越常规的性别规范中去，而《性别麻烦》没有足够坚决地区别社会中这两种权力悬殊的地位。

其他人提出，这个问题与精神分析有关，且和俄狄浦斯情结形成的地点和意义都有关系。儿童通过三角关系进入欲望世界，不管是否存在以父母角色出现的异性恋二元关系，儿童都能够确定父性和母性这两个出发点。对儿童来说，这种异性恋二元结构具有象征意义，而欲望通过这个结构获得了形式。

从某种意义上说，还有别的重要观点值得我们在此思考。我不是说这些观点可以或应该被调和。它们的相互矛盾冲突很可能是必要的，而这种必要的矛盾构成了目前女性主义和酷儿理论领域的结构，制造了它们之间不可避免的冲突，使它们之间有必要进行论争性对话。重要的是，要区分持不同立场的两种人：那些站在生物立场上认为有必要区别生物性别的理论家［德国女性主义者巴巴拉·杜登（Barbara Duden）这么认为[1]］，以及那些认为性别差异是一种根本联结点的人——他们认为语言和文化是通过这个联结点出现的（结构主义者和不考虑性别麻烦问题的后结构主义者都这么认为）。但是，还存在持另一立场的人。他们觉得，结构主义模式很有用，仅仅是因为它展现了语言和社会中持续存在的男女间权力差异，并给我们提供了一种方式来了解，在建立象征秩序（我们生活在该秩序里）的过程中，这种差异起到了

---

[1] 参见巴巴拉·杜登，《皮肤之下的女人》(*The Woman Beneath the Skin*)。——原注

何等深刻的作用。而我认为，在这些人中还存在观点差异：有些人认为象征秩序不可避免，并因此把父权视为无可避免的文化结构；另一些人则认为性别差异不可避免，它是根本性的，但在形式上它是否必须采取父权模式则可以商议。罗西·布拉伊多蒂属于这后一个群体。大家可以看出，这就是为什么我和她的对话如此有用。

坚持性别差异是否一定是异性恋中心论的论调？当我们试图弄清这个问题，就会面对困境。到底是不是呢？同样地，这取决于你接受哪种说法。如果你认为俄狄浦斯情结形成的前提是异性恋的双亲形式，或是一种超越了任何双亲形式（如果这种形式存在）的异性恋象征体系，那么，这事儿就几乎没什么可说的了。如果你认为是俄狄浦斯情结的形成制造了异性恋欲望，而性别差异是俄狄浦斯化的一种功能，那么，这事儿似乎也就没什么可说的了。有些人，比如朱丽叶·米切尔颇为这个问题所困扰，虽然她在《精神分析与女性主义》(Psychoanalysis and Feminism)中宣称父权的象征秩序不是一套可变的规则，而是一种"原始律例"（第370页）。

我同意这样的观点：社会学概念上的性别，如果被理解为男性和女性的话，是不能被简化为性别差异的。但是，当看到有些人认为性别差异像象征秩序一样运作，我仍然感到十分不安。把这种秩序视为象征秩序而不是社会秩序，究竟是什么意思？[1] 如

1　我在《安提戈涅的诉求：生死之间的亲缘关系》一书中对此有更详细的讨论。——原注

果我们接受性别差异在象征层面上得以协调并受到限制，那么，女性主义理论对社会转化的思考会出现怎样的情况？如果性别差异是象征性的，它是否可变？我对拉康学说的追随者提出了这个问题。他们通常会对我说，象征系统内的变化是一个漫长的过程。我想知道究竟有多漫长。他们有时给我看所谓《罗马讲话》[1]的一些篇章，而我想知道的是，这些篇章能不能真的让我们寄托希望，认为一切终将会改变。此外，我不得不提出这样的问题：象征层面上的性别差异是不是真的没有语义内容？真的有可能没有语义吗？实际上，或许我们仅仅是把性别差异的社会意义抽象化了，并把它提升为一种象征性结构（因此也是前社会结构）？这是不是一种确定性别差异不受社会影响的方法？

说了这么多，有人可能还是会奇怪，我究竟为什么想挑战性别差异这个概念。但是，对我早期性别理论的一种持久看法是，性别是通过认同和述行的复杂实践而形成的，且性别这个概念有时没有所说的那么清楚、单一。我的目的是与各种形式的本质论抗争，这些本质论宣称性别是一种真理，是一种已然存在的东西，是身体的内在，是一种核心或一种内在本质，是一种我们不能否认的东西，不论它自然与否，都应该被看作是与生俱来的。性别差异理论不作任何自然本质论的断言。至少有一种版本的性别差异理论认为，正是每种身份中的"差异"杜绝了出现统

---

[1] 《罗马讲话》（Rome Discourse）指的是拉康 1953 年的论文《言词和语言在精神分析中的功能及领域地位》，因其发表地罗马而得名。——译注

一的身份范畴的可能性。从这个角度讲,《性别麻烦》至少面对着两种不同的挑战。现在我明白,我当时应该把问题分开来谈,且我希望我那之后的作品做到了这一点。然而,我对我们所用的框架仍然忧心,因为这些框架对父权统治描述得很好,这会让我们再次觉得这种统治无可避免或是首要的,比其他区分式的权力运作都重要。象征系统是否可以受到社会干预?性别差异是不是真的能够有别于它的制度化形式(其中最重要的一种是异性恋形式)?

写那本书时,我究竟做了哪些想象?写完那本书后至今,社会转化和政治的问题发生了怎样的变化?

《性别麻烦》以讨论变装表演为结束。实际上,书的最后一章标题是"从戏仿到政治"。一些批评家细读了这一章,想弄清这种转变如何发生:我们是怎样从戏仿转向政治的?有些人认为这本书小看了政治,把它贬低为戏仿;还有些人宣称,变装表演成了抵抗模式,或政治干预、政治参与的模式。因此,就让我们重新思考一下书中这个引发争议的结尾吧。这本书我可能写得太快了一点,那时我没有料到它会有怎样的未来。

为什么要写变装表演?这里有个人经历的原因。要知道,我年轻的时候,在美国,人们只有一种方式描述我:我是个爱逛酒吧的女同性恋者[1]。我白天读黑格尔,晚上逛同志酒吧,而这些

1　巴特勒此处使用的词为 bar dyke。dyke 指的是女同性恋,是一种冒犯的用法。——译注

酒吧偶尔会举行变装表演。那时，我生活中接触到一些亲戚——我和这些"男孩"之间有某些重要的认同。所以，处在那样的情形中，处在一种社会、政治斗争里，我经历了一个文化时刻。在那样的时刻，我也间接经历了性别的某种理论化：我很快意识到，一些所谓的男人可以比我更女性化、更希望女性化。也就是说，我面对的东西，可以称为"女性特质的可转移性"。我从来都没有拥有过女性特质。很明显，它属于别人，而我则乐于成为它的观众。而且，我一直更乐于当它的观众，远甚于让它在我身上体现，不论是过去，还是未来（但这不是说我就因此脱离了女性的肉体，就像有些刻薄的评论家明说或暗示的那样）。的确，无论是遵循性别差异还是性别麻烦的理论框架，我都希望我们忠于这样一个理想：谁都不会被强迫遵循一种以暴力为制约手段的性别规范。在理论上，我们可以探讨由别处强加的社会范畴是否一定是一种"侵犯"，因为它们一开始必然是非自愿的选择。但这并不是说我们失去了辨别两种侵犯的能力：一种是那种能赋予我们某些能力的侵犯，而另一种则会让我们丧失某些能力。当性别规范作为侵犯来发挥作用的时候，它们是以召唤质询（interpellation）[1]的方式起作用的；对于召唤质询，我们如果拒绝的话，就必须同意承担后果，比如失去工作、家、欲望或生命的前景。同时，也存在一整套法律，存在着刑事及精神病学方面的律例，触犯这些律例的可能结果包括监禁和禁闭。在许多国家，

1　这个词语出自路易·阿尔都塞（Louis Althusser）。——译注

性别不安可以作为辞退人或剥夺抚养权的理由。这些后果可能很严重。将之称为游戏或乐趣是不行的，尽管这些方面也很重要。我不是说性别在任何时候都不是游戏、愉悦、乐趣和幻想；它当然会有这样的时候。我只是想说，在我们居住的这个世界，一个人可能会为了他所追求的愉悦，为了实现他的幻想，为了他扮演的性别，而去冒失去权利、招致身体暴力的危险。

那么，让我提出一些观点，以供考量：

A. 在文化幻想层面运作的东西，最终并不能与物质生活的组织方式分开。

B. 如果一种性别表演被视为真实的，而另一种被看成是假的，或者说，如果一种性别呈现被视为可信，而另一种被看成是虚假的，那我们可以总结说，这些判断背后有某种性别本体论在作祟。而同时，性别表演也给这种本体论（它描述了性别**究竟是什么**）带来了危机，使这些判断被削弱或者无法成立。

C. 这里要强调的点，并不是变装表演颠覆了性别规范，而是我们多多少少要与有关现实的各种已有观念共存，与各种隐含的本体论共存，这些观念和看法决定了哪些身体和性欲会被视为真实，而哪些则不会。

D. 本体论的预设会对个人的具身化生活产生差别效应，这些效应会带来实际后果。变装表演可以揭示：1）这套本体论预设在发挥作用，2）这套东西可以用新的方式来表达。

谁以及什么会被视为真实？这个问题与知识相关。但正像福柯明白指出的，这也是一个关于权力的问题。在社会世界中，具备或承载"真理"和"现实"是莫大的特权,权力以这种方式把自己装扮成本体论。根据福柯的理论,批评的首要任务之一就是要查明"强制机制和知识要素之间"的关系。[1] 在此,我们面对的问题是,可知事物的限度究竟是什么。这些限度行使了一定的作用,但并不出于必需;如果质询这些限度,就可能会失去自己已经拥有的确切存在:"事物在两种情况下不能成为知识要素:第一,当它不遵循规则及约束(例如具体时期的特定科学话语的规则及约束)时;第二,当它不具备强制效应时,或者说,如果它由于不是科学证实过的东西、理性的东西或者被普遍接受的东西从而具有激励效应时"(第52页)。

知识和权力最终分不开。它们合力建立了一套微妙而直接的标准来思考世界:"因此,问题不在于描述知识是什么、权力是什么,以及它们如何互相压制,如何互相恶意对待。相反,我们只有描述知识与权力之间的关系,才能掌握究竟是什么让一个系统能被接受的"(第52—53页)。

如果把知识和权力之间的这种关系和性别问题一起考虑,那么,我们就被迫要问,对性别的安排如何成了一种假设,告诉我们世界是如何架构的。要研究性别,我们不仅有知识论的方法,我们也不能简单地询问妇女通过什么方式来获得知识,或者问拥有有关女性的知识意味着什么。相反,妇女"知"或"被知"的方式,取决于权力设定什么"可被接受"的分类标准的那一刻。

---

[1] 米歇尔·福柯,《什么是批评?》,第50页。——原注

照福柯看来，批评家有一种双重任务：揭示知识和权力如何依据"决定系统可接受性的条件"构成了一个多少具有系统性的世界秩序，并"追踪预示了这个秩序的产生的突破点"。[1] 因此，只把具体的权力知识关系（它们构建了可理解事物场）单独拿出来是不够的。相反，很有必要追寻，这个场和它的突破点如何相遇，这个场什么时候不连贯，以及在什么地方它没能像保证好的那样构建出可理解性。这就是说，我们要寻找构成这个场的条件，寻找这些条件的局限性，并弄清在什么时候这些条件会展现出偶然性和可变性。如福柯所言，"概要地说，我们面对着永恒的运动，面对着本质上的脆弱性，或者说，我们面对的是一种复杂的相互作用，它存在于复制了相同过程的东西和改变它的东西之间"（第58页）。

这就是说，对性别问题而言，重要的不仅是要理解有关性别的标准是怎样形成、怎样自然化，并被作为前提建立起来的，而且还要追寻二元性别体系在何时受到争议和挑战，这些范畴的协调性在何时遭到质疑，性别的社会生活在何时表现出柔韧性、可变性。

从某种意义上看，关注变装表演不仅可以让我们思考性别如何被表演，也让我们了解性别怎样通过集体方式而被重新赋予意义。例如，变装表演者倾向于社群生活，他们之间有很强的

---

[1] 福柯的讨论有一部分呼应了我的文章《作为批评的美德》（"Virtue as Critique"）中的内容。——原注

仪式性纽带，正如我们在电影《巴黎在燃烧》(*Paris is Burning*)[1]中看到的一样。这些例子告诉我们，在有色人种群体中的性别少数社群里，社会纽带的意义重赋可以且已经形成。因此，我们这里说的是幻想具有的文化生命，它不仅能组织生命的物质条件，还能制造可持续的社群纽带，并有可能在这些社群中获得承认。而且，它们还能成功地制止暴力、种族歧视、恐同以及恐跨（transphobia）。这种暴力威胁揭示了他们所处文化的某种根本的东西；和我们中许多人拥有的相比，这种文化并没有很大的不同，尽管它们并不完全一样。但是，我们可以因为某种原因而理解这种文化。这部电影广为流传，是因为它的美、它的悲、它的哀婉以及它的勇气。从某种角度看，它带来的愉悦跨越了文化界限，因为跨越了这些界限的——且跨越的方式不总一样——还有暴力和贫穷带来的威胁，以及为生存进行的抗争；对有色人种来说，所有这些困难都会更严重。重要的是，我们要明白，为生存而进行的抗争与幻想的文化生命分不开——它是后者的一部分。幻想让我们能够把自己和他人想象成与现在不同。幻想带来了超越真实的那种可能性；它指向别处，而它一旦得到具体化，就把这个"别处"带回了家。

这就让我回到政治问题上来了。变装表演——或者更进一步说，跨性别——究竟是怎样进入到政治领域去的？我想指出的

---

[1] 《巴黎在燃烧》，1990年，福克斯公司，导演：简妮·利文斯顿（Jennie Livingston）。——原注

是，变装表演和政治之间的联系不仅让我们探求到底什么是真实、什么必须真实，同时，这种联系还显示出，当代关于现实的概念可以受到怎样的质疑，以及新的现实模式是怎样建立起来的。幻想不仅是一种认知行为，一种我们在头脑中的电影院投射出来的电影。幻想给联系性建立了结构，然后，它参与了给自身的具体化赋予风格。身体并不是让我们"栖息"的先天空间。就它们的空间性而言，身体也随着时间的改变而改变：衰老，体型变化，意义改变（具体发生什么样的改变，取决于它们被卷入什么样的相互作用），而且一个视觉、话语、触觉的联系网络变成了它们历史性的一部分，构成了它们的过去、现在和未来。

身体处在改变模式中，总有着变成其他形式的可能。因此，身体能以无数方式来对付规范、超越规范、重塑规范，并向我们展现，那些我们认为摆脱不了的现实实际上有可能变化。这些现实中的肉体被以主动的方式"栖息"，而这种"主动的活动"并没有完全受制于规范。有时候，遵循规范的条件和反抗它的条件是完全一样的。当规范看起来既保障又威胁了社会生存时（它是你活下去需要的东西，但如果你的生活遵循它，它将会威胁着要消灭你），遵循和抵抗就与规范构成了一种复合的悖论关系，这是一种充满痛苦的形式，也是政治化的一个潜在场所。因此，如何使规范具体化、怎样才能生存以及活下去是否可能等问题，常常是联系在一起的。我认为，我们不应该低估，对于那些面临棘手的生存问题的人而言，对可能性怀有希望有多么重要。

在这个方面，这依然是一个政治问题，并将继续如此。但是，还有别的问题存在，因为，我之所以使用变装表演为例，就是要敦促我们探寻现实是如何被制造出来的，并且思考，被称为真实或不真实为何不仅是一种社会控制手段，也是使人失去做人资格的一种暴力形式。实际上，我会这样来描述：被称为不真实，并把这样的称呼作为一种区别对待的形式确立下来，就会让人变成他者，而人的概念正是针对这个他者建立起来的。这种非人、这种"超人"、这种"不够人"构成了一种界线，目的是让所谓"真正的人"安居于所谓的真实世界。因此，被称为复制品、被称为不真实是受压迫的一种形式。但问题的根子可能要更深。因为，被压迫就意味着你已经作为某种主体存在了。对高高在上的"主人主体"而言，你是一种看得见的、被压迫的他者，是一种可能的或潜在的主体。但和被压迫相比，不真实还是有所不同，因为，要受到压迫，一个人首先必须是能够被看懂的。如果让人根本看不懂（也就是说，文化和语言规则把一个人划定为一种不可能），就是说这个人还没有取得做人的资格。这个人好像只能（且也一直如此）用人的方式说话，但又觉得自己并不是人。也就是说，这个人的语言是空洞的，因此得不到承认，因为承认所依据的规范并不向着这个人。

如果性别是述行性的，那么，性别作为一种事实本身就是一种制造出来的述行效应。尽管有各种规范决定着什么真实、什么不真实，以及什么可以被理解、什么不可以被理解，但是，当述行性开始它的征引实践时，这些规范的意义就受到了质疑，并被重新表达。当然，我们可以征引已经存在的规范，但在征引过程中，这些规范可能会分崩离析。当它们在一个环境下发生，并通过一种具体化形式挑衅了规范的期待时，它们也可能被视为不自然、不必要。这就是说，通过性别的述行性实践，我们不仅可以看到统治现实的规范如何被征引，也能了解复制现实（**并在复制过程中改变现实**）所依据的机制之一。变装表演的关键不仅在于它制造了一种令人愉悦的颠覆性奇观，而且在于它以寓言的方式展现出现实是如何奇观式地被复制、被质疑，且复制方式深具后果。

对性别暴力的去真实化对我们理解以下问题很有启示：某些性别展示是如何被有罪化、被疾病化的？为什么会这样？跨越性别的主体要如何冒着禁闭和监禁的风险？为什么针对跨性别主体的暴力不被视为暴力？为什么这样的暴力有时恰恰是来自本应好好保护主体的政府？

那么，如果有可能出现新的性别形式，会怎样？这会怎样影响我们的生活方式、人类社群的具体需求？在可能的性别形式中，我们应该怎样区分哪些有价值、哪些无价值？这些都是针对我的观点提出来的合理问题。我的回应是，这里的问题不仅是要为尚未存在的性别形式创造一个新的未来。我关注的性别形式已经存在了很长时间，但它们一直没有被接纳到统治现实的规则中去。这个问题涉及的是，要在法律内部、精神病学内部、社会及文学理论内部为性别的复杂性（我们一直都在面对这种复杂性）发展出新的合法语汇。由于统治现实的规范还没有承认这些形式的真实性，我们就必须把它们称作是全新的。但我希望，在这样做时，我们会会心一笑。此处的政治概念关注的主要是生存问题，即，如何为那些认为自己的性别和欲望不合乎规范的人创造一个世界，让他们不仅能在那儿生活，而且过得很好。在这个世界里，他们不仅不会受到外来暴力的威胁，也不觉得自己的一切不真实，要知道，这种不真实感可能会导致自杀或让人过着自我毁灭式的生活。最后，我想问的是，在政治理论中，对可能性的思考占有怎样的地位？一个人可以反对说，啊，你只是想让性别的复杂性成为可能罢了。但这并没有告诉我们，哪些形式好、哪些不好；这并不提供衡量标准、规格或规范。但这体现出一种对规范的向往。这种向往与生活、呼吸和移动的能力有关，无疑属于有关自由的哲学。对那些已经过得好的人而言，想象生活的可能性是一种爱好。对那些仍然在寻找可能性的人而言，可能性是一种必需。

从规范到政治

在第二章《性别制约》中，我提出，什么是规范、什么东西符合规范，取决于产生这些概念的社会理论。一方面，规范似乎象征着权力的制约功能或规范化功能，但从另一个角度看，正是规范把个人联系在一起，形成了他们道德诉求和政治诉求的基础。在上面的分析中，当我反对约束性规范施加的暴力时，我似乎是向非暴力规范求助。那么，相应地，规范既可以作为让人无法接受的制约来运作，也可以作为任何批判分析的一部分，用来帮助揭示，在那样的限制性运作中，究竟是什么让人无法接受。这第二种意义上的规范，与尤尔根·哈贝马斯的理论有关。哈贝马斯把规范视为社群形成的基础，或者说，人产生共同想法的基础。如果我们认为哈贝马斯所说的这种共同性不可能存在，那我们是不是就无法提出鲜明的政治观点（比如反对性别暴力的观点）？

看看哈贝马斯在《事实和规范之间》(*Between Facts and Norms*)里的论点，很清楚，他认为规范能让社会中的行动者和发言者取得一致的想法："在宣称他们说的话有效力时，参与者试图就世上的某事物与他人取得一致看法……语言的日常使用并不只限于或主要限于其表述功能（或者说，事实陈述功能）：在这里，语言的所有功能和语言世界的各种关系都起到作用，以至于语言发挥效力的范围大于单纯陈述真理"（第16页）。他进一步解释道："在阐明语言表达的意义及陈述的有效性时，我们就涉及了和语言媒介相联系的各种理想化。"（第17页）他说得很清楚，没有这些发生在语言中心的理想化，我们在面对各个社会行动者的不同诉求时就无能为力。的确，预先设置一套共同的理想化形式，会让我们的行动有秩序，且这种秩序事先就设好了，是我们发生相互联系、寻求共同未来的依据。"交流行为这个概念把互相理解引介进来，成为协同行动的机制，那些用有效性诉求来指导行为的行动者采用了反事实假设，这些假设也就立即**与社会秩序建构和维护扯上了关系，因为这些秩序是通过承认规范的有效性诉求从而获得存在的**"（第17页，着重部分是我加的）。

这里我们可以看到，规范把行动指引向共同利益，它们属于

"理想"领域，但它们并不具有埃瓦尔德意义上的那种社会性。它们并不属于可变的社会秩序，而且从福柯理论的角度看，它们也不是一套"起制约作用的理想事物"，因而也不是社会权力的理想生活的一部分。相反，它们作为理性过程的一部分来发挥作用——这个过程决定了每一种社会秩序，并赋予每种秩序一致性。但我们知道，哈贝马斯并不认为社会秩序的这种"有序"的特征就一定是好的。有些秩序显然应该被终止。的确，"性别的可理解性"这种秩序，很可能就是这样一种应该被终止的秩序。但有没有一种办法，能用来区分什么是规范的社会整合功能，什么是压迫性社会条件下的"整合"所具有的价值？也就是说，既然规范被认为是用来维护秩序的，它难道没有自己固有的保守功能吗？如果这种秩序具有排他性或是暴力的，会怎样呢？我们可以像哈贝马斯一样回应说，暴力对抗了日常语言中暗中起作用的规范性理想化形式。但是，如果规范具有社会整合的功能，那么，在面对那种需要用暴力手段才能获取并维护的社会秩序时，规范怎样才能打破它呢？规范是这种社会秩序的一部分吗？还是说，它的"社会性"只是一种假想，它只是社会世界中（它在这里被使用、被拿来商榷）还未被例示过的"秩序"的一部分？

如果哈贝马斯的观点指的是，如果不设定规范，我们就不能取得共识或共同方向，那么，是不是说，这样的"共同"并不能通过制造非共同事物，通过共同性以外的东西、从内部来颠覆它的东西或者对其完整性提出挑战的东西而建立起来？这种"共同"的价值是什么？我们是否需要了解，尽管我们是不同的，但我们仍被引导着用相同方式构想何为理性思考、何为理性辩护？是否我们恰恰需要知道，即使这种"共同"曾经存在，我们现在也找不到它？而在多元文化的今天，对待差异的那种包容且自我克制的态度不仅是文化翻译的任务，也是通往非暴力的最重要途径。

关键不是将社会规范用到生活中的社会实例上去，或是安排、定义它们（就像福柯所批评的那样），也不是为社会外的"社会"规范（尽管它们以"社会"的名义出现，但却是社会外的）的基础找到证明其合理性的机制。的确，有时这两种情况都会出现，且必须出现。例如，我们审判罪犯的违法行为，使他们屈从于一个规范化过程；我们会在集体语境下考虑我们行为的依据，并试图找到某种商议、思考模式，以使我们能达成一致。但是这并不是我们使用规范的唯一方式。通过诉诸规范，人类的可理解性的领域得以被界定。对任何伦理观以及任何与社会转化相关的概念，这样的界定都会产生影响。我们可以说，"为了维护和促进我们知晓的生活，必须了解关于人的基本的东西"。但是，如果关于人的各种范畴已经把以下这些人排除在外，会怎样？这些人本应在人的范畴规则内行事，却因不接受用来阐明和证明来自西方理性主义形式的"有效性诉求"的正当性的模式而被排除在人的范畴之外。我们是否真的知晓"人"究竟是什么？要做到"知晓"，需要付出什么？我们是否应该对太容易的"知晓"保持警惕？我们是不是应该对任何最终的或决定性的"知晓"保持警惕？如果我们理所当然地对待有关人的领域，那么，我们就无法批判地——道德地——思考我们用来制造、复制、分解人的种种方式会造成什么后果。这后一个问题并不是伦理领域唯一的问题，但我无法想象，有什么"负责的"伦理学或社会转化理论会不去思考这个问题。

在此，作为本章论述的完结，我想指出，让"人"这个概念保持未来表达的开放性十分必要，这对国际人权的批判性话语和政治至关重要。我们一再看到，"人"这个概念被预设了；它事前就被定义了，而定义的方式是西方的，且经常是美国式的，因而也具有地域上的狭隘。也就是说，人权概念中的"人"的认知已经确立，它已经被定义。然而，当这样狭隘的定义成了制定国际权利和义务的基础时，矛盾就产生了。我们怎样从地方跨越到国际？这是国际政治的一个重要问题，但对国际女性主义来说，这个问题以一种特殊形式出现了。而且我想对你们说，一种反帝国主义（或者说，非帝国主义）的国际人权概念必须考虑何为"人"，并通过种种渠道和方式弄清楚在不同文化中它如何被定义。这就意味着，我们必须重新阐释"人"的地方性概念，或者说，重新阐释人的生活基本条件和需求的地方性概念，因为在不同的历史环境和文化环境中"人"会有不同的定义或意义，而它的基本需求和基本权利也是被不同地定义了的。

作为政治的意义重塑

"意义重塑"算不算一种政治实践？或者说，它是不是政治转化的一部分？你可以认为，右翼和左翼的政客都会使用这样的策略。我们无疑看得到,"多元文化"和"全球化"各有其右翼和左翼的不同形式。在美国,"怜悯"一词已经与"保守"一词连在了一起,这会让我们中许多人觉得,这是"意义重塑"的一个令人憎恶的例子。你可以说,国家社会主义是"社会主义"的一种意义重塑。这可能是正确的。因此,似乎很清楚的是,意义重塑本身并不是一种政治,它不足以成为政治。我们可以说,纳粹把民主的语言及其所关注的东西转过来针对民主本身,从而挪用了权力,或者说,海地革命者通过挪用民主的语汇来对付那些否定民主的人,从而获得了权力。因此,右翼和左翼都可能通过挪用来获得权力,而"挪用"本身并不一定会产生任何有益的道德后果。有人用酷儿的方式挪用"酷儿"这个概念,在美国,饶舌艺术挪用了种族歧视话语,而左翼则挪用了"不要大政府"的说法,等等。因此,挪用本身可以导致各种结果,有些是我们欢迎的,有些则是我们憎恶的。但是,如果它为一种激进的民主政治服务,它会如何运作?

意义重塑是否像政治一样运作?在此,我想说的是,当我们延伸了普遍性的范围、对正义的内涵更加了解,并为生命提供了更大的可能性——"生命"本身是一个值得商榷的词汇,它既有反动的也有进步的追随者——的时候,我们需要明白,我们已经确定下来的种种常规(关于什么是人、什么是普遍性、什么是意义,以及国际政治的意义和内容为何)是不够的。为了达到激进的民主转化目的,我们需要知道,我们的基本范畴可以且必须得到延伸,以变得更有包容性,可以把最大范围的文化群体都关照到。这不是说，会有一名社会工程师远距离操纵一切，把每个人都放到最适合自己的范畴下面。实际上，范畴本身必须从各个方向来调适，它必须在经历文化翻译后以新的面目出现。是这样一个时刻在政治上推动了我，且让我想为之谋求空间：一个主体——不论是某个人还是某个集体——坚持要得到让人活得下去的权利或资格，而在此之前，从来没有出现过这种授权，从来没有存在过任何清楚的惯例。

有人可能会犹豫说，可是法西斯分子也会为那些未曾存在过的权利提出要求。我们争取过得下去的生活，但如果这种生活以种族歧视、厌女、暴力或排外为基础，那么，为之争取的权利或资格不会是什么好东西。当然，我同意这后一种说法。例如，在推翻种族隔离前，一些南非黑人来到投票点，准备投票。那时候他们的投票权还从未得到过认可。他们就这么来了。即使从来未得到过授权，也从未有过先例，但他们还是以述行的方式行使投票的权利。另一方面，我们也可以说，希特勒也在缺乏地方或国际宪法或法律先例的情况下为某种生活谋求过权利。但是，这两个例子有一个差别，而这对我的论点至关重要。

在这两个例子中，处于问题中心的主体都在争取根据现有法律他们没有资格拥有的权利，尽管这两个例子中"现有法律"有着国际及地方的不同版本，且这些版本并不完全彼此兼容。反对种族隔离的那些人没有什么现有惯例来拘束他们（尽管在这个例子中，很清楚他们是在调用、援引国际惯例来对抗地方惯例）。法西斯主义在德国的出现，以及后来立宪政府在战后德国的建立，都没有受到现有惯例的局限。因此，这两个政治现象都涉及革新。但这并没有回答我们的问题：哪一种行动是正确的？哪一种革新有价值，而哪一种没有价值？我们可以参考规范来回答这些问题，但规范本身并不是通过意义重塑得来的。这些规范必须来自激进的民主理论和实践；因此，意义重塑必须放到这样的语境中来。我们必须对以下问题做出重要决定：什么样的未来暴力较少？什么样的人口构成更具包容性？什么会有助于实现普遍性和正义的诉求（我们应该把这些概念放到他们的文化特异性和社会意义中来理解）？要在那样的语境中确定什么是正确或错误的行动，很关键的是要提出以下这样一些问题：哪种形式的社群被建立起来了？它们是通过哪些暴力和排外形式建立起来的？希特勒试图加强排外的暴力，而反种族隔离运动则试图对抗那种由种族歧视和排外产生的暴力。正是在这样的基础上，我对这两种情况中的一种是谴责的，而对另一种持宽容态度。我们需要拥有怎样的资源，才能把那些没有被当人的人带到人类社群中来？这正是激进民主理论和实践的任务，它试图延伸维系可行生活的规范，使得曾经被剥夺资格的群体可以进入这种生活。

总结说来，我认为，对那些让日子过得下去的规范，我们应该将其进行延伸；因此，让我思考一下规范和生命之间有什么关系，因为这对我以上探究的问题极为重要。生命问题是一个政治问题，尽管它或许不仅仅是政治问题。"生命权"这个问题已经影响到堕胎是否合法的争论。倾向于让堕胎合法化的女性主义者被称为"反生命"，而他们因此反问："到底是谁的生命？""生命"始于什么时候？我认为，如果就"生命是什么"或"生命何时开始"等问题询问全世界的女性主义者，你会得到很多不同的看法。这就是为什么从国际角度看妇女运动在这个问题上的看法并不统一。除了"生命"何时开始，其他的问题包括"人的"生命何时开始、"人"何时开始，等等。这样的问题还有：有谁知道？谁有能力或有资格知道？谁的知识占据主导地位？谁的知识起到了权力的功能？女性主义者已经提出，母亲的生命应该和胎儿的生命一样重要。因此，这是一个人的生命与另一个人的生命之间的关系问题。女性主义者还认为，每个孩子的降生都是母亲自愿的，每个孩子都应该有机会过上过得下去的日子；此外，生活是有条件的，这些条件必须先得到满足。母亲必须身心健康，必须有喂养孩子的条件，且对孩子而言应该有一个未来，一个可行的持续未来，因为没有未来的人生会失去其人的一面，就可能付出生命的代价。

我们看到，在女性主义内部，在女性主义与其反对者之间，"生命"是一个有争议的概念、不稳定的概念。在不同国家，它的含义以各种方式繁增着、被争论着，而且人们对这个问题有不同的宗教构想和哲学构想。的确，我的一些反对者可以认为，如果我们真的极为重视"延伸规范让更多的人活得下去"的做法，那么，"未出生的孩子"（取决于你如何定义它）就应该被赋予最高价值。这种说法不是我的观点，也不是我的结论。

我之所以反对这种结论，是因为我们在使用"生命"一词时就好像我们知道它是什么意思、它要求什么、希望得到什么。当我们提出"什么让生命活得下去"这一问题时,我们是在问,要实现哪些规范化条件,才能让生命成为生命。因此,生命至少有两种理解,一种指的是最低生物形式的生命,而另一种从一开始就进行干预,这种干预为人能活得下去建立起最低条件。[1]这不是说,我们可以无视那些仅仅是有生命的东西,只重视"日子过不过得下去"。就像对待性暴力那样,我们必须问,人需要什么来维系、复制其生活的条件?为了构想出让日子过下去的可能性,并给予制度上的支持,我们需要怎样的政治?关于这个问题是什么意思总会存在分歧,而那些认为这个问题要求我们朝单一政治方向前进的观点是错误的。但这仅仅是因为,活着就是要政治地活着,要和权力和他者产生关系,要为集体的未来负责。但是,为未来负责,不是说要预先完全掌握它的方向,因为未来——尤其是和他人共有、为他人创造的未来——必须保持开放性和不可知性;这意味着成为这个过程的一部分,而没有主体能确知此过程的后果。这也意味着这一过程中必定存在一定的抗争和论争。论争的目的是让政治变得民主。

民主不会以统一的声调说话;它的声音并不和谐,而且必须不和谐。它不是一个可预测的过程;它的过程必须进行了才知道,就像经历热烈的情绪一样。如果正确的道路被预先决定了,如果我们把什么是正确的标准强加于人,而不进入到社群中,并在文化翻译之中去发现什么是"正确"的,那么,生命就被圈死

---

[1] 参见吉奥乔·阿甘本《神圣人》中关于"赤裸生命"的讨论。——原注

了。要想知道什么是"正确的"、什么是"好"的，我们可能就需要秉持开放的态度来对待萦绕在最根本的范畴（我们需要这些范畴）周遭的矛盾，要明白在我们"所知"和"所需"的核心处存在着未知性，要辨认出生命的迹象及其前景。

与安扎杜尔和斯皮瓦克一起超越主体

在美国，不论是过去还是现在，对主体这个范畴的基本状态存在着若干不同的探寻方式。对这个范畴的根本性提出问题和彻底消除范畴不是一回事。而且，这也并不是要否定它有用的一面，甚至是否定它的必要性。对主体提出质疑，就是把我们知晓的东西放到风险中去，而这样做并不是为了冒险或刺激，而是因为我们自己作为主体已经受到了质疑。作为女性，我们已经被严重地怀疑了：我们的话具有意义吗？我们有行使同意权的能力吗？我们的推理能力是否和男人们的一样？我们是人类的普遍群体的一部分吗？

格洛丽亚·安扎杜尔（Gloria Anzaldúa）的《边境》(*Borderlands/La Frontera*)一书以西班牙语和英语共同写成，中间还夹杂着美洲原住民方言，因此，要读这本书的话，读者就被迫要去读所有这些语言。显然，她跨越了学术和非学术写作之间的界线，强调了在边界上生活的价值，以及作为一种边界来和一系列不同的相关文化活动一起生活的价值。她说，要实现社会转化，就必须超越"单一"的主体。她倾心于社会转化，为之奋斗终生。她曾在大学教书，并参加过各种运动。我们能否说她属于"学院女性主义者"这个群体？当然，把她从这个群体排除会显得很荒诞。[1] 她的作品在学术界被阅读。她有时会在加利福尼亚大学教课。她参加各种运动，特别是为拉美妇女权益奋争的运动，这些妇女在美国缺医少药，在劳工市场饱受剥削，还经常面临移民问题。当她说她不是一个单一主体、不接受现代性下的各种二元对立时，她是在说，作为一名墨西哥裔人，她是被她跨越边界的能力定义的。也就是说，她是一个被迫跨越了边界、从墨西哥进入美国的女人。对她而言，边界构成了地理政治想象，而她正是在这种想象内部（且跨越了这种想象）进行小说创作。伴随着她的抗争的是复杂的各种文化传统和形式，它们混在一起，构成了她这个人：她是墨西哥裔美国人、墨西哥人、女同性恋、美国人、学术界人士、穷人、作家、政治活动家。所有这些成分是以统一的方式糅合在一起的吗？还是说，它们的不可比较性和共时性构成了她的身份的意义，且这种身份是通过她所处的极其复杂的历史环境以文化的方式上演和制造的？

安扎杜尔让我们思考这样一种观点：我们进行社会转化的能力，源泉在于我们有能力在不同世界间斡旋，投入到文化翻译中去，并通过语言和社群来经历多元的文化关系，并由此塑造我们自己。有人可能会说，对她而言，主体是"多重性的"，而不是

---

[1] 诺玛·阿拉孔（Norma Alarcon）的文章《安扎杜尔的边境：记录女性生物学》（"Anzaldúa's Frontera: Inscribing Gynetics"）对安扎杜尔的批判话语做了出色讨论。——原注

单一的。这在某种意义上是正确的理解，但我认为她的观点比这还要激进。她要求我们待在我们已知事物的边缘，质询我们认识上所确信的东西，通过这样的冒险，通过保持对这个世界的认知方式和生活方式的开放性，来扩大我们对"人"这一概念的想象力。她要求我们具有跨越差异、结成联盟的能力，以形成一场更具包容性的运动。因此，她的观点是，只有通过存在于翻译的模式中，通过不停地翻译，才有可能制造出对妇女或者对社会的多元文化理解。单一主体已经知道自己是什么，它进入对话的方式和它走出对话的方式是一样的。在与他者的遭遇中，它不能将自己已确认的认知投到风险之中，因而它总待在自己的地盘里，守卫着自己的地盘，成为财产和领域的象征。**而深具讽刺意味的是，它以主体的名义拒绝自我转化。**

佳亚特里·查克拉瓦蒂·斯皮瓦克（Gayatri Chakravorty Spivak）提出了类似的观点，尽管她会说（且已经这么说过）安扎杜尔坚持的是一种多重主体的概念，而她自己所持的是破裂主体的概念。确实，在她看来，我们不能把"妇女"作为一种单一范畴，因为这站不住脚且缺乏描述力；她认为，这个范畴必须经历危机并使它的支离破碎暴露于公共话语；如果没有意识到这一点的话，我们就无法理解，在第一世界帝国主义的全球政治和经济体系中，有色人种妇女经历了怎样的压迫。她在自己的作品中一再问道，聆听被剥夺资格的人的声音且在自己的作品中"代表"这些声音究竟意味着什么。一方面，把被剥夺资格的人当成无声者并让自己为他们代言是有可能出现的事。我认为，几年前，美国女性主义者凯瑟琳·麦金农在维也纳人权论坛上宣布她"代表了波斯尼亚妇女"就是一个这样的例子，一个充满了问题的例子。或许，她认为波斯尼亚妇女无法发声。但是，这些妇女明确提出，她们反对她挪用她们的身份并对其进行殖民化——那一刻，她肯定发现了情况和她自己设想的不一样。

如果我们考虑一下传教史、以"教化""现代性""进步""启蒙"的名义进行的殖民扩张史，以及"白种男人的负担"[1]的历史，女性主义者就必须问一问，在学术界，对穷人、原住民和权利被剥夺的人的代言，是否也是一种以恩人自居的殖民式做法；或者说，学术界是否会坦承正是上述文化翻译的前提让学术界得以出现，是否会坦承知识分子具有权力和特权，是否会坦承正是历史与文化之间的联系使得学术对贫困的书写成为可能。

斯皮瓦克翻译过马哈斯韦塔·黛维（Mahasweta Devi）的作品。黛维既是小说家，又是政治活动家。因为斯皮瓦克的译介，她的作品已经出现在学术圈，至少是英语世界的学术圈。黛维以部落女性的身份为部落女性进行写作，然而，在她的写作过程中，"部落"变得十分复杂，难以辨认。她的声音通过翻译，即通过斯皮瓦克的翻译来到第一世界，而在这里，我作为一名读者，被要求对其作品做出反应。斯皮瓦克坚持说，这种书写，也就是说，黛维的南亚部落书写，不能被简单地称为"部落式"书

---

[1] "白种男人的负担"（"The White Man's Burden"）是出生于印度的英国诗人约瑟夫·鲁迪亚德·吉卜林（Joseph Rudyard Kipling）一首诗的标题。这首诗反映了美国的帝国主义殖民扩张。——译注

写，或是被用来代表"部落"，因为这样的书写通过描画部落对国际性进行了想象。在黛维的故事里，女性受苦部分是因为土地被剥削、被掠夺，是因为传统劳作方式被开发者系统地消灭或剥削了。从这个意义上看，这是一个地方性故事。但是，这些开发者也和更广阔的全球资本动向有联系。就像斯皮瓦克说的那样，"我们不能忽视第三世界资产阶级和第一世界移民之间的强大联系，准确地说，我们不能忽视他们之间的同谋"。[1]

细读黛维，我们会看到她在部落和全球之间建立了鲜活的连接；作为作者，她成了沟通二者的媒介。但是，我们不能认为这种沟通是顺畅的，因为它是通过表述本身的某种割裂而发生的。我通过斯皮瓦克的翻译而阅读了黛维，这不是说斯皮瓦克是原作者的作者，而只表明作者身份本身是撕裂的。然而，斯皮瓦克的翻译中浮现出来的是一种政治想象，它认为，要让长期的全球性生存成为可能，要让长期的激进环境政治成为可能，要让作为政治实践的非暴力成为可能，并**不**取决于一种没有具体化的、打着普遍性名义的"理性"，而是取决于详细阐述何为神圣感。斯皮瓦克因此写道："如果只在理性的基础上，很难在大范围内实现思想改变。例如，为了朝着非暴力方向行动，一个人必须建立起人命'神圣'的信仰"（第199页）。斯皮瓦克还给予黛维"哲学家"的称呼，并给激进思想和激进主义提出了以下建议："我相

---

[1] 参见马哈斯韦塔·黛维的著作《想象的地图：三个故事》(*Imaginary Maps: Three Stories*)的导言部分，第198页。——原注

信，我们必须**学会**向世界上的原生态哲学家们学习，通过一种缓慢、专注、能改变双方思想的伦理独特性来学习（这种独特性可以被称为'爱'），以参与到必要的集体努力中，帮助改变法律、生产方式、教育制度以及健康保障。对我而言，这是来自政治活动家、记者及作家马哈斯韦塔（即黛维）的教诲"（第201页）。

对斯皮瓦克而言，底层女性政治活动家已经被排除在西方主体和现代性历史轨迹的参量之外。这意味着，总体来说，部落女性只是历史进程的旁观者。类似地，有关加勒比非裔作家的写作，我们可以问道，这些写作是否属于现代性传统，他们是否总是以不同的方式就生活在"历史之外"是怎样的情形作出评论。因此，很明显，我认为有必要与现代性维持一种批判的关系。

我们已经见证过以西方和西方价值的名义犯下的暴行。在美国和欧洲，以下问题公开助长了怀疑论：伊斯兰是否有过现代性？伊斯兰是否已经取得了现代性？可以从什么角度来谈论这些问题？在什么样的框架下这些问题才有意义？提出这些问题的人是否明白他／她是在什么前提下才得以提出这些问题？如果阿拉伯人没有翻译希腊古典文本，其中的一些作品就永远遗失了。没有世界各地伊斯兰都市的图书馆，历史上的西方价值就不会得以流传。这说明，文化翻译的保存功能，正是我们在质疑阿拉伯人是否和现代性有关系时遗忘了的事情。

很明显，当我们提出这种质疑时，我们并不了解自己的现代性，不了解其产生和保存的条件。或者说，我们的做法说明，被我们称为"现代性"的东西只是一种遗忘形式，一种文化湮没的形式。最重要的是，我们看到了以保存西方价值的名义犯下的暴行，我们必须问一问这种暴力是不是我们想要保护的价值之一。也就是说，我们要问一问，这种暴力是不是"西方性"的另一种标志，我们是否担心，如果同意生活在一个文化更复杂、更多样的世界，就会失去它。显然，犯过暴行的不只西方，但人们有时的确会为了避免苦难或因为预见到伤害就以暴力来保护自己的疆域，不论这疆域是真实的还是想象出来的。[1]

我们这些生活在美国的人怀疑，在左派新闻及其对立媒体之外，是否还有重要的公共话语存在，比如说，关于一个集体如何避免遭受暴力这个问题。女性对这个问题一向很了解；资本主义的出现也丝毫没有让我们受到的暴力威胁减少。我们有可能看起来密不透风，还会去否定我们的脆弱性。我们也可能变得很暴力。但或许也存在着某种别的生活方式，能让我们既不会害怕死亡，不用因为担心被杀害而不去社交，也不会变得很暴力，去杀死他人，不会因为害怕死亡而被迫过着与社会隔绝的生活。或许这种生活方式需要这样一个世界，那里有着集体手段来保护身体的脆弱，而不是去消灭它。当然，要建立起这样一个世界，某些规范会是有用的。但这样的规范不能为任何人所有，不能通过规范化或种族同化及族群同化来运作，而必须成为让政治持续运作的集体场所，从而发挥作用。

---

[1] 在《危险的生活：暴力及哀悼的力量》(*Precarious Life: Powers of Violence, and Mourning*) 中，我对这些问题做了更详细的讨论。——原注

第十一章 哲学的"他者"能否发言?

我曾在哲学史领域受训,这篇文章就是以此为背景写的。但眼下我更多的是进行跨学科写作,因此,我曾经的训练背景就只能以折射的方式出现。因为这个以及其他一些原因,这将不是一篇"哲学论文",也不是一篇关于哲学哪个方面的论文。尽管此文可能和哲学相关,但它的角度可能会也可能不会被认作是哲学的。对此,我希望读者能原谅。确切地说,此文并不打算提出什么论点,而且也不求精确,同时我也说不出它是否符合当前哲学领域的主导标准。这样做可能有其重要性,尤其是哲学上的重要性,虽然这并不是我预先期待的。我并不在哲学领域生活、写作或工作,且这种情形已经很多年了。大约在这种情形才开始时,我就问过自己:哲学家会怎样看待我的贡献?

我知道,这样的问题会让哲学领域的人很困扰,尤其是博士候选人和资历尚浅的教授。我们姑且认为他们的担心不无道理,尤其是因为,如果一个人想在哲学系谋得教职,那他就需要证明他的工作是不折不扣的哲学研究。实际上,职业哲学家必须判断一个人所做的工作是不是哲学研究,而我们这些哲学系以外的人也不时会听到这样的说法。这样的判断常常以以下形式之一出现:"我不理解你这个说法,或者说,我不知道你的观点是什么;你说的都很有趣,但的确不够哲学。"说这种话的人有权威,可以决定什么可以算作正统知识。说这种话的人似乎很有知识,行动的时候胸有成竹。身居这样的地位,且清楚什么可以、什么不可以算作正统知识,足以让人敬畏。的确,有人甚至可以说,做出并遵守这样的判断是哲学家的任务之一。

这听起来都不错,但我想说,在这一领域中,在这个被皮埃尔·布尔迪厄(Pierre Bourdieu)称为"仪式化了的哲学领域"中,已经出现了某种令人尴尬的情形。会有这种尴尬是因为"哲学"这个词已不再受控于那些希望定义并保护其领域规则的人。当然,对那些给美国哲学协会定期交会费,并在各级委员会占据位置的人来说,将"哲学"一词用于和他们从事的学术实践(他们的义务和特权就是保护它)大不一样的各种学问不仅令人惊讶,甚至令人气愤。哲学自我复制了,这很不像话。用黑格尔的方式来说,哲学在自身之外发现了自己,在"他者"之中迷失了自己,并且想知道它是否可以(且应该如何)从打着自己的名义出现的自身映像那里找回自己。如果哲学有什么正确定义,那这种定义下的哲学就会想知道,是否可以从这令人气愤的他者回到自身。它会想知道(如果不是公开地,那么至少在召开年会的希尔顿酒店的走廊和酒吧里)它是否可以不再被围困、滥用、毁损,不再被对自身的鬼魅般的复制所困扰。

我并不想作为那种鬼魅般的替身出现,但是,由于我的文章和哲学有关,却又并非哲学文章,它看上去可能会有点鬼魅。让我再强调一下,本文的角度从一开始就和哲学领域保持了距离。那么,就让我以埃德蒙德·胡塞尔(Edmund Husserl)的说法来开始吧。胡塞尔认为，不论如何，哲学都是一种永恒的开始。我开始涉足这个领域时很卑微，且充满了烦恼。12岁时，一位教育学博士候选人访问了我，问我长大以后想成为什么样的人。我说，我想做哲学家或小丑。我以为自己当时已经明白，长大究竟成为什么取决于我觉得这个世界是否值得我去哲学地思考，以及我的这种严肃会付出什么代价。我当时不确定我是否真想成为哲学家，而且我承认我一直未能打消这个疑虑。现在看起来，如果一个人对哲学家生涯的价值心存疑虑，就清楚地说明这个人**不应**该成为哲学家。的确，如果你有位学生面对惨淡的就业前景，认为他／她对哲学家生涯的价值（或者说，对成为哲学家）不很确定，那么，作为老师，你无疑会立马告诉这位学生要另寻就业出路。如果一个人对哲学家生涯的价值完全没有把握，那他／她确实应该另寻出路，除非我们能在这样的不确定中找到一些**价值**，除非对"哲学制度化"的抵制具有另一种价值。这种价值不一定能市场化，但无论如何，它还是作为对当前哲学的市场价值的反作用力而出现了。如果我们对"什么能算作哲学"心存疑虑，或许这种疑虑本身就具有一定的哲学价值？这是不是一种我们能命名并讨论的价值（且这种价值不会因此就变成严格界定哲学与非哲学的新标准）？

下面，我希望能阐明，我是如何以非制度化的方式进入哲学领域的，以及我和制度化哲学之间的距离如何以某些方式成就了我的职业（实际上，这也成就了不少研究哲学论题的当代人文学者的职业）。我想说，这一情形具有特殊的价值。在哲学领域外开展的哲学工作，有不少都能自由地考虑哲学文本的修辞问题和文学性问题，并探究这些修辞及语言特点具有并能引发哪些特殊的哲学价值。一个哲学文本的修辞方面包括以下：体裁种类（它们是可变的）、论证的方式和观点的呈现方式，即究竟是间接地表现出论点，还是以与文本表面上宣称的观点正好相反的方式表现出来。在当前的欧陆哲学传统中，很大一部分工作在哲学系以外开展。这些工作有时结合了文学解读，以丰富、引发思考的方式开展。悖论的是，一方面，哲学在当代文化研究和对政治的文化研究中获得了新生，另一方面，哲学概念同时又丰富了社会文本和文学文本。通常来讲，这些文本本不属于哲学范围，但这样做就使得文化研究成了一个极具生命力的场所，让我们可以在人文领域内进行哲学思考。下面，通过讲述我自己的哲学工作、讲述我何以走向黑格尔研究，我希望说明这个问题。文章结尾，我将讨论，在当代学界对现代性条件下争取承认的研究中，黑格尔哲学有何地位。

我是以一种极为非学院的方式与哲学进行初接触的。这种接触依赖于自学，很不成熟。可以用这样一幅画面来形容当时的情形：一个十几岁的孩子为了躲开痛苦的家庭纷扰，藏到了家中地下室。这里有母亲的大学课本，其中包括斯宾诺莎的《伦理学》[1934年爱尔韦斯（Elwes）译本]。那时，我的情绪极不稳定，于是我拿起斯宾诺莎，想要弄清，如果我知道自己的情绪是什么，知道它们有什么用的话，是否就能更好地控制它们。在书的第二章和第三章中，我的确发现了丰富的内容。它说，情绪状态来自人类的原始发生力。这给我留下很深的印象，我觉得这是有关人类激情最深刻、最纯粹和最清晰的论述。某个东西努力在自身的存在中持续生存下去。我认为这向我揭示了一种生命力形式：即使绝望，也要坚持下去。

在斯宾诺莎那里，我发现了这样的说法：一个有知觉、持续存在的生命，根据自身映像是缩小还是扩大了自己未来生存和生活的可能性，以各种情绪方式对这些映像作出反应。这个生命不仅渴望在自己的存在中生存，还希望它所处世界的各种表象能反映出那种生存的可能性，而这样的世界不仅反映了他人，也反映了自己的生命价值。在《人类枷锁，或情绪的力量》一章中，斯宾诺莎写道，"一个人如果不想要存在、行动、生活，也就是说，不想要确实地存在着，那么，这个人就不可能渴望得到保佑、渴望正确地行动、渴望正确地生活"（第21命题，第206页）。他又写道："欲望是一个人的精髓，也就是说，人凭借欲望努力地在自己的存在中活下去。"

我当时不知道，斯宾诺莎的这个观点会在我未来对黑格尔的研究中至关重要：黑格尔认为，欲望永远是对被承认的欲望，要活得下去，前提是得到承认——黑格尔这一观点的早期现代先驱正是斯宾诺莎。斯宾诺莎认为，对生活的欲望可以在绝望的情绪中产生。到黑格尔那里，这发展成了更惊人的观点："和否定纠缠"可以使否定转变成存在，即使个人和集体的苦难绝不会逆转，实际上某种肯定性的东西也能从中产生。

在读斯宾诺莎的同时，我也看了克尔凯郭尔（Kierkegaard）

的《非此即彼》(Either/Or)的英文首版，而直到上大学我才开始看黑格尔。在克尔凯郭尔的文字里，我试图找到一种言外之音。事实上，这种声音一直在说，它要表达的东西并不能用语言传达。因此，这些和哲学文本最早的相遇让我开始思考阅读这个问题，并使我开始关注哲学作为文本所具有的修辞结构。虽然使用了笔名，但这本书的作者并不出言无忌；相反，他从来都不明说究竟是谁在说话，也从不会让我逃脱阐释的困难。使这一独特的文体技巧更加复杂的是，《非此即彼》分为两部，一部的角度和另一部的有冲突，因此，不论作者是谁，他都不是一个单一存在。相反，这本书的两部展现了一种心理分裂，而从定义上这种分裂就让作者避免了通过直接话语来阐述。如果不先理解克尔凯郭尔写作的修辞维度、题材维度，我们就无法理解这部作品。这不是说，一个人必须先考虑文本的文学形式和修辞情形才从中找到文本的哲学真理。相反，我们如果不能通过语言来揭示哲学要义本身的失败时刻（在这一时刻，语言显示了它的局限性，同时这种"显示"并不只是简单地宣布其局限性），就无法抽取这一哲学要义，而在信仰问题上，这一要义面对着不可克服的沉默。对克尔凯郭尔而言，直接宣称语言的局限性并不可取，只有消解这种宣称模式本身才可行。

  对我来说，克尔凯郭尔和斯宾诺莎都是哲学。有趣的是，它们是我母亲的书，很可能是20世纪50年代初她在瓦萨学院念本科时为课程买的，或许也真读了。我发现的第三本书是叔本华（Schopenhauer）的《作为意志和表象的世界》(*The World as Will* and Representation）。这本书是我父亲的。在朝鲜战争古怪的胶着阶段，我父亲是部队的牙医，这本书跟随他去了朝鲜半岛。这本书是父亲在母亲之前的爱人给他的，因为她的名字记在第一页上。我无法知道她怎样得到这本书、为什么要给我父亲，以及拥有和阅读这本书对父亲意味着什么。但我假想父亲的爱人或是她的某位朋友可能选了一门课，而教授哲学的部门提供了这本书。我在少年的挣扎期发现了这本书，这一时期让我觉得，这个世界的结构和意义比我自己世界的更大，而这个结构和意义让我以哲学的方式来思考欲望和意志的问题，且这个结构和意义还体现了思想上某种热烈的清晰性。

因此可以说，这些书是作为哲学制度的副产品以非制度化的形式到我手上的。某人决定说，这些书应该被翻译、被传播，它们又被某人选购为课程教材。我的父母或与他们关系亲密的人选了这门课，买了这些书，把它们放上书架，最后它们又装点了我郊区家中那间充满烟气的地下室。我坐在那个地下室里，郁闷，沮丧；我锁了门，让别人进不来。我已经听腻了音乐。在这间黑暗、不透气的屋子里，我不经意地抬头，透过香烟的烟雾，瞥见一个勾起我阅读欲望的书名——这欲望是阅读哲学的欲望。

我接触哲学的第二条途径是犹太会堂。如果说第一条途径来自少年时代的痛苦，第二条途径则来自犹太人的集体伦理困境。按照原本的计划，高中前我就不再去犹太教堂上课，但我还是决定要继续。这些课多半集中在道德困境、有关人类责任的各种问题、个人决定和集体责任的冲突、上帝、上帝是否存在以及"他"有什么用（尤其是在集中营问题上）等问题上。我被认为有纪律问题。作为一种惩罚，我被要求去上一位拉比的教导课，这门课研究的是一系列犹太哲学作品。在这门课上，我发现了若干例子，让我联想到克尔凯郭尔的作品。这些作品中有某种沉默，它丰富了内容，而被写出的部分却不能传达想要交流的东西，但同时，这种失败也展现了一种语言无法直接表述的现实。因此，哲学不仅仅是一个修辞问题；它以一种颇为直接的方式与个人和集体的受难以及改变的可能等问题联系在了一起。

我的学院式哲学生涯是在犹太教育的环境下开始的，这种教育以"二战"时犹太人的集体灭绝（包括我自己的家庭成员）作为伦理思考的背景。因此，进大学时，我是很勉强才同意阅读尼采的，且在耶鲁的本科岁月中我一直对他心怀鄙视。一位朋友带我去听保罗·德曼（Paul de Man）关于尼采《善恶的彼岸》（*Beyond Good and Evil*）的课，我发现这门课既打动人又令人不快。实际上，第一次下课时，我发现自己在生理上失去了重心，得倚着栏杆才能恢复一点平衡感。带着慌张，我宣称德曼并不相信这一概念，他正在摧毁哲学的假设，把概念拆成比喻，并剥夺了哲学给人安慰的能力。我再没回到这门课去，但我有时会去听他别的课。那时，我傲慢地认为那些听他课的人都不是真正的哲学家，而这种姿态正是我今天反思的。我那时认为他们并不懂那些作品，他们提不出严肃的问题，而我自己则投奔了20多米外康纳迪格楼内的欧陆哲学较为保守的那一派，认为比较文学和哲学之间的距离不可逾越。我抗拒着德曼，但有时我也会坐到他课堂的后排去听课。那个时代的解构主义者现在有时仍会不悦地打量我：我为什么不去上他的课？我没有去，但我隔得并不远，并且有时候即使我看似缺席，但人实际上是在那儿的。有时我也会早退。

从高中到本宁顿学院再到耶鲁的历程并不容易，且从某些方面讲，我一直没有适应哲学这种职业。作为年轻人，我是因为想知道该如何生活才去读哲学的，并且我真的以为阅读哲学文本和哲学地思考能让我获得关于生活的必要指导。克尔凯郭尔说过，如果一个人按照哲学教义行事，哲学就会成为一出荒诞的喜剧。第一次读到这些话时，我大为震惊。在了解事物的真实面目和根据那种认知来行动之间，怎么会有那样深具反讽且不可避免的距离？接下来，马克斯·舍勒（Max Scheler）的故事也震惊了我。当他的听众问道，他是如何在过着不道德的生活的同时进行伦理研究时，舍勒回答说，指向柏林的路标并不需要通过陪着行人走到目的地来正确指引方向。我意识到，可能存在着这样一种危险：哲学与生活脱节，生活并不完全由哲学来指导。直到若干年以后，我才明白，哲学的概念化并不能完全缓解生命面临的困境。我是带着悲伤和失落来接受这种理想主义破灭后的认识的。

但不论我对哲学与生活关系的看法正确与否，这种看法仍把哲学拿来与存在困境和政治困境相联系。当我开始接触哲学学科定义后，终于有了比理想主义破灭让我更吃惊的事了。这发生在1977年我高中时。那时，我跑到凯斯西储大学去听一门哲学入门课。那门课的老师是鲁斯·麦克林（Ruth Macklin，她现在是阿尔伯特·爱因斯坦医学院的生物伦理学家）。她让我们学柏拉图、密尔（Mill）和约翰·罗尔斯（John Rawls）早年的一篇关于正义的文章。她采用了典型的分析法，但那时我完全不知道这种方法，甚至叫不出名字来。跌跌撞撞地过了第一门课后，我决定再选一门她的道德哲学课。在这门课上，我主要读了英国分析哲学家，包括罗素（Russell）、摩尔（Moore）、史蒂文森（Stevenson）和菲利帕·福特（Phillipa Foot,），探询"好"这个词在伦理辩论和表达中的各种意思。尽管那个学年末（也是我高中毕业那年）我这门课的成绩很好，但在进大学的时候我已经知道，在学院中我可能无法找到我想要的那种哲学。

靠着一份富布赖特奖学金，我去了德国，师从汉斯·格奥尔格·伽达默尔（Hans Georg Gadamer），学习德国唯心主义。这之后，我作为研究生回到耶鲁，开始积极参与学校的政治活动，读起了一个叫福柯的人的书，开始思考哲学和政治的关系，并公开地探询研究女性主义哲学是否有更有趣、更有意义的方法，尤其是我们能否用哲学方法来研究性别问题。同时，他者性的问题在欧陆哲学的语境下，对我变得很重要。我对欲望和承认的问题也很有兴趣：在怎样的情况下，一种欲望能为自己寻找到承认？当我进入同性恋研究的领域时，这变成了一个长久的问题。就像是对西蒙·德·波伏娃那样，这个问题（以及"他者"的问题）对我而言是一个出发点，让我对屈从及排除等问题进行政治思考。那时，我觉得自己在探究这个概念的时候也掌握了它——就像我现在思考哲学的他者问题一样——于是我转向了黑格尔，他是思考他者问题的现代源头。

我博士论文研究的是黑格尔《精神现象学》中的欲望和承认，并进一步讨论了很早我就深感兴趣的问题。在《精神现象学》（第168段）中，欲望对自我反省至关重要，且自我反省只有通过互相承认才能做到。因此，对承认的欲望是欲望在他者中寻找自我反映的过程。欲望一方面想否定他者的他者性（因为他者的结构和我的相似，占据了我的地盘，威胁了我的单一存在），另一方面又处于这样一个困境：它需要他者，尽管自己害怕成为它、害怕被它攫取；实际上，如果没有这样充满激情的困境（且这个困境起到了构成的作用），承认就不可能发生。一个人的意识发现自己在他者中迷失了，发现自己移身于自身之外，成了他者——更确切地说，自己到了他者之中。因此，承认是这样开始的：当洞悉到自己已迷失在他者中，已内陷于一个既是自己也不是自己的他者中并被其挪用，这时承认就开始了。承认的动机是要在他者那里找到反映出来的自己，而这种反映可不是最后被侵占。实际上，意识想要取回自身，恢复到过去，但最终发现，要从他者回到从前的自己并不可能，只能在这样的不可能的基础上期待日后的转化。

因此，在"主人和奴隶"这一部分中，承认是由对承认的欲望驱动的，而承认本身是欲望的一种高级形式，不再是对他者性的简单消耗或否定，而是一种令人不安的动态过程，在这个过程中，一个人想在他者中找到自己，却发现看到的倒影只是自己被侵占和自我迷失的表征。

情况可能是，制度化了的哲学此刻发现自己处在这个古怪的桎梏中，但我也知道，我无法从它的角度来讨论。哲学发现自己面对着一种叫"哲学"的东西，但这种东西又绝对"不是哲学"，因为它被认为不遵守学科规则，不遵循严谨、清晰的逻辑标准（这些标准看似明了）。我用了"看似明了"这个说法，是因为我做过几次人文研究经费申请委员会的成员，发现许多哲学家支持并实践的"清晰"常常让别的人文学者迷惑不已。实际上，当清晰作为标准变成一个孤立学科的一部分时，就不再有助于交流。悖论就在于，我们最终得到的是一种不可交流的清晰。

这种制度化了的"哲学"并不是哲学本身，它制造了另一种悖论：在自己设下的界限外，哲学制造了第二个哲学。因此，哲学似乎无心地复制了一个鬼魅的自己。而且，情况可能是，这个国家大多数语言文学系的哲学活动塑造了"哲学"的意义，因此，哲学这个学科发现自己被自己的替身很奇怪地侵占了。它越想和这个替身分开，就越会巩固这另一种哲学在界限（这种界限本是划下来局限它的）以外的地位。哲学于是再也不能回归自己，因为标志回归的界限正好也是将哲学划到它的学科位置之外的界限。

当然，哲学不止这两种，而黑格尔的语言无疑迫使我只能把我的论述局限于一种并不正确的二分法。如果制度化的哲学曾经是一体的，那么它已然分裂且已持续了一段时间，而它在学科界限外的生活却具有多种形式。然而，每种哲学总会被另一种影响，虽然两者不一定如影随形。

当我开始在耶鲁大学哲学系教女性主义哲学时，我注意到教室后排有几个焦躁不安的人。这都是一些成人，他们边听我说话，边前后踱步，然后突然离开，一两个礼拜后才回来，又重复着这令人不安的一切。他们的行为和我当初听德曼讲课时的行为很相似。这些人原来是政治理论家，他们对我打着哲学的旗子教这些内容很生气。他们没法好好坐下听课，但也不想离开。他们想知道我在说什么，但又不愿意走近点来听。问题并不在于我教的是糟糕的哲学，也不在于我的教学方法不好，而在于我的课堂内容究竟是不是哲学。

在此，我不打算回答哲学应该是什么，而且说实话，我对这个问题不再有什么确定的看法。这不是因为我已经离开了哲学，而是因为我认为哲学已经以一种很有意义的方式离开了自己，变成了自己的他者，并且因为自己的名字游离于传统界限之外而愤愤不平。我开始从事女性主义哲学研究后，清楚地意识到了这个问题。我很吃惊地得知，几年前社会研究新学院的研究生举办过一个会议，主题是"女性主义哲学是哲学吗"。这是女性主义思潮中怀疑论者提出的问题，那时常常被年轻的女性主义者挂在嘴边。有些人可能会说，是的，女性主义哲学是哲学，然后这些人还会进一步指出，女性主义哲学如何以各种方式提出最传统的哲学问题。但我的观点是，我们应该拒绝这个问题，因为它是错误的。如果非要提一个正确的问题，那么这个问题就应该是：复制"哲学"这个词何以成为可能，使得我们在这古怪的同义反复之下来探询哲学是不是哲学。或许我们就应该简简单单地说，从它的制度和话语的发展历程来看,哲学即使曾经是等同于自身的,但现在已不再如此,且它的复制已然成了一个克服不了的难题。

有好长一段时间,我都以为没必要理会这个问题,因为从一开始发表性别理论的文章,我就接到了不少文学科系的演讲邀请,让我讨论我们称为"理论"的东西。我变成了所谓的"理论家"。尽管乐于接受这样的邀请,但有时我也迷惑不解,想要明白这个系统内被称为"理论"的究竟是什么。我会在这些场合的宴席上,呷着霞多丽葡萄酒,谈论着"理论的现状",然后焦急地四下打量,看有没有好心人能告诉我"理论"究竟是什么。我阅读文艺理论,并且发现在书架上自己的书已被放到了"文艺理论"的类别之下。我之前就知道有这种做法〔我指的是韦勒克(Wellek)、佛莱切(Fletcher)、弗莱(Frye)、布鲁姆(Bloom)、德曼、伊瑟尔(Iser)和费尔曼等人的著作就是被归到"文艺理论"去的〕,但我一直不知道原来我自己也在从事"理论"工作,且这个词可以(也应该)取代哲学的位置。至此,我已不再因为我做的不是哲学而感到困扰了,因为文学的世界允许我探讨修辞结构、省略以及隐喻凝缩,并允许我思考在文学阅读和政治困境之间有什么可能的联系。但每次"理论"一词出现时,我依然焦虑,还是感到有些不安,虽然现今我明白我已是其中的一分子,可能已经无法把自己从那个术语那里摘出来了。

但我也看到,有这种迷惑的不止我一个。现在,浏览各种出版社的新书单时,看到"哲学"类别的某些作者会让我惊讶,因为他们的著作是不会出现在哲学系课堂的。这些作者不仅包括众多的欧陆哲学家和评论家,也包括文艺理论家、艺术和媒体研究学者,以及伦理学和女性主义研究学者。我颇有兴趣地注意到,约翰·霍普金斯大学人文中心、康奈尔大学英语系或西北大学德语系涌现过一定数量的研究黑格尔和康德的博士论文,也注意到,过去十年,一定数量的人文系年轻学者前往法国,师从德里达、列维纳斯、阿甘本(Agamben)、巴里巴尔(Balibar)、考弗曼(Kofman)、伊利格瑞以及西苏,或前往德国学习德国唯心主义和法兰克福学派。目前,对谢林(Schelling)和施莱格尔兄弟(the Schlegels)最有趣的研究是文化和文艺理论家做出来的,而像彼得·芬维斯(Peter Fenves)那样的学者对康德和克尔凯郭尔做出的卓越研究是从比较文学和德国研究中涌现出来的。对福柯最重要的一些哲学研究是由人类学哲学家保罗·拉比诺(Paul Rabinow)这样的学者做出来的。

我们可以看看像瓦尔特·本雅明这样的出众的跨学科人物。本雅明在很多方面是跨越传统哲学范围的代表。我们可以看到哲学系会在"法兰克福学派"之类的课上教他的东西(我想目前可能有十多个这样的系会这么做),但他语言的难度以及他对美学的高度关注常常导致他的著作被从哲学系课程里剔去,而重新出现在英语、比较文学、法语和德语系的课程里。几年前一件事让我颇感兴趣:英国左翼杂志《新事物》(*New Formations*)和看起来持后意识形态观点的《通评》杂志(*Diacritics*)同时推出了以本雅明为主题的特刊,而最近一期《批评探索》(*Critical Inquiry*)也加入了这个行列。是因为他的作品不够哲学吗?哲学家杰·伯恩斯坦（Jay Bernstein）极力认为，正好相反，他的作品极为哲学。还是说，是因为哲学在这里采用了一种争鸣的、松散的形式？它进行文化分析，思考物质文化，或者参照失败或颠倒的神学结构，使用的语言形形色色，有些类似警句，有些语义厚密，在马克思主义之后接踵而至，或采用了文学解读和文学理论的形式。这种研究的多学科轨道预设了我们可以在何处探索历史意义的问题，在何处探索语言的指涉性，在何处探索诗意和神学（它们是美学形式的内在）破碎了的允诺，在何处探索社群和交流的条件。

这些很明显都是哲学上的重要问题，但它们是通过不同的方法、分析形式、阅读和书写来探询的，这些形式不可简化为辩论形式，且这些方法几乎都不遵循线性的论述。有人或许会说，只要有人把本雅明的著作转化成线性的观点论述，那么，他就会很有哲学意味了。还有人说，挑战线性论述本就具有哲学意义，这种意义质疑了理性的权力和表象，质疑了时间是向前运动的观点。不幸的是，持第二种说法的人大多来自哲学领域之外的人文科系。

比如，如果读读露西·伊利格瑞的著作，我们看到的是女性主义对他者性问题的质询，这种研究以黑格尔、波伏娃和弗洛伊德为基础，且也依赖于梅洛-庞蒂和列维纳斯。这样的研究深深根植于哲学史，但同时它也反对哲学将与女性相关的一切排除在外，强行对其大多数术语进行重新定义。阅读这样的著作离不开哲学，因为哲学构成了它的文本；但是，大多数哲学系不会把这样的著作列入哲学正典。

什么属于哲学、什么不属于哲学的问题，有时集中在哲学文本的修辞性上面，也就是说，哲学到底有没有修辞性，以及那些修辞层面是否必须（或应该）被看作是文本哲学特性不可或缺的一部分。当代民间和社会运动中出现了各种文化政治问题和政治正义问题，我们能清楚地看到，把哲学传统延伸到这些问题的做法，为经院哲学进入更广阔的文化对话铺平了道路。

例如，康奈尔·韦斯特（Cornel West）的乌托邦实用主义和他对杜波伊斯式（DuBoisian）观点的重视，已经把哲学问题带到了美国黑人政治的最前沿；我们应该怎样看待他极具影响的哲学贡献呢？他立身于神学院和宗教研究。他无法以经院哲学为家——这是否正好说明了这种哲学的局限性？从某些方面说，他的研究显示了美国实用主义传统对当代种族平等及尊严的斗争具有持续重要意义。将这种传统转移到种族关系问题上，是否就让他作品的哲学维度不再纯粹？如果是这样，如果哲学不主动追求这样的不纯粹，那这样的哲学还有什么希望？

类似的，几乎我认识的所有女性主义哲学家都不再就职于哲学系。我的文章《作为批评的女性主义，女性主义／后现代主义》（"Feminism as Critique, Feminism/Postmodernism"）发表于有史以来的第一部女性主义哲学合集。浏览合集的作者名单时，我看到了这些名字：德鲁西拉·康奈尔、塞拉·本哈比（Seyla Benhabib）、南希·弗雷泽（Nancy Fraser）、琳达·尼科尔森（Linda Nicholson）、艾丽斯·玛里昂·杨（Iris Marion Young）。他们都是阿拉斯代尔·麦金泰尔（Alasdair MacIntyre）、彼得·考斯（Peter Caws）和尤尔根·哈贝马斯之类学者的学生。过去十年，他们并不主要在哲学系任职，而是像我一样在别的系所工作。我们都在别的科系找到了不错的家，比如法律、政治学、教育、比较文学、英语。伊丽莎白·格罗兹目前也是如此——她可能是我们这个时代最重要的澳洲女性主义哲学家。近年来，她任职于比较文学和妇女研究等系所。对进行科学研究的女性主义哲学家来说，情况也是这样；许多人在与哲学系不相干的系里工作，例如女性研究、科学研究、教育学，等等。这些领域中，某些极有影响力的人（虽然这种人不是很多）已不再把哲学系作为他们主要或唯一的归属。这里的问题不仅仅在于这些人从事的哲学研究在某种意义上仍然处于哲学学科之外，这就再次制造了"哲学外的哲学"这样的幽灵。尴尬的是，这些人的哲学贡献就在于和别的领域发生关系，为哲学跨越学科、进入到其他人文学科开创了路径。这些哲学家进行着跨学科对话，在法语、德语、英语、比较文学、科学研究和妇女研究等科系引发了对哲学研究的兴趣。

当然，哲学已经和认知科学、计算机科学以及对应用伦理学领域具有重要意义的医学伦理学、法律和公共政策等专业进行了跨学科接触。但就人文学科而言，哲学还是十分孤立，它界限森严，一心自我保护，而且越来越离群索居。但也有例外，例如，在罗蒂（Rorty）、卡维尔（Cavell）、内哈马斯（Nehamas）、努斯鲍姆（Nussbaum）、阿皮亚（Appiah）以及布拉伊多蒂的作品中，都可以看到这些作者以各种主动的方式思考艺术、文学和文化问题，这些研究构成了一系列跨学科议题。而且，我想告诉你，在各自的学科内，这些人都为自己跨界对话付出了一定代价。

哲学出现在人文学科里，不仅仅是科班出身的哲学家"误入歧途"的结果。从某些方面说，最具文化意义的哲学讨论是由一直在传统哲学领域之外的学者进行的。的确，我们可以说，在纯文艺理论之后出现、被约翰·杰洛里（John Guillory）视为文学形式主义的东西，不是理论的消解，而是理论向具体的文化研究移动，因此，我们现在面对的是理论文本在更广阔的文化和社会现象研究中的涌现。这并不是对理论的历史主义取代；相反，这是历史地看待理论本身，而我们可以说，这已成为理论获得新生的场所。我又一次提出了理论和哲学合并的观点，但你要看到，哲学文本在许多最具锋芒的文化分析中占据了中心地位。实际上，我想说，当哲学失去了它的纯粹性时，相应地，它从人文学科那里获得了活力。

以英国社会学家、文化研究学者保罗·吉尔罗伊（Paul Gilroy）为例。过去五年来，吉尔罗伊的著作《黑色大西洋》（*The Black Atlantic*）对美洲非裔研究和离散研究影响颇大。这本书前90页讨论了黑格尔关于现代性的概念。他认为，我们并不能把欧洲现代性对非裔的排斥当成是拒绝现代性的充足理由，这是因为我们可以改变欧洲中心主义式的现代性条件，让新的现代性概念服务于一种更加包容的民主。在他精妙的历史书写中，"人"是什么，取决于相互承认，而关键的问题是，相互承认的条件是否可以被延伸到地缘政治领域（这个领域已被平等话语和相互性话语定义了）之外。尽管黑格尔给我们描述了关于贵族和奴隶的古怪一幕——这一幕在农奴制和奴隶制之间摇摆不定——但是直到 W. E. B. 杜波伊斯（W. E. B. DuBois）、奥兰多·帕特森（Orlando Patterson）和保罗·吉尔罗伊，我们才开始理解，可以如何通过奴隶制历史及其离散效应的视角来重新叙述黑格尔式的相互承认。

吉尔罗伊认为，奴隶制的角度"不仅要求考察致力于追求贸易利润的种植园的权力和统治的动态机制，也要求掌握启蒙运动的各种基础概念，例如普遍性、意义的固定、主体的和谐，以及常常涵盖这一切的民族中心论"（第 55 页）。出人意料的是，吉尔罗伊又提出，排斥现代性会是一个巨大的错误。他引用哈贝马斯的理论指出，即使是那些最被欧洲现代性进程排斥的民族，都已能从现代性的理论宝库中汲取重要概念，来为他们参与这个过程的权利而斗争。他写道："举例来说，一个有价值的现代性概念，应该有助于分析被奴役民族在反抗中有什么具体形式来表达激进主义，他们如何选择性地利用西方革命时期的观念，然后如何融入反殖民、反资本主义的社会运动中去。"（第 44 页）

吉尔罗伊质疑他称为后现代形式的怀疑论，认为它导致了对现代性主要概念的全盘抗拒；在他看来，这导致了政治意志的瘫痪。但是，他随后也强调，自己和哈贝马斯不同，认为哈贝马斯没能够考虑到奴隶制与现代性的关系。他指出，哈贝马斯的失败之处在于，在康德和黑格尔二人中，他太偏好前者。吉尔罗伊写道："与黑格尔不同，哈贝马斯不认为奴隶制本身是一种现代化力量，它引导着奴隶主和奴隶首先走向自我意识的觉醒，然后又走向幻灭，迫使双方都痛苦地发现，真、善、美并没有一个共同的源头。"（第50页）

接下来，吉尔罗伊把弗雷德里克·道格拉斯（Frederick Douglass）的理论解读为"用黑人土语来描述贵族与奴隶之间的关系"；此外，在他的解读中，当代黑人女性主义理论家帕特里夏·希尔·柯林斯（Patricia Hill Collins）奉行的是将黑格尔理论延伸到种族立场的认识论。他坚持认为，在这样的例子里，欧洲中心论已经被那些一向被排斥在外的人利用起来了，由此所作的修正影响巨大，有助于我们以非民族中心论的方式来重新思考现代性。吉尔罗伊强烈反对各种形式的黑人本质说，他尤其反对非洲中心论。这就给他的论点提供了另一种角度。

吉尔罗伊著作最有趣的哲学影响之一是，他给当前威胁着要重新定义哲学的辩论提供了一种文化和历史的视角。一方面，在保留了哈贝马斯对启蒙工程的描述中某些重要特征的同时，他拒绝了哈贝马斯的超理性主义。另一方面，他也拒绝怀疑论，因为它把所有政治立场都简化成了修辞姿态。在一个更为民主的现代性语境中，他提出的文化解读方式照顾到了各种文化文本和文化工作的修辞层面。因此，我认为，在思考启蒙运动的维护者和批评者之间的论争时，他的立场值得考虑。

但是，我们是否经常看到哲学系和社会学系联合发布招聘广告？是否会看到他们寻找职位候选人时把目光投向那些从哲学和文化角度研究奴隶制及其消亡后语境下的现代性的人？大多数哲学家并不会喜欢我上面的例子，因为在这个国家的很多院系里黑格尔并不出现在任何课程中，而且在某些地方他被完全排除在哲学史之外。当然，对黑格尔的抵触不无道理：他的语言看上去极为晦涩，他反对不矛盾律，他的推测没有依据且大体上不可证明。因此，我们并不是在哲学领域内听到以下这些提问的：我们判断黑格尔写的东西可读性低，是依据了哪些决定哲学可读性的规则？如果这样，为什么事实上还是有那么多人读过他的书，且他能一直影响着那么多当代学术研究呢？针对不矛盾律，他提出了怎样的论证？这样的论证采用了什么修辞形式？一旦我们理解了架构了那种论证的修辞形式，我们应如何解读这种论证？在他的论证过程中，出现了怎样对可证性的批评？这些问题试图质疑的标准被那些哲学家**视为当然**（但他们在驳斥黑格尔时会动用这些标准），因此，只有在德语、历史、社会学、英语、比较文学、美国研究以及伦理学等人文系，我们才有机会来认真考虑这些问题。

类似地，你最近一次听说哲学系和德语系联合招聘德国浪漫主义（包括康德、黑格尔、歌德、荷尔德林）教员是什么时候？或者，你是否听说过，一个哲学系和一个法语系一起雇用一名20世纪法国哲学思想的专家？或许我们看到过哲学系与美洲非裔研究或民族研究系合作雇人的例子，但这样的例子也绝不会太多。

这只是哲学进入人文学科的众多途径中的一种。它在那里复制了自己，使得哲学这个概念对自己也变得很陌生。我认为，我们应该为生活在一个丰富的领域而心怀感激（这个领域是哲学的制度性限制造成的）：在这里，我们有良伴、好酒，有那么多意料之外的跨学科对话，有如此卓越的跨系别思考，这一切给在后面驻步不前的人提出了重要问题。你应该还记得，奴隶注视的目光让贵族震惊，在他／她心中激起一种意料不到的意识，让贵族看到自己已经变成了自己的他者。贵族可能已经失去了自控力，但对黑格尔来说，这种自我迷失正是社群形成的开始。但情况也可能是，我们目前的困境只会将哲学带到一个地方，在那里，它只不过是众多文化纤维中的一支。

参考文献

Abelove, Henry, Michele Aina Barale, and David Halperin, eds. *The Lesbian and Gay Studies Reader*. New York: Routledge, 1993.

Agacinski, Sylviane. "Contre l'effacement des sexes." *Le Monde*, February 6, 1999.

———. "Questions autour dela filiation." Interview with Eric Lamien and Michel Feher. *Ex æquo* (July 1998): 22–24.

Agamben, Giorgio. *Homo Sacer: Sovereign Power and Bare Life*. Translated by Daniel Heller-Roazen. Stanford: Stanford University Press, 1998.

Alarcon, Norma. "Anzaldua's Frontera: Inscribing Gynetics." In *Chicana Feminisms: A Critical Reader*, edited by Gabrielle Arredonda, Aida Hurtada, Norman Kahn, Olga Najera-Ramirez, and Patricia Zavella. Durham, N.C.: Duke University Press, 2003.

Alexander, Jacqui. "Redrafting Morality: The Postcolonial State and the Sexual Offences Bill of Trinidad and Tobago." In *Third World Women and the Politics of Feminism*, edited by Mohanty, Russo, and Torres. Bloomington: Indiana University Press, 1991.

American Psychiatric Association. *Diagnostic and Statistical Manual of Mental Disorders DSM-IV*. Rev. ed. Washington, D.C.: American Psychiatric Association, 2000.

Angier, Natalie. "Sexual Identity Not Pliable After All, Report Says." *New York Times*. May 3, 2000, section C.

Anzaldúa, Gloria. *Borderlands/La Frontera: The New Mestiza*. San Francisco: Spinsters/Aunt Lute, 1967.

Barnes, Whitney. "The Medicalization of Transgenderism." http://transhealth.com Serialized in five parts beginning issue 1, vol. 1 (Summer 2001).

Bell, Vikki. *Interrogating Incest: Feminism, Foucault, and the Law*. London: Routledge, 1993.

Benhabib, Seyla, and Drucilla Cornell, eds. *Feminism as Critique: Essays on the Politics of Gender in Late-Capitalist Societies*. Minneapolis: University of Minnesota Press, 1987.

Benhabib, Seyla, Judith Butler, Drucilla Cornell, and Nancy Fraser. *Feminist Contentions: A Philosophical Exchange*. New York: Routledge, 1997.

Benjamin, Jessica. *The Shadow of the Other: Intersubjectivity and Gender in Psychoanalysis*. New York: Routledge, 1998.

———. "'How Was It For You?' How Intersubjective is Sex?" Division 39 Keynote Address, American Psychological Association. Boston, April 1998. On file with author.

Benjamin, Jessica. *Like Subjects, Love Objects: Essays on Recognition and Sexual Difference*. New Haven: Yale University Press, 1995.

———. Afterword to "Recognition and Destruction: An Outline of

Intersubjectivity." In *Relational Psychoanalysis: The Emergence of a Tradition*. Hillsdale, N.J.: Analytic Press, 1999.

———. *Bonds of Love*. New York: Random House, 1988.

Berlant, Lauren. *The Queen of America Goes to Washington City: Essays on Sex and Citizenship*. Durham, N.C.: Duke University Press, 1997.

Bersani, Leo. *Homos*. Cambridge: Harvard University Press, 1995.

Bockting, Walter O. "From Construction to Context: Gender through the Eyes of the Transgendered." *Siecus Report* (October/November 1999).

———. "The Assessment and Treatment of Gender Dysphoria." *Direction in Clinical and Counseling Psychology*, 7, lesson 11 (1997): 11.3–11.22.

Bockting, Walter O. and Charles Cesaretti. "Spirituality, Transgender Identity, and Coming Out." *Journal of Sex Education and Therapy*,. 26, no. 4 (2001): 291–300.

Borneman, John. "Until Death Do Us Part: Marriage/Death in Anthropological Discourse." *American Ethnologist* 23, no. 2 (May 1996): 215–235.

Bornstein, Kate. *Gender Outlaw*. New York: Routledge, 1994.

Borsch-Jacobsen, Mikkel. *The Freudian Subject*. Stanford: Stanford University Press, 1988.

Bowie, Malcolm. *Lacan*. Cambridge, MA: Harvard University Press, 1991.

Braidotti, Rosi. "Feminism By Any Other Name." Interview with Judith

Butler. *differences*. Special issue on "More Gender Trouble: Feminism Meets Queer Theory." (Winter 1995).

———. *Metamorphoses: Towards a Materialist Theory of Becoming*. Cambridge, England: Polity Press, 2002.

———. *Nomadic Subjects*. New York: Columbia University Press, 1994.

———. *Patterns of Dissonance*. Cambridge, England: Polity Press, 1991.

Brooks, Peter. *Troubling Confessions: Speaking Guilt in Law and Literature*. Chicago: University of Chicago Press, 2000.

Butler, Judith. *Bodies That Matter: On the Discursive Limits of "Sex."* New York: Routledge, 1998.

———. *Excitable Speech: A Politics of the Performative*. New York: Routledge, 1997.

———. *Gender Trouble: Feminism and the Subversion of Identity*. New York: Routledge, 1990.

———. *Antigone's Claim: Kinship Between Life and Death*. The Wellek Library Lectures. New York: Columbia University Press, 2000.

———. "Virtue as Critique." In *The Political*, edited by David Ingram. Oxford: Basil Blackwell, 2002.

———. *Precarious Life: Powers of Violence, and Mourning*. New York: Verso, 2004.

Butler, Judith, Ernesto Laclau, and Slavoj Žižek, eds. *Contingency, Hegemony, and Universality: Contemporary Dialogues on the Left*. London: Verso, 2000.

Canguilhem, Georges. *The Normal and the Pathological.* Translated by Carolyn Fawcett and Robert S. Cohen. New York: Zone Books, 1989.

Caruth, Cathy, ed. *Trauma: Explorations in Memory.* Baltimore: Johns Hopkins University Press, 1995.

———. *Unclaimed Experience: Trauma, Narrative, and History.* Baltimore: Johns Hopkins University Press, 1996.

Carsten, Janet and Stephen Hugh-Jones, eds. *About the House: Lévi-Strauss and Beyond.* Cambridge, England: Cambridge University Press, 1995.

Cavarero, Adriana. *Relating Narratives: Storytelling and Selfhood.* Translated by Paul A. Kottman. London: Routledge, 2000.

Chase, Cheryl. "Hermaphrodites with Attitude: Mapping the Emergence of Intersex Political Activism." *GLQ: A Journal of Gay and Lesbian Studies* 4, no. 2 (Spring, 1998): 189–211.

Clastres, Pierre. *Archeology of Violence.* Translated by Jeanine Herman. New York: Semiotext(e), 1994.

———. *Society Against the State: Essays in Political Anthropology.* Translated by Robert Hurley. New York: Zone Books, 1987.

Cohen-Kettenis, P. T. and L. J. G. Gooren. "Transsexualism: A Review of Etiology, Diagnosis, and Treatment." *Journal of Psychosomatic Research* 46, no. 4 (April 1999). 315–33.

Colapinto, John. "The True Story of John/Joan." *Rolling Stone.* December 11, 1999: 55ff.

——. *As Nature Made Him: The Boy Who Was Raised as a Girl.* New York: Harper-Collins, 2000.

Corbett, Ken. "Nontraditional Family Romance: Normative Logic, Family Reverie, and the Primal Scene." *Psychoanalytic Quarterly* 70, no. 3 (2001): 599–624.

Cornell, Drucilla. *The Philosophy of the Limit.* New York: Routledge, 1992.

Devi, Mahasweta. *Imaginary Maps: Three Stories by Mahasweta Devi.* Translated by Gayatri Chakravorty Spivak. New York: Routledge, 1995.

Diamond, Milton and Keith Sigmundsen. "Sex Reassignment at Birth: A Long-Term Review and Clinical Implications." *Archives of Pediatrics and Adolescent Medicine* 151 (March 1997): 298–304.

Duden, Barbara. *The Woman Beneath the Skin: A Doctor's Patients in Eighteenth-Century Germany.* Translated by Thomas Dunlap. Cambridge, MA: Harvard University Press, 1991.

Evans, Dylan. *An Introductory Dictionary of Lacanian Psychoanalysis.* London: Routledge, 1996.

Ewald, François. "A Concept of Social Law." In *Dilemmas of Law in the Welfare State*, edited by Gunter Teubner. Berlin: Walter de Gruyter, 1986.

——. "A Power Without an Exterior." *Michel Foucault, Philosopher*, edited by Timothy Armstrong. New York: Routledge, 1992.

———. "Norms, Discipline, and the Law." *Law and the Order of Culture*, edited by Robert Post. Berkeley: University of California Press, 1991.

Fanon, Frantz. *Black Skin, White Masks*. New York: Grove, 1967.

Fassin, Eric. "'Good Cop, Bad Cop': The American Model and Countermodel in French Liberal Rhetoric since the 1980s." Unpublished essay.

———. "'Good to Think': The American Reference in French Discourses of Immigration and Ethnicity." *Multicultural Questions*, edited by Christian Joppke and Steven Lukes. London: Oxford University Press, 1999.

———. "Le savant, l'expert et le politique: la famille des sociologues." *Genèses* 32 (October 1998): 156–169.

———. "Same Sex, Different Politics: Comparing and Contrasting 'Gay Marriage' Debates in France and the United States." Unpublished essay.

———. "The Purloined Gender: American Feminism in a French Mirror." *French Historical Studies* 22, no. 1 (Winter 1999): 113–139.

Fausto-Sterling, Anne. "The Five Sexes: Why Male and Female Are Not Enough." *The Sciences* 33, no. 2 (July 2000): 20–25.

Fausto-Sterling, Anne. *Sexing the Body: Gender Politics and the Construction of Sexuality*. New York: Basic, 2000.

Feher, Michel. "Quelques Réflexions sur 'Politiques des Sexes'." *Ex Æquo* (July 1998): 24–25.

Felman, Shoshana. *The Scandal of the Speaking Body.* Stanford: Stanford University Press, 2002.

Felman, Shoshana and Dori Laub. *Testimony: Crisis of Witnessing in Literature, Psychoanalysis and History.* New York: Routledge, 1992.

Foucault, Michel. "What is Critique?" *The Politics of Truth*, edited by Sylvère Lotringer and Lysa Hochroth. New York: Semiotext(e), 1997. Originally a lecture given at the French Society of Philosophy on May 27, 1978, subsequently published in *Bulletin de la Société française de la philosophie* 84, no. 2 (1990).

——. *The History of Sexuality, Volume One.* Translated by Robert Hurley. New York: Pantheon, 1978.

——. *Religion and Culture*, edited by Jeremy Carrette. New York: Routledge, 1999.

——. "The Subject and Power." In *Michel Foucault: Beyond Structuralism and Hermeneutics*, edited by Hubert Dreyfus and Paul Rabinow. Chicago: University of Chicago Press, 1982.

Franke, Katherine. "What's Wrong with Sexual Harrassment?" *Stanford Law Review* 49 (1997): 691–772.

Franklin, Sarah and Susan McKinnon, eds. *Relative Values: Reconfiguring Kinship Studies.* Durham, N.C.: Duke University Press, 2002.

Franklin, Sarah and Susan McKinnon. "New Directions in Kinship Study: A Core Concept Revisited." *Current Anthropology* 41, no. 2 (April 2000): 275–279.

Freud, Sigmund. "Certain Neurotic Mechanisms in Jealousy, Paranoia, and Homosexuality." *The Standard Edition of the Complete Works of Sigmund Freud*. Vol. 18, edited by James Strachey et al. London: The Hogarth Press and the Institute of Psychoanalysis, 1953–1974.

———. "Criminals from a Sense of Guilt." *Standard Edition*. Vol. 14.

———. "The Ego and the Id." *Standard Edition*. Vol. 19.

———. "Instincts and their Vicissitudes." *Standard Edition*. Vol. 14.

———. "The Three Essays on the Theory of Sexuality." *Standard Edition*. Vol. 7. Friedman, Richard. "Gender Identity." *Psychiatric News*, January 1, 1998.

Geertz, Clifford. *The Interpretation of Cultures*. New York: Basic Books, 1973.

Gilroy, Paul. *The Black Atlantic: Modernity and Double-Consciousness*, Cambridge, MA: Harvard University Press, 1993.

Green, Richard. "Transsexualism and Sex Reassignment, 1966–1999." Presidential Address to the Harry Benjamin International Gender Dysphoria Association. http://www.symposion.com/ijt/greenpresidential/green00.htm/

Habermas, Jürgen. *Between Facts and Norms: Contributions to a Discourse Theory of Law and Democracy*. Translated by William Rehg. Cambridge, MA: MIT Press, 1996.

Habermas, Jürgen. *The Theory of Communicative Action*. 2 vols. Translated by Thomas McCarthy. Boston: Beacon Press, 1982.

Hale, Jacob. "Medical Ethics and Transsexuality." Paper presented at the 2001 Harry Benjamin International Symposium on Gender Dysphoria.

Harry Benjamin International Gender Dysphoria Association. *The Standards of Care for Gender Identity Disorders*, 6th ed. Düsseldorf: Symposion Publishing, 2001.

Hegel, G. W. F. *The Phenomenology of Spirit*. Translated by A. V. Miller. Oxford: Oxford University Press, 1977.

Héritier, Françoise. "Entretien." *La Croix* (November 1998).

———. *L'Exercice de la parenté*. Paris: Gallimard, 1981.

———. *Masculin/Féminin: La pensée de la différence*. Paris: Odile Jacob, 1996.

Honneth, Axel. *The Struggle for Recognition: The Moral Grammar of Social Conflicts*. Translated by Joel Anderson. Cambridge, MA: Polity Press, 1995.

Hua, Cai. *A Society without Fathers or Husbands: The Na of China*. Translated by Asti Hustvedt. New York: Zone Books, 2001.

Hyppolite, Jean. *Genesis and Structure of Hegel's "Phenomenology of Spirit."* Translated by Samuel Cherniaak and John Heckman. Evanston, IL: Northwestern University Press, 1974.

Irigaray, Luce. *An Ethics of Sexual Difference*. Translated by Carolyn Burke and Gillian C. Gill. Ithaca, N.Y.: Cornell University Press, 1993.

———. *This Sex Which is Not One*. Translated by Catherine Porter with

Carolyn Burke. Ithaca, N.Y.: Cornell University Press, 1985.

Isay, Richard. "Remove Gender Identity Disorder from DSM." *Psychiatric News*. November 21, 1997.

Kessler, Suzanne. *Lessons from the Intersexed*. New Brunswick, N.J.: Rutgers University Press, 2000.

Kierkegaard, Søren. *Either/Or*. Translated by Walter Lowrie. Princeton, N.J.: Princeton University Press, 1971.

Lacan, Jacques. *Écrits: A Selection*. Translated by Alan Sheridan. New York: Norton, 1977.

Laplanche, Jean. *Essays On Otherness*. Translated by John Fletcher. London: Routledge, 1999.

Laplanche, Jean and J.-B. Pontalis. *The Vocabulary of Psycho-analysis*. Translated by Donald Nicholson-Smith. New York: Norton, 1973.

Levi, Primo. *Moments of Reprieve*. New York: Penguin, 1995.

Levinas, Emmanuel. *Otherwise Than Being*. Translated by Alphonso Lingis. Boston: M. Nijhoff, 1981.

Lévi-Strauss, Claude. *The Elementary Structures of Kinship*. Rev. ed. edited by Rodney Needham. Translated by James Harle Bell, John Richard von Sturmer, and Rodney Needham. Boston: Beacon, 1969.

———. "Ethnocentrism." *Race et histoire*. Paris: Denoël, 1987.

———. "Postface." *L'Homme* 154–55. Special issue on "Question de Parenté ." (April-September 2000): 713–20.

———. Claude. *Race et histoire*. Paris: Denoël, 1987.

Macheray, Pierre. "Towards a Natural History of Norms." In *Michel Foucault, Philosopher*, edited by Timothy Armstrong. New York: Routledge, 1992.

MacKinnon, Catharine. *Feminism Unmodified: Discourses on Life and Law*. New York: Routledge, 1987.

Martin, Biddy. "Extraordinary Homosexuals and the Fear of Being Ordinary." *differences* 6, nos. 2–3 (1994): 100–125.

Merleau-Ponty, Maurice. "The Body in its Sexual Being." In *The Phenomenology of Perception*. Translated by Colin Smith. New York: Routledge, 1967.

Mitchell, Juliet. *Psychoanalysis and Feminism: A Radical Reassessment of Freudian Psychoanalysis*. New York: Vintage, 1975.

Mitscherlich, Alexander and Margarete Mitscherlich. *The Inability to Mourn*. Translated by Beverley Placzek. New York: Grove Press, 1975.

Money, John and Richard Green. *Transsexualism and Sex Reassignment*. Baltimore: Johns Hopkins University Press, 1969.

Moraga, Hollibaugh. "What We're Rolling Around in Bed With." *Pleasure and Danger: Exploring Female Sexuality*, edited by Carole S. Vance. Boston: Routledge & Kegan Paul, 1984.

Nicholson, Linda, ed. *Feminism/Postmodernism*. New York: Routledge, 1990.

Pela, Robert. "Boys in the Dollhouse, Girls with Toy Trucks." *The Advocate*. November 11, 1997.

Poovey, Mary. *Making a Social Body: British Cultural Formation, 1830–1964*. Chicago: University of Chicago Press, 1995.

Rachlin, Katherine. "Transgender Individuals' Experience of Psychotherapy." Paper presented at the American Psychological Association meeting in August 2001. http://www.symposion.com/ijt/ijtvo06no01_03.htm/

Raissiguier, Catherine. "Bodily Metaphors, Material Exclusions: The Sexual and Racial Politics of Domestic Partnerships in France." In *Violence and the Body*, edited by Arturo Aldama. New York: New York University Press, 2002.

Rekers, George A. "Gender Identity Disorder." *The Journal of Family and Culture* 2, no. 3, 1986. Revised for the *Journal of Human Sexuality* 1, no. 1 (1996): 11–20.

———. *Handbook of Child and Adolescent Sexual Problems*. Lexington: Simon and Schuster, 1995.

Riley, Denise. *"Am I That Name?" Feminism and the Category of "Women" in History*. Minneapolis: University of Minnesota Press, 1998.

Rose, Jacqueline. *States of Fantasy*. Oxford: Clarendon Press, 1996.

Rubin, Gayle. "Thinking Sex: Towards a Political Economy of 'Sex'." In *Pleasure and Danger*, edited by Carol Vance. New York: Routledge, 1984.

Schneider, David. *A Critique of the Study of Kinship*. Ann Arbor: University of Michigan Press, 1984.

———. *American Kinship: A Cultural Account*, 2nd ed. Chicago: University of Chicago Press, 1980.

Schopenhauer, Arthur. *The World as Will and Representation*. Translated by E. F. J. Payne. 2 vols. New York: Dover, 1969.

Sedgwick, Eve Kosofsky. *Between Men: English Literature and Male Homosocial Desire*. New York: Columbia University Press, 1985.

———. *Epistemology of the Closet*. Berkeley: University of California Press, 1991.

Segal, Hanna. "Hanna Segal interviewed by Jacqueline Rose." *Women: A Cultural Review* 1, no. 2 (November 1990): 198–214.

Smart, Carol, ed. *Regulating Womanhood: Historical Essays on Marriage, Motherhood and Sexuality*. London: Routledge, 1992.

Sophocles. *Antigone*. Loeb Library Series. Cambridge, MA: Harvard University Press, 1994.

Spinoza, Benedict de. *On the Improvement of Understanding, The Ethics, Correspondence*. Translated by R. H. M. Elwes, New York: Dover, 1955.

Stacey, Judith. *In the Name of the Family: Rethinking Family Values in the Postmodern Age*. Boston: Beacon Press, 1996.

Stacey, Judith. *Brave New Families: Stories of Domestic Upheaval in Late 20th Century America*. Berkeley: University of California Press, 1998.

Stack, Carol. *All Our Kin: Strategies for Survival in a Black Community*. New York: Harper and Row, 1974.

Strathern, Marilyn. *The Gender of the Gift: Problems with Women and Problems with Society in Melanesia.* Berkeley: University of California Press, 1988.

Strathern, Marilyn. *Reproducing the Future: Anthropology, Kinship, and the New Reproductive Technologies.* New York: Routledge, 1992.

Taylor, Charles. "To Follow a Rule. ..." *Bourdieu: Critical Perspectives*, edited by Craig Calhoun et al. Chicago: University of Chicago Press, 1993.

Tort, Michel. "Artifices du père." *Dialogue–recherches cliniques et sociologiques sur le couple et la famille.* No. 104 (1989): 46–59.

———. *Le nom du père incertain: la question de la transmission du nom et la psychanalyse.* Work carried out at the request of the Service of Coordination of Research, Ministry of Justice, Paris, 1983.

Vitale, A. "The Therapist Versus the Client: How the Conflict Started and Some Thoughts on How to Resolve It." In *Transgender Care*, edited by G. Israel and E. Tarver. Philadelphia: Temple University Press, 1997.

Warner, Michael. *The Trouble with Normal: Sex, Politics, and the Ethics of Queer Life.* New York: Free Press, 1999.

———. "Beyond Gay Marriage." *Left Legalism/Left Critique*, edited by Wendy Brown and Janet Halley. Durham, N.C.: Duke University Press, 2002.

Weston, Kath. *Families We Choose: Lesbians, Gays, Kinship.* New York:

Columbia University Press, 1991.

Wright, Elizabeth, ed. *Feminism and Psychoanalysis: A Critical Dictionary.* Oxford: Blackwell, 1992.

Wynter, Sylvia. "Disenchanting Discourse: 'Minority' Literary Criticism and Beyond." In *The Nature and Context of Minority Discourse*, edited by Abdul JanMohammed and David Lloyd. Oxford: Oxford University Press, 1997.

Yanagisako, Sylvia. *Gender and Kinship: Essays Toward a United Analysis.* Stanford: Stanford University Press, 1987.

图书在版编目（CIP）数据

消解性别 /（美）朱迪斯·巴特勒著；郭劼译.
长沙：岳麓书社，2024.9 -- ISBN 978-7-5538-2148-1

Ⅰ.C913.14
中国国家版本馆CIP数据核字第20249HP518号

Undoing Gender,1st Edition
Copyright © 2004 by Judith Butler
Simplified Chinese Edition © 2024 Shanghai Insight Media Co.
All rights reserved.
Authorised translation from the English language edition published by Routledge, a member of the Taylor & Francis Group.
Copies of this book sold without a Taylor & Francis sticker on the cover are anauthorized and illgal.

著作权合同登记号：18-2022-018

XIAOJIE XINGBIE
消解性别

作　　者　[美]朱迪斯·巴特勒
译　　者　郭　劼
责任编辑　刘丽梅
装帧设计　凌　瑛
责任印制　王　磊

岳麓书社出版发行
地　　址　湖南省长沙市爱民路47号
直销电话　0731-88804152　0731-88885616
邮　　编　410006

2024年9月第1版第1次印刷
开　　本　880mm×1230mm　1/32
印　　张　11.5
字　　数　237千字
书　　号　978-7-5538-2148-1
定　　价　65.00元
承　　印　河北鹏润印刷有限公司

版权所有，未经本社许可，不得翻印。如有印装质量问题，请联系：8621-60455819

浦睿文化
INSIGHT MEDIA

出 品 人：陈　垦
策 划 人：廖玉笛
出版统筹：胡　萍
编　　辑：何啸锋
装帧设计：凌　瑛
营销编辑：狐　狸

欢迎出版合作，请邮件联系：insight@prshanghai.com
新浪微博@浦睿文化